Edw. Jenner

詹纳传：
疫苗的使者

商周 著

湖南科学技术出版社
·长沙·

图书在版编目（CIP）数据

詹纳传：疫苗的使者 / 商周著 . —长沙：湖南科学技术出版社，
2023.8（赛先生阅读）
ISBN 978-7-5710-2174-0

Ⅰ. ①詹⋯　Ⅱ. ①商⋯　Ⅲ. ①詹纳 (Edward Jenner，1749-
1823)—传记　Ⅳ. ① K835.616.2

中国国家版本馆 CIP 数据核字（2023）第 072697 号

ZHANNA ZHUAN: YIMIAO DE SHIZHE
詹纳传：疫苗的使者

著者
商周

出版人
潘晓山

策划编辑
李蓓　孙桂均

责任编辑
吴诗

出版发行
湖南科学技术出版社

社址
长沙市芙蓉中路 416 号泊富国际金融中
心 40 楼
http://www.hnstp.com
湖南科学技术出版社

天猫旗舰店网址
http://hnkjcbs.tmall.com

印刷
长沙超峰印刷有限公司
（印装质量问题请直接与本厂联系）

厂址
宁乡县金州新区泉洲北路 100 号

邮编
410600

版次
2023 年 8 月第 1 版

印次
2023 年 8 月第 1 次印刷

开本
710mm×1000mm　1/16

印张
15.75

字数
207 千字

书号
ISBN 978-7-5710-2174-0

定价
98.00 元

"现在已经清楚得不容置疑的是，天花这个人类历史上最可怕的祸害的灭绝，必将是牛痘接种的最终结果。"

——爱德华·詹纳

序言

　　我非常高兴看到商周先生的作品《詹纳传》顺利出版。詹纳是18世纪的一位英国乡村医生，他发明的天花疫苗拯救了无数的生命，也让人类进入了疫苗时代。走近这么一位伟大科学家的人生，了解他如何以及为什么能取得这么大的成就，对理解科学、弘扬科学精神很有帮助。

　　我认为，詹纳能够发明天花疫苗并不是灵光一现，而是诸多因素共同作用的结果。首先，是由于他的科学精神。作为乡村医生的詹纳不仅对医学，而且对科学，尤其是博物学抱有浓厚的兴趣，这可以说是他生活中不可或缺的一部分。他对研究对象观察之细致和精确，对证据要求之严格，以及逻辑推理技巧之高超，都非一般科学家可比。其次，是他的医者仁心。他在伦敦学成后坚持回到家乡当一辈子乡村医生，为的是能直接服务乡邻。当他看到天花肆虐，大批儿童夭折时，他内心激起了强烈和持久的冲动，让他得以克服重重困难，最后取得成功。再次，是他厚道的品格。他淡泊名利、生活简朴、助人为乐，这让他能够抵挡金钱和虚名的诱惑，心无旁骛地去研究和完善天花疫苗，然后又无私地把这项发明献给世界，可谓"厚德载物"是也。最后，天花疫苗源自古代中国和印度发明的人痘接种术，经过中东传播到英国，可以说牛痘疫苗的发明是多个国家、多个民族智慧的结晶；而詹纳发明牛痘疫苗后向多个国家无私提供痘苗和接种技术，显示了一位真正科学家的纯粹和国际主义情怀。

商周先生的这本传记写得好，好在他在尊重史实的前提下讲好了故事。他把詹纳所处的时代与地理背景，以及当时天花传染和牛痘发明的具体过程交待得清清楚楚，他善于描写细节，通过流畅、优雅的文字，把詹纳的脾气性格、个人爱好、人际关系以及研究和推广牛痘的曲折过程描写得引人入胜。和一般传记不同，科学家传记的写作中会面对大量专业内容，要把这些科学知识深入浅出地介绍给读者，是很重要而又很困难的事情。这本传记中牵涉到病毒学、免疫学、博物学等专业，但读来并未让人感觉有任何专业知识的障碍，这就是商周先生的功夫了，这与他本人就是一位免疫学家不无关系。

这些年来，读到很多从国外翻译过来的科学家传记，由国人撰写的还很少。国外作者的文化背景与国人不同，加上语言经过翻译，读来总觉味道不如直接用中文创作的著作。随着国内科学史研究和科学传播事业的发展，衷心希望有更多像这本《詹纳传》一样用中文写作的科学家传记问世。

是为序。

韩启德

目　　录

第一章　谷地乡间伯克利

　　大众熟知的"英伦三岛"是一个错误的概念，因为其中的英格兰和苏格兰是大不列颠岛的两部分。大不列颠岛南北全长近千千米，因为来自四面八方众多的入海口，岛内的河流都很短小，其中最长的塞文河，也只有不到400千米。塞文河发源于威尔士坎布里亚山脉东麓，河道先向东北方流淌，然后在近乎九十度的拐弯后向东南而行，最后又转向西南方向，经过布里斯托尔湾流入大海。

　　布里斯托尔是大不列颠岛西南方的重镇，自中世纪以来就是英国重要的港口之一。从这里的海湾逆流往上约50千米处是塞文河流入海湾前的最后一个城市：格洛斯特，这也是格洛斯特郡的首府。以西边的塞文河和东面的科茨沃尔德丘陵为天然的屏障，南面的布里斯托尔和北面的格洛斯特之间形成了一个几百平方千米的谷地。众多发源于科茨沃尔德丘陵的溪流穿过这片谷地汇入塞文河，这里的土地水草充足，是上好的牧场。

　　这片肥沃的土地就是伯克利谷地，伯克利是布里斯托尔和格洛斯特之间的众多小镇中的一个，只有两千左右的人口。19世纪末时这里曾经修建过火车站，但在20世纪60年代就已关停。小镇西面的塞文河畔在20世纪50年代修建的核电站，也在运行了三十几年后就已停用。这片谷地之所以用伯克利命名，不是因为这个小镇现在有什么优势，而是由于它辉煌的历史。这个始建于公元9世纪的小镇，在中世纪的时候就是当地的码头和市集，这里小山丘上的一个中世纪城堡更是见证了英国的历史。

位于交通要道上的伯克利城堡不仅起到了防御和军事作用，拥有这个城堡的伯克利家族更是和英国王室有着长久的关联。在13世纪，伯克利家族和英国王室就有过通婚关系，其中一位伯克利男爵迎娶过国王约翰的孙女；在14世纪，被废黜的国王爱德华二世就被囚禁在伯克利城堡，也在这里被夺去了生命。有着一千多年历史的伯克利城堡现在还在，伯克利家族的成员也依然在其中居住，这也让它成为整个英国最古老的为同一家族拥有和居住的城堡。

虽然这个历史悠久的城堡奠定了伯克利在英国历史上的地位，但让小镇真正闻名于世界的，却是一个在这里出生，也在这里当了一辈子乡村医生的人，爱德华·詹纳，也就是本书的主人公。

詹纳出生于1749年5月17日，其父斯蒂芬·詹纳曾经在牛津大学上过学，后来回到家乡伯克利成为一名在当地颇有声望的神职人员。他是罗克汉普顿教堂的负责人，同时也是伯克利教区的副主教。因为担任过伯克利伯爵的家庭牧师，他和伯爵一家保持着良好的关系。英格兰信仰的是新教，神职人员可以像普通人一样拥有家庭。斯蒂芬·詹纳和他的妻子萨拉·詹纳一共生育了10个孩子，但其中只有6个长大成人。在兄弟姐妹中，爱德华·詹纳排行最小，上面有哥哥斯蒂芬和亨利，另外还有3个姐姐。

在詹纳5岁那年，他的父母不幸先后离世。好在他的大哥已经成年，而且因为父母留下了一大笔财产，所以生活并没有因此陷入困顿。中国有句谚语叫"长兄如父"，这四个字也恰如其分地体现在詹纳一家身上。家中长子斯蒂芬·詹纳不仅有着和父亲一样的名字，还和父亲一样在牛津大学接受教育，并且还接任了父亲在家乡的宗教职位，成了罗克汉普顿教堂的负责人。对于年幼的弟弟爱德华，斯蒂芬这个兄长给予了慈父般的关爱，不仅精心地照顾他的生活，在教育培养上也是尽心尽力。

詹纳8岁那年，他被送到伯克利东南方向上一个名叫沃顿-安德埃奇的小镇上学。小镇位于科茨沃尔德丘陵的南部和伯克利谷地的交界处，和伯克利一样同属于格洛斯特郡，但比伯克利要大一些。小学是一所寄宿学校，负责人是克利索尔德牧师。詹纳也只在这里学习了一年，但就在这不长的时间里，少年詹纳就显示出了他对大自然感兴趣的一面。当同学还在适应离家上学的时候，詹纳则把课外时间花到了收集睡鼠的窝上。睡鼠是一种会冬眠的啮齿类动物，每年有长达六个月左右的时间在自己的窝里长睡。这样用来冬眠的窝有着精妙的结构，睡鼠窝的收集唤起了詹纳热爱自然的天性，也给他带来很多的快乐。虽然迷恋于无声的自然标本，但詹纳并不是一个沉默寡言的小孩，待人友善的他深受老师和同学的喜爱；而且他喜欢音乐，乐于用歌声表达自己的愉悦。

在沃顿-安德埃奇上了一年学后，詹纳去了拥有更好的教学条件但也离家更远的赛伦塞斯特。赛伦塞斯特是格洛斯特郡的一个小城，在伯克利东边方向的20千米处。学校的学制是四年，为学生提供一些传统的英式教育，校长是有着博士学位的沃什伯恩先生。和之前一样，詹纳在课外的时间依然花在收藏上，不过这段时间他更感兴趣的是化石标本。因为赛伦塞斯特独特的地理位置，附近有着丰富的化石资源，这些远古的生物，把少年詹纳带进了博物学的世界。于是在大多数同学玩耍和娱乐的时候，詹纳和几个有着相同爱好的同伴则沉醉在这个远古的世界里。业余时间沉迷于博物学的詹纳并没有因此荒废学业，实际上刚好相反，他很好地完成了四年的学习。也就是在这几年里，詹纳还结识了几个一辈子的好友，其中就包括后来同样成为医生和皇家学会会士的迦勒·帕里。

从赛伦塞斯特的学校毕业之后，詹纳面临着如何继续学习的选择。

在当时的英国，富有的家庭不仅重视子女的教育，而且在培养的方向上也有一定的偏好，成为神职人员和医生是比较常见的选择。神父拯救人的灵魂，而医生挽救人的生命，这让这两个行业都有着较高的社会地位。

在詹纳这个家族里，他的外公和父亲都是神职人员，大哥和二哥也从事着这个职业，但詹纳没有追随父亲和兄长的足迹，而是走了另外一条路：学医。在18世纪的英国，医学教育的重要一环是先去医生那里做几年学徒。这有点像中国古代的师徒关系，学徒寄宿在师傅家，一起度过几年的时光。1763年，詹纳13岁，他选择去了索德伯里勒德洛医生的诊所。索德伯里是伯克利谷地南端的一个小镇，坐落在布里斯托尔的西北方向5千米处，离伯克利有大约20千米的路程。

自从文艺复兴后，欧洲的医学摆脱了中世纪医学的落后，重拾了古希腊、古罗马医学的先进理念，同时解剖学领域的进展也帮助了人们对疾病的了解。同时，英国的医学同行间有着很好的交流，从国家到地方都有各式的医学协会。1765年，就在伯克利谷地的乡间，当地的医学会成立了，学会的成员每月定期相聚一次，交流各自的经验和发现。这个乡间医学会，间接地促成了疫苗的发现。不过这是后话，这里暂且不提。

勒德洛是一名外科医生和药剂师，这两个身份集中在乡间医生身上很合适。詹纳在勒德洛医生那里度过了他青少年的时光，就在那7年学徒生活里，他掌握了基本的外科学和药剂学的知识。但这些还不足以让他独立行医，要想成为一名医生，还需要接受一个为期三年左右的专业教育。

这一次，詹纳选择的是去伦敦，拜到当时知名的外科医生约翰·亨特的门下。在18世纪的英国医学界，亨特是一位堪称传奇的人物。因为在诸多领域的杰出贡献，他在1859年被迁葬到著名的威斯敏斯特教堂，在这里安息的科学家就包括亨特之前的牛顿以及之后的达尔文。

因为亨特对詹纳的成长至关重要，这里有必要对他做一个较为详细的介绍。

亨特于1728年出生于苏格兰的一个普通农民家庭，在父母所生的10个子女中排行最小。在7个长大成人的兄弟姐妹中，约翰·亨特和长他10岁的兄长威廉·亨特后来都成了英国历史上知名的医生和科学家。

约翰·亨特（图源：维基百科）

像其他农村子弟一样，亨特在村里的小学上学。但和很多杰出的人物从小就在学习上天赋异禀不同，亨特在学校里的成绩一般，甚至可以说是很差，就连对英语的语法学习都比较失败。其中的原因倒不是因为他笨，而是他厌恶书本知识学习，更喜欢实践和有操作性的事物。从学校毕业以后，一无所长的亨特只能去给当木匠的姐夫做助手。

好在他的兄长威廉·亨特完全不同，天资聪慧而且热爱学习的威廉在13岁时就进入了格拉斯哥大学学习神学，后来换到自己更加喜欢的医学专业，先后师从过苏格兰几位知名医生。等23岁那年从格拉斯哥移居到伦敦之后，威廉·亨特的医学之路更是顺畅，1746年，28岁的他在伦敦创办了一所私人的解剖学学校，同时也成为一名知名的产科医生。"三十而立"这个词用在威廉·亨特身上完全合适，他不仅在伦敦为自己开辟了一片天空，也为当时一无所成的胞弟约翰提供了机会，就在威廉30岁那年，20岁的约翰来伦敦投靠自己事业有成的兄长。

就是这次投靠，彻底改变了约翰·亨特的职业生涯。到伦敦后，约翰·亨特先是当上了兄长的解剖学助手，这是热爱实践的他所热爱的工作。这份工作唤醒了他身上的科学天赋，让他找到了正确的事业方向。

一年后，约翰·亨特便开始了自己的学医生涯，先后师从当时英国知名的医生威廉·切塞尔登和珀西瓦尔·波特，还有著名的解剖学家和蜡像师玛丽·比赫容，另外他也得到了在圣乔治医院学习的机会。找准了职业方向后约翰·亨特的事业开始加速：1756年，28岁的他当上了圣乔治医院的助理医生，1764年，他创办了自己的解剖学学校，1768年，他升职成为圣乔治医院的主任医师，1776年，他更是成了英国国王乔治三世的私人医生。

像18世纪下半叶的不少医生一样，亨特也在从事着博物学的研究。作为医生和博物学家，约翰·亨特的研究横跨了多个领域。在医学上，他在人类牙齿的相关疾病、性病、血液及炎症性疾病领域都做出了值得称道的工作。在博物学上，他对动物、植物、地质等领域都有涉猎；他所收藏的500多个物种的一万多件标本，至今依然被珍藏在博物馆里。为了研究动物的习性和结构，亨特在离伦敦不远的布朗普顿建立了自己的动物园；而他在1767年当选英国皇家学会会士的理由，就是对于蝾螈的研究。

因为亨特杰出的成就，多个医院以他的名字命名，而他出生的故居，也被改建成了以纪念他为主题的博物馆。除了因为在医学和博物学领域的贡献成了英国历史上的名人，亨特还有另外一个非常值得一提的身份：詹纳的导师和一生的朋友。

两人相识的1770年，亨特42岁，詹纳21岁。当时的亨特已经是圣乔治医院的主任医师、自己创办的解剖学校的校长、英国皇家学会的会士，而詹纳只是亨特众多学生之一，一个来自英格兰西南部的乡下青年。两人之所以能建立深厚而长久的友谊，除了在医学上的师徒关系外，两人在博物学上的共同兴趣是更加关键的因素。在亨特家居住了近三年后，詹纳完成了医学学习并获得了行医资格，也成为一位优秀的青年博物学家。也就是在这段不长的时间里，亨特对热爱科学并且勤奋踏实的詹纳越来越满意，并给予了他更多的机会。一个例子就是，当博物学家约瑟夫·班克斯在1771年结束了跟随库克船长的为期三年的环球科考航行后，所带回的大量博物学标本需要人整理时，亨特就把当时22岁的詹纳推荐到了这个岗位上。

虽然师徒因为爱好相同而投缘，但两人的性格却有着明显的不同：詹纳性格和蔼，让人容易亲近；而亨特则有些不好相处，甚至有时会被人视为粗鲁。而且和看淡名利的詹纳不同，亨特曾经因为一项并不重要的发现的署名权和对自己有恩的兄长翻脸，直到他的兄长去世后才悔不当初。

虽然人们对亨特有不同的看法，但詹纳从亨特那里感受到的是一种能正面影响到自己的力量。具体来说，詹纳从亨特身上看到的是善良的美德、自由的男子气概以及全心致力于学习的科学精神。而在亨特的眼里，詹纳不仅是一个可造之才，更是一个志同道合的研究伙伴。或许正因为性格中有这些互补的成分，再加上相同的兴趣和爱好，他们相处得很愉快，关系从起初的师徒转变成了终生的朋友和合作伙伴。

在伦敦完成了学业之后，詹纳有了行医的资格，也成了一名年轻的博物学家。因为对詹纳工作的满意，亨特希望詹纳能留在伦敦，以助手的身份和他一起开展外科学和解剖学的教学工作。那时亨特已经成为圣乔治医院最受欢迎的老师，有着众多的学生和崇拜者。对于詹纳这样的乡下青年来说，能得到给亨特当助手的机会，不仅意味着可以在首都留下来，而且也预示着美好的未来。

虽然从亨特身上学到了很多，而且两人的合作也很愉快，但詹纳还是婉拒了导师亨特的邀请和挽留。

这不是詹纳留在伦敦的唯一机会，另一个是作为博物学家去参加环球科考航行。因为优异地完成了班克斯科考航行带回来的标本的整理工作，詹纳得到了作为随船博物学家参与下一轮环球科学考察的机会。这样的机会非常难得，而且科考回来后的前途不可限量。比如上面提到的班克斯博士，在航行回来的两年后就被任命为皇家植物园的负责人，七年后更是成为英国皇家学会的主席，并在这个位置上坐了四十多年。

但詹纳同样拒绝了这个难得的机会，不是因为他对科学考察不感兴趣，要不然他也不可能把巨量的标本整理工作做好。詹纳之所以拒绝留在伦敦工作，是因为他想返回自己的家乡，在生养了自己的那片土地上当一名乡间医生。而且事实也证明，这不是一时的乡愁冲动，因为就在他回归家乡当医生后的第三年，亨特为他在伦敦提供了一份更好的工作，即成为他拟创办的博物学学校的合伙人，但对导师亨特的这份好意，詹纳还是再一次选择了拒绝。

詹纳之所以执意要从伦敦回到家乡成为一名医生，除了他淡泊名利的天性外，还有几个具体的理由。首先，他喜欢自己成长的美丽的乡间，那里有新鲜的空气，而在工业革命中被污染了的伦敦却很"呛人"；其次，詹纳从小由兄长抚养成人，他认为回到家乡和兄长一起生活是一种报恩；最后，可能也是最重要的理由，即詹纳热爱自己的家乡以及那里友好的乡邻。

1773年，詹纳回到了家乡伯克利，成为一名乡间医生。虽然已经独立工作，但他依然和大哥一家住在一起，直到十几年后他成家了才分开居住。回到伯克利的那年詹纳24岁，他不仅年轻而且没有独立行医的经验。在18世纪的英国，几乎没有医学教材，乡间医生的知识主要是从实践中去主动获得。但这对詹纳来说不是问题，从亨特那里学到的"实践出真知"的理念让詹纳的行医生涯变得很顺利。

关于疾病，当时的医学界有一种流行的观点，即炎症是诸病之源，但年轻的詹纳对这样的教条有些怀疑。像他的导师亨特一样，詹纳饲养了不少动物并做了大量的解剖，这样细致的观察和思考让他很快就成为一名优秀的外科医生。有一次，格洛斯特市医院的一名患者病危，需要立即通过精妙的外科手术来进行救治，但该医院的两位外科医生手足无措，无法开展这个高难度的外科手术。就在这样的困境中，他们向詹纳医生发出了求助。接到求助的詹纳毫不犹豫地骑马去了格洛斯特，通过手术挽救了那个患者的生命。如果考虑到病人的病危和两地之间20千米的路程，这个求助本身就充分说明了詹纳作为一名外科医生的声誉；而他毫不迟疑地前往并顺利解决问题，则不仅体现了他高超的医术，还有他助人为乐的品性。

就在短短的几年之后，伯克利的年轻的詹纳医生不仅在这一带的乡间闻名，就连远在伦敦的一些上流社会的人士也知道了詹纳的名字。因为出色的医术，詹纳的病人不只局限在他所居住的小镇，而是遍布了整个伯克利谷地。在后来保留下来的一本詹纳随身用的笔记中，就有当时他行医的具体情况的记录。大多数情况下，詹纳需要上门为患者服务，出诊的范围达到了几十千米之外。一天最多的时候去过三个不同的地方，来回近百千米的路程。骑马出诊的时候，他身上经常穿着一件蓝色外套，上面带有黄铜的纽扣，脚上是一双抛光得很好的鹿皮靴，手里拿着一根带银色手柄的马鞭，头上戴着一顶宽边的帽子，帽子下面则是修整齐的头发。詹纳虽然个头不算高，但总是神采奕奕，让人感到踏实和阳光。

从某种意义上来说，18世纪的英国乡村医生就是马背上的医生，到附近的各地去诊视病人。伯克利谷地是一个美丽的地方，詹纳喜欢这样如画的美景，除了长途为病人出诊之外，他还经常会和朋友一起远足。故乡棕色阴凉的小巷、熟悉的乡邻，更是让詹纳感到亲切。在温暖的晴日骑马奔走在美丽的家乡的确是一件令人舒适的事情。但行医不分季节，若是在寒冷的冬季，尤其是大雪纷飞的时候，出诊就成了一份艰难的工作，甚至可能要冒着生命危险。詹纳在自己的笔记里，就曾记录过这样一次经历：

"那次我必须去金斯科特出诊。在我的记忆里，从来没有过比那次还感到寒冷的经历。地上覆盖着厚厚的积雪，狂风将积雪卷到空中飞扬，同时天上的雪还在不停地下。因为我的衣服穿得很厚，刚开始我并没有觉得很冷。但等骑马向山丘高处行走的时候，头上的帽子阻挡不了随风飞扬的大雪，我的半边脸和脖子被雪包裹了起来，于是我慢慢感觉到自己被冻得麻木了，但那时已经没有了退路，只有继续剩下的2英里[①]的路程。

随着对外界寒冷的感知的加强，我的胃部的热感看来反而增加了。那种感觉就像自己喝了大量的葡萄酒或者白兰地，伴随着这种感觉上升的是我的精神。我就像一个喝醉了的人那样，失控地唱起歌来。最

---

①1英里≈1.6093千米。——编者注

詹纳传：疫苗的使者

后，我的手渐渐感到疼痛，这让我感到一定程度的悲伤。

当我到家的时候，我几乎失去了感知，已经不能自己脱去外衣。我让仆人不要把我带到火炉边，而是先把我抬到一个地方，从而慢慢适应家里温暖的环境，因为我不能一下子接受那么多热量。仆人用雪搓我的手，这慢慢去除了痛感。我一点也不想喝点葡萄酒取暖，也不想吃任何茶点。因为冻伤，我的马也失去了从脖子到耳朵部位的皮肤和毛发。也就在那一天的同一时刻，一个人在离金斯科特几英里之外的地方冻死了。"

爱德华·詹纳（图源：维基百科）

虽然有时十分劳累，甚至有些危险，但詹纳在绝大部分时间里还是非常享受这份工作。他爱这片土地和乡亲，在这里当一名医生就是他的理想。为了更好地提高自己的业务水平，他还加入了两个当地的医学会。

其中的一个医学会由桑伯里的约翰·弗斯特医生和同伴在1765年创办，每月定期在阿尔维斯顿的一家船上酒馆聚会。早在青少年时期还在勒德洛医生那里当实习生的时候，詹纳就随他的老师参加过这里的聚会。现在他已经独立行医，成为这个学会的正式会员。

另一个当地的医学会则要年轻得多，是由詹纳和几位志同道合的同行创建的，包括巴斯的迦勒·帕里医生，他是詹纳少年时代就认识的朋友，另一位也是詹纳的好友，来自布里斯托尔的约瑟夫·希克斯医生。学会的成员还包括科斯汉姆的路德劳医生以及赫里福德的马修斯医生。聚会的常规地点则是伯克利谷地中部的罗德伯勒小镇，有时候也会因为需要而改换地点。因为这个学会的成员大都是同龄人，而且还都比较年轻，所以这里的聚会总是比较欢快。

当地医学会的聚会一般先进行的是学术部分，詹纳在这一部分表现得总是很活跃，做过很多关于疾病的报告，这促进了会员之间在业务上的交流。比如詹纳在会上宣读的他关于心绞痛的研究，后来就成为他的朋友帕里医生关于该主题的专著的一部分。

在严肃的学术交流之后，会员们便会一起聚餐，然后接着娱乐。在当时流行的娱乐活动里，詹纳最不喜欢的是纸牌，因为他觉得玩纸牌不仅浪费时间，而且还经常会导致罪恶发生；詹纳最喜欢的是音乐，而且有着不错的造诣。因为对音乐的喜爱，詹纳还加入了布里斯托尔的一家音乐俱乐部，偶尔在那里演奏小提琴和其他乐器。

关于这一点，詹纳的挚友爱德华·加德纳在接受詹纳传记的作者约翰·巴伦的采访时，曾经这样回忆了他和詹纳初次见面的情形：

"当我第一次见到他时，是在弗兰普顿格林球场。我比他小几岁，之前听说过伯克利的詹纳先生，我对见他有不小的好奇心。……我知道整个乡间都称他为熟练的外科医生和大博物学家，但没想到他在其他事情上也会这么在行。我从童年时代开始就热爱唱歌，也一直花时间通过研究来培养自己对音乐的鉴赏力，让我惊讶又高兴的是，医学和音乐的天赋居然能够在詹纳身上融合得如此完美。"

就像加德纳描述的那样，詹纳对音乐有着不错的天赋。它不仅会弹奏一些乐器，而且会创作一些歌谣，用来传唱。在这样的歌谣里，文字不仅因为押韵而朗朗上口，而且不乏幽默，还充满了生活的气息。

比如，对一个来询问家人病情的女士，他就写下了这么简短的歌谣：

> 亲爱的女士，我已经发出了信函；
>
> 里面说病人已经大为好转。
>
> 她已经不再需要良医的关注，
>
> 所以我把几个庸医送给她作为礼物。

面对人们讨厌的死亡，詹纳的笔下则有着不同的描述。

比如，对于当地一个名声不好的治安官的死，他写的歌谣就带着一点嘲弄：

> 《一名治安官的死亡》
>
> 被死神逮捕了！
>
> 约翰哭着说："我要保释。"
>
> 死神回应："不、不，我必须带你去地牢。"
>
> 约翰说："为什么肯定我犯法了，看看法典……"
>
> 死神："嘘，嘘！别废话！冷酷的家伙，你的日子到头了，放弃争吵，扎入冥河。"

在描述一名平凡的老妇人海伍德的死亡时，他的文字里则充满了怜悯：

> 《关于一位名叫海伍德的老妇人的死亡，一个过着平凡日子的普通人》

"残忍、难以想象",有人尖叫,

但这是真的。因为老尼克需要燃料,

他下令找些上好的柴火,于是死神举起大斧,

砍倒了那棵叫海伍德的老树。

而对于一名吝啬鬼的去世,詹纳则写得简短幽默:

《关于一位吝啬鬼的死亡》

汤姆终于不再吝啬,

现在提供了一顿丰盛的晚宴;

为谁?

——蠕虫。

对于酒鬼皮奇先生的早逝,詹纳没有半点同情:

《皮奇(桃子)②先生和死神的对话》

——皮奇先生因为过度饮酒而在四月死亡

皮奇先生:"暂停你可怕的控制,

祈祷吧,令人恐惧的先生!请牢记

桃子完全成熟上市,

应该是在八九月的时光里。"

死神:"为了满足我饥渴的胃口,

为了让你变得更有风味,

我要把你放在一个温室里头,

用酒慢慢将你灌醉。"

除了人,詹纳的诗歌所描述的对象还有动物,比如下面这首《给知更鸟》:

来吧,羽族中最甜蜜的家伙!

用你的歌声抚慰我。

---

② 在英语中姓氏"皮奇"(Peach)是桃子的意思。

来到我的跟前，不用畏惧，

没有危险在这里等着你。

在这个安静的地方，

没有满脸胡须的野猫游荡。

没有带着弹弓的男孩，

对你瞄准使坏。

没有烦人的枝条会干扰，

你翅膀和胸膛上美丽的羽毛。

可爱的小鸟！我每天将你的水杯

倒上最纯净的溪水。

还会在你的面前，

撒上最好的甜点。

当寒冬让人发抖、

到处冰天雪地的时候，

请来到我家的壁炉上面，

成为我和谐的家庭一员。

然后用你歌声抚慰我，

你这羽族中最可爱的家伙！

　　这样的歌谣可以很短，也可以比较长。比如他写的《伯克利年会》，就用长篇诗歌的形式描述了他的家乡每年一次展销会的情形。在18世纪，人类的交通主要靠水上的船和陆地的马车，长途运输非常困难，地方性的集市是人们购买物品的地方。作为塞文河边的小镇，伯克利利用码头的优势成为地方性的交易中心。除了日常市集，这里每年还会举行一次集中的会展。这样的年会能吸引远方的商贾，还有方圆几十千米的顾客。在这个年会上，人们可以买到各种新奇的东西，从农用的器械，到各地的小吃；从女孩打扮用的花饰，到博物学家的藏品。每年一次伯克利会展，成了整个谷地的盛宴。

在这首长篇诗歌里，詹纳在开头的部分写道：

太阳驱散了拂晓的灰暗，

承诺了一天的湛蓝。

金黄的阳光照在露珠上，

让它们变成了珍珠的模样。

小鸟在枝头相会，

用歌声预告阳光明媚。

在中间部分，他描述了年会的盛况：

这就是伯克利年会，天公开怀，

将快乐散播到几英里之外。

挤奶女工放下了她的桶，

打麦的小伙也已停工。

……

在这里，你能看到那么多乡邻，

这是一道不可多得的风景。

詹纳自己不仅是这场盛会的观察者，也是积极的参与者，就像他在诗中写的那样：

我和我的伙伴，也不甘寂寞，

忙着展示化石，这大自然的杰作。

在这首诗的最后，詹纳写到了年会结束的场景：

年会结束了，但这喜悦的滋味

停留在心里，让人久久陶醉。

当那个挤奶女工工作的时候，

欢乐将萦绕在她心头。

那些单纯的乡下小伙，

在劳动时会以哨当歌；

把收割干草的季节，

詹纳传：疫苗的使者

变成欢乐的五月；

乔纳森的那张形态优美的弓箭，

总是闪亮地挂在他的胸前。

那些可爱的小孩，

暂时把他们的玩具推开，

依靠在母亲的膝头，

追问下一次年会是什么时候。

每一个人都在热切地期待，

这一个日子早点到来。

在美丽的故乡当一名医生是詹纳的理想，他在这里快乐地生活，用歌谣的方式记录下周围的日常。当然，詹纳也有悲伤的时候，那是在1778年，也就是他回伯克利当医生的5年之后，那一年他失恋了。关于这次失恋，詹纳自己没有留下任何文字，唯一的信息来自于他的导师亨特的来信：

"亲爱的詹纳：

我对你的沉默感到不知所措，对导致你沉默的原因我感到很抱歉。我可以很容易地想象你的感受，因为你正身处两种情绪之中，即对爱情失望以及强烈的失败感。但两者都会随着时间消失，也许前者会消失得更快一些。当我听说你要和一个有钱的女人结婚时，我的确很高兴，但是还是让她走吧，别管她……

永远属于你的

约翰·亨特

伦敦，1778 年 9 月 25 日"

亨特写给詹纳的信很多，也比较随意，很多连日期都没有写。但这封信不一样，它清晰地显示了时间是1778年9月25日。从这封信可以推断出来，詹纳本来要结婚的对象是一位富家小姐，尽管他自己对这段感情很是满意，但那位富家小姐最后还是放弃了詹纳，这段失恋的经历让他变得消沉。

正如亨特指出的那样，无论是对爱情的失望，还是被抛弃的失败感都会随着时间消逝，这个规律同样适用于詹纳，只是对他来说稍微漫长一些。当詹纳找到下一个恋爱的对象时已经是五年后，因为一个巧合的机缘。

1783 年，法国造纸商蒙戈尔菲耶兄弟在里昂制造出了世界上第一个热气球。两人能成为人类历史上首个热气球的制造者，是因为他们从碎纸屑在火炉中不断升起的现象中得到启发，这其中的原理和中国三国时期的孔明灯一样，只是蒙戈尔菲耶兄弟用纸和布料制造出了一个圆周长为 33 米的超级空心大球。那一年的 6 月 4 日，蒙戈尔菲耶兄弟在里昂的安诺内广场进行了公开表演。在热气的作用下，这个巨大的气球上升到了 300 多米的高度，并且飞行了 2 000 多米的距离。

这一热气球的航行点燃了人类飞行的梦想，马上法国的巴黎就出现了第二个版本：查尔斯教授改用了更轻而且密闭性更好的涂漆丝绸来做气球的面料，然后往里面充上氢气。在众多巴黎市民的见证下，这个被小雨淋湿了的气球上升到了 900 多米的高度，飞行了 23 千米的距离。

为了让乡亲见证气球航行的奇迹，詹纳决定在伯克利重复这个令人神往的实验。他选择了伯克利城堡作为始发地点，因为城堡里有一个大厅，可以提供制造大气球的空间，而且城堡位于一个山丘上，适合气球的放飞。在气球做好后，詹纳往里面充上氢气。在伯克利的乡亲的目睹下，这个氢气球飞越了几个山丘，在 1 千米外的小镇金斯科特的公园里停留了下来。这个公园的主人是安东尼·金斯科特，他们家在当地是一个颇有声望的家族。为了让人们再一次见证气球的飞行，詹纳又在金斯科特公园里给这个气球充了一次氢气。

就是在这次的飞行实验里，詹纳认识了未来的妻子凯瑟琳·金斯科特。那一年凯瑟琳 23 岁，她就是金斯科特公园主人的女儿。5 年后的1788年，相爱的两人走进了婚姻的殿堂，从此相伴一生。

在结婚一年后的1789年，他们的大儿子出生了。像家族中长子都继承了父亲的名字一样，这个男孩被取名为爱德华·詹纳。

这一年詹纳40岁，除了家庭上的幸福圆满，他在事业上也取得了成功，因为他当选了英国皇家学会的会士。英国皇家学会成立于1660年，是现在依然存在的最老的科学学会。英国也是第一个建立皇家学会会士制度的国家，之后这一制度在世界上得到了推广，比如现中国科学界的院士制度。对于当时的英国科学家来说，皇家学会会士就是他们所能得到的最高荣誉。

英国皇家学会包罗万象，不同专业的学者都可以入选。詹纳之所以能够当选，并不是因为医学上的贡献，而是因为博物学上的成就。自从1773年回到伯克利，在成长为一名出色的外科医生的同时，詹纳还坚持着他从小的爱好：博物学，而且凭借着这个业余爱好所取得的成就，当选了皇家学会的会士。

那么，詹纳具体做了哪些博物学研究呢？

第二章　医生博物动英伦

　　如果要问詹纳是凭哪一项成果当选了英国皇家学会的会士，直接的答案就是他对杜鹃的研究。如果再说细一些，就是詹纳通过对巢寄生的杜鹃进行观察，他发现了幼年杜鹃的一种特殊本领：能够将同窝的蛋和幼鸟推出窝外，从而独享成年鸟的照顾。

　　只凭观察到杜鹃幼鸟的这个行为就可以当选皇家学会的会士，听上去显得过于容易，甚至不可思议。不过如果考虑到它的时代背景，我们就能理解詹纳这一发现的意义。更重要的是，詹纳的这一发现只是他业余从事的博物学研究的一小部分，就像水面上的冰山，醒目地凸显在那里。如果要深入了解为什么詹纳能做出那样的发现，以及为什么后来又是詹纳发现了天花疫苗，那么就有必要系统性地回顾一下他所做的各项研究，因为只有这样才能了解他在研究上的能力、方法和天赋。

　　全职医生业余从事博物学研究，这在18世纪的英国并不少见。比如詹纳的导师亨特，这位圣乔治医院的著名的外科医生就是一位杰出的博物学家；和詹纳同时代的伊拉斯谟斯·达尔文[1]也是一名医生，同时也是一名优秀的博物学家。之所以在18世纪的英国涌现出为数众

---

①进化论创立者查尔斯·达尔文的祖父。

多的医生博物学家，这和一个瑞典人有关，这个人就是开创了现代物种分类学的卡尔·林奈。

林奈于1707年出生于瑞典南部的一个乡村，21岁那年去了乌普萨拉大学学习医学和植物学，毕业后在大学的资助下对瑞典北部的植物资源进行了全面的考察，这为他之后创建物种分类和命名系统打下了基础。从1735年起，林奈开始到欧洲多个国家进行学术访问，并在此期间出版了著名的分类学手稿《自然系统》。就是在这部生物学经典名著里，林奈创建了一直沿用至今的双名法：每个物种的命名只用两个拉丁语单词，前面一个是属名，后面一个是种名。

这一现代的物种命名系统，极大地推动了科学研究的进程，尤其是博物学的发展。在这里需要简单介绍一下什么是博物学。简要地说，博物学指的是对动物、植物、矿物、生态系统等所做的宏观层面的观察、描述和分类。因为是宏观层面的研究，这是一门古老的学科，早在有着浓厚科学气氛的古希腊，博物学就已经诞生，并且出现了像亚里士多德那样杰出的博物学家。

因为林奈所创建的科学又方便的物种命名系统，博物学在18世纪下半叶的欧洲迎来了它的又一个春天。一些物种丰富而且容易被观察的动物，比如昆虫、鸟类成为热门的研究对象。比如，林奈的学生，德国博物学家约翰·法布里修斯就采用了林奈的物种命名系统对一万多种动物进行了命名。因为在昆虫分类领域的杰出贡献，法布里修斯也成了现代昆虫学的奠基人。

在原本有着良好科学基础的英国，博物学更是迎来了它的盛世。收集动植物以及化石标本不仅是博物学家的工作，甚至成为一些民间人士的业余爱好。为了收集新的物种，博物学家算是八仙过海、各显神通。比如詹纳的导师亨特，他就收藏了大量的标本，虽然作为伦敦圣乔治医院的医生能用来开展田野考察工作的时间有限，但他通过购买和发动学生收集了大量的标本。职业的博物学家不仅努力工作在室外的一线，其中一些颇有雄心的更是踏上了海外的征途。其中最有代表性的就是之前提到过的班克斯博士，他在1768年到1771年间的环球航行，为英国带回了数量巨大的新奇物种。

因为博物学家的努力，英国自然博物馆的藏品也在这期间出现了大量的增长。一个例子就是牛津大学的自然博物馆，昆虫学家威廉·琼斯仅仅以该馆内的蝴蝶标本为研究对象，就绘出了1 500多幅水彩画。因为这些图画的质量精良，现代昆虫学的奠基人法布里修斯仅凭借这些水彩画就鉴定出了200多个蝴蝶新品种。在蝴蝶和其他昆虫之外，鸟类也深受当时博物学家的喜爱。皇家医师学院图书馆的管理员乔治·爱德华兹就是一名鸟类专家，也是皇家学会的会士。他在1758年到1764年间发表的巨著《自然研究的收藏》包括1 000多种动物②的彩图，这部专著还被翻译成了多种语言。

出生于1749年的詹纳，就是在这种博物学再度焕发青春的环境下成长起来的。和两位后来成为牧师的兄长不同，詹纳似乎对博物学有着天生的兴趣。当他还是一名8岁的小学生的时候，他便开始收集睡鼠窝；后来再长大一些，他又迷上了化石；等到有机会师从有着医生和博物学家双重身份的亨特，詹纳也就自然地和他的导师一样成为了医生和博物学家。

要成为一名优秀的博物学家，除了兴趣外还需要有良好的观察和分类能力，以及推理并设计实验去验证的智慧，而这些也正是詹纳具备的素质。关于詹纳对自然的观察能力，从下面这首他写的《雨的前奏》中就可以体现出来：

> 空洞的风开始吹，
>   天空低，云乌黑；
>   猎犬睡去，烟灰落下，

---

② 主要是鸟类。

蜘蛛从网中向外爬。
昨天的夕阳那样苍白，
月亮被乌云掩埋。
有预感的牧羊人在叹气，
看！一道彩虹横跨天际，
墙壁潮湿，沟渠味浓，
报春花的花瓣收拢。

听！椅子和桌子正在开裂；
老贝蒂那可怜的风湿关节。
鸭子叫，孔雀鸣，
远山看似如此近。

猪在哼叫，无比焦躁，
忙碌的苍蝇，将母牛打扰。
燕子的翅膀，掠过草上；
还有蟋蟀，歌声那样响。
炉边的猫，坐在那里，
用柔和的爪子抚摸颚上的胡须。
小溪里的鱼儿，急速上行，
敏捷地捕捉到了粗心的苍蝇。

黎明时分的草地
羊群急切地在那里寻觅。
六月的空气，稍许寒冷；
黑鸟的歌声，依旧圆润。
众多的萤火虫，
照亮了山谷的夜空。
黄昏时，绿色的草坪，
肮脏的蟾蜍，在那里爬行。

青蛙丢了它黄色的马甲，
身上的西装那样邋遢。
不安的蚂蟥，
游到了水上。
尘埃顺随着旋风，
被快速地卷到了涡流中。
我的狗，口味竟然大变，
放弃了草上的羊骨盛宴；
再看那些乌鸦，它们的飞行多么怪异，
似乎在模仿风筝滑翔的轨迹，
或似乎在急速坠降，
仿佛它们隐隐受伤。
看得出来，降雨已是注定，
我们要推迟计划中的旅行。

从上面的诗中可以看到，詹纳对下雨之前自然界的观察不仅细致，而且全面。而在伦敦时年轻的詹纳对班克斯博士带回来的科考标本的成功整理，则充分地表现出了他的分类能力。关于詹纳的推理和设计实验的智慧，也可以通过下面这个故事体现出来。

一次他在小镇巴斯参加一个聚会，晚餐的时候大家在讨论一个问题，即蜡烛火焰中心和火焰外围的温度哪一个更高？当时在场的人各抒己见，有人认为火焰中心温度当然更高，而另外一些人则认为刚好相反。在场的詹纳没有说出自己的看法，而是当场做了一个试验。他把蜡烛放在面前，将手指伸进火焰的中央，在这种情况下保持了短暂的一段时间。接下来他把手指放在火焰上方的边沿，但立即就被迫将手指收回。在做完这个试验后，詹纳对在场的人说："先生们，问题已经解决了。"

集兴趣、能力和智慧于一身的詹纳的成长也是顺风顺水，从乡村走向了都市，同时得到了最好的医生和博物学家的精心栽培。但等到毕业时，詹纳却做了一个出乎大多数人意料的选择：回到家乡伯克利当一名乡间医生。作为导师的亨特挽留过詹纳，建议他留在伦敦做自己的助手。这不仅是一个留在伦敦的极好机会，也预示着亨特的现在就是詹纳的未来：著名的医生和大博物学家。如果詹纳对博物学比对医学更感兴趣的话，那另一份工作机会就更为诱人，即成为班克斯博士之后第二位跟随库克船长进行环球科考的博物学家。在英国的环球航行史上出现了两位杰出的博物学家：一位就是之前提到的班克斯博士，他后来担任皇家学会的主席长达四十多年之久；另一位就是更加著名的达尔文，为期五年的环球科考航行让他创立了进化论。

但詹纳拒绝了这两份工作机会，坚持回到伯克利当一名乡村医生。这样的选择可以说是看淡名利，但也同样可以被认为是胸无大志。但就是这个"胸无大志"的乡间医生，用天花疫苗拯救了世界并因此永垂青史。不过这都是后话，这里还是先回到詹纳的博物学研究上来。

就像乡间医生很难和圣乔治医院的医生相提并论一样，在伯克利做博物学的研究也同样无法和在伦敦相比。虽然当时英国的博物学研究方兴未艾，但绝大多数优秀的博物学家都集中在伦敦，或者像牛津和剑桥这样的大学城里，因为那里有着更好的研究资源。回到自己的家乡行医是詹纳的理想，而业余时间从事博物学的研究则纯粹是兴趣使然。

詹纳的一生发表了12篇研究论文，和疫苗无关的只有5篇，其中的2篇还是他晚年时的作品。但论文的发表情况很难全面地反映他的研究工作，因为他所开展的很多研究都没有以论文的方式体现出来，只是在和同行的交流中有所提及，尤其是在同他的导师和朋友亨特的通信中。

虽然在有些人眼里亨特有些粗鲁，但詹纳看到的却是亨特的坦率和大胆，还有大胆后面的心细。这些充分体现在亨特所进行的解剖学实验里，他总能以最准确和优雅的方式将目标呈现出来。詹纳从亨特身上学到了这种精确和优雅，并达到了青出于蓝而胜于蓝的程度。亨特强调用实践的方式去获取知识和解决问题，这一理念更是对詹纳的思想产生了深远的影响。在詹纳眼里，亨特不仅是老师和朋友，也是榜样和英雄。詹纳非常重视来自亨特的来信，把它们细心地收集起来，并在包装的封面上写上"亨特先生写给詹纳的信"。

亨特写给詹纳的信很多，都是以"亲爱的詹纳"开头，用"你永远的朋友，约翰·亨特"结尾。下面这封亨特给詹纳的信大概写于1773年，也就是詹纳回到伯克利不久，这也是目前发现的亨特写给詹纳最早的信件。

"亲爱的詹纳：

我收到了你的信，非常高兴地得知你在事业上取得了成功，衷心希望这种情形能继续下去。我很感谢你为我着想，尤其是在我的博物学研究上。我很高兴你对杜鹃的关注以及对蟾蜍繁殖的观察，希望你尽可能详细地去做。如果你能帮我找到任何新奇的东西，并为我准备好，就去做吧。画一直不贵，只是现在季节已经结束了。目前只会有一次展销，即福代斯的画展，但我相信他的所有画作都很精美。自你给我写信后，我买下了他作的关于巴雷特的一幅带牛群的风景画，为此支付了5英镑7先令6便士。这是他的8幅金币级价格的画作之一。你要不要拥有它，完全由你自己决定。我还有一幅同样大小的画，是我以前从他那里买的。

我看到了那位年轻的女士，也就是你的病人。我不知道能做什么。如果有可能从鼻腔管道往里面输入一个固体的栓剂，可能会有帮助，但除了固体栓剂外，没有其他东西可以用来做局部的治疗。应该关注她的一些生活习惯，比如海水浴和冷水浴；做一些大量但温和的锻炼，比如清晨起床、骑马等；或许她可以服用温和的含有草药的汞制剂。请尽快回信告诉我你的想法。

你永远的朋友，
约翰·亨特"

从这封亨特写给詹纳的信里我们可以看到，当时詹纳在伯克利的诊所已经开业，而且进展不错。他在当医生的同时，也在开展一些博物学的研究，对杜鹃和蟾蜍进行观察，还把结果向亨特做了汇报，并且表示可以帮助亨特获得一些生物学标本。他同时也请亨特帮他在伦敦买一幅画，这幅画后来成了伴随詹纳一生的收藏。最后，亨特还在医学上对詹纳给出了指导，就詹纳的一个病人的治疗给出了意见。

亨特的信不带客套，简明扼要而且经常连写信日期也都略去，上面的那封信就是一个例子。詹纳能在业余时间主动开展博物学的研究，并且承诺帮助亨特收集标本，这都是亨特很乐意看到的事情。从詹纳返回家乡当一名医生开始，到亨特1793年去世，两人进行了长达二十年的通信，这些信件也见证了两人的合作和友谊。只是非常遗憾的是，詹纳写给亨特的信都没有被保留下来。

詹纳和亨特在博物学上的合作包括两个方面：一是詹纳帮助亨特收集标本，二是两人一起开展博物学研究。

因为伯克利就在塞文河畔，詹纳为亨特收集的博物学标本不仅来自美丽的伯克利谷地，还来自大海和欧洲各地。这些标本各种各样，从鲜活的动植物到固化了的生命化石。其中最令人惊讶的是一条鲸鱼，没有人知道詹纳是如何得到并将它运到伦敦的，只知道亨特在1788年利用詹纳帮忙收集的这个标本发表过一篇关于鲸鱼的论文。

除了对标本的收集，拥有出色动手能力的詹纳还为亨特做了大量的解剖工作。对于詹纳的帮助，对博物学痴迷的亨特也是充满感激，就像他在信中写的那样：

"亲爱的詹纳，我不知道还有谁比你更让我愿意与之通信，我不知道还有谁比你更让我感到如此感激……"

性格豪迈的亨特，不仅把对于詹纳的感激流露在纸面，他对标本的要求和评价也同样直来直去。比如在向詹纳要鸟类标本的时候，他不仅要詹纳对鸟进行解剖，还要鸟蛋和鸟窝，对于鸟窝还有特别要求，即带上鸟窝所在的原生树丫：

"亲爱的詹纳，我收到了你寄来的杜鹃的胃，但我想要更多，因为我发现它们之间有差异。……如果你收集鸟蛋，你也应该收集鸟巢。我不在乎你寄给我多少。我想要一个乌鸦的巢，也想要一个喜鹊的巢，连同它们所在的树丫一起寄来。"

对于海里的三文鱼，他并不满足于普通的标本，而是想要刚刚产过卵的：

"亲爱的詹纳，我收到了你寄来的新鲜的三文鱼，刚刚检查过，还想要一只，但恐怕要等到下一个季节。如果我还能得到另一只，希望是刚刚产过卵的。"

詹纳托去伦敦的朋友给亨特带去刺猬，亨特写信的第一句话不是感谢，而是说想要更多：

"亲爱的詹纳，我收到了你托希克斯医生捎来的活着的刺猬，我把它放在我的花园里，但我想要更多。"

至于化石，亨特则不仅希望詹纳把所有能找到的化石寄过去，还要求尽可能地带上和标本有关的信息：

"亲爱的詹纳，请原谅我没有尽快回复你的来信。把你找到的所有化石都寄给我。我所说的骨头是指在地表以下任何深处发现的所有骨头，其中许多是在石头中发现的。我想那些骸骨不完整，但把它们寄给我一些，如果可以提供任何历史记录，也请寄给我。"

等到詹纳把收集到的化石寄过去之后，收到了化石的亨特又挑起了毛病：

"亲爱的詹纳，自从我收到你12月的来信后，它就一直摆在我面前，让我记住它没有得到回复。你寄来的化石不是最好的，但我知道它们不是你制造的，因此不是你的错。"

亨特对博物学标本的需求和挑剔纯粹是因为对知识的热爱，而且他自己也意识到这样可能有些不近人情，在给詹纳写的下面这封信中，他就有过这样的表示：

"亲爱的詹纳，我想要一个里面有杜鹃蛋的鸟巢，一个有小杜鹃的鸟巢，另外还想要一只老杜鹃。……我仿佛听到你说：'你的需求没有尽头。'"

亨特要的标本各种各样，除了上面那些信中提到的带着原生树丫的鸟巢、化石、三文鱼、骷髅，他还在信中向詹纳要过伯克利城堡里的蝙蝠、不同年龄的乌鸫、大鸨、鳗鱼、鲑鱼卵……就像他在信中自嘲的那样，他的需求没有尽头。要是詹纳自己收集不到的标本，比如患有白化病的野兔，亨特甚至会让詹纳求助于外地的朋友。

除了让詹纳帮忙收集博物学标本，亨特还会要求詹纳开展一些实验。这些实验包罗万象，从动物解剖到体温观测；从有生命的动植物到没有生命的色彩。其中两人合作做得最多的，则是对冬眠动物的研究。

就在安慰失恋的詹纳的那封信里，亨特就这么写道：

"但是还是让她走吧，别管她。我要雇你做几个关于刺猬的实验，因为我不太相信自己能做。第一，我想让你在冬季开始的时候抓到一只刺猬，给它称重；将它放在你的花园里，给它过冬所需要的干草、树叶、秸秆；等到来年春天的时候再给它称重，看看一个冬天体重减少的情况。第二，我要你在冬天开始的时候杀一只刺猬，看看它的脂肪有多重；然后在春天时杀一只，看看它的脂肪减了多少。第三，当天气很冷的时候，也就是大约在一月份，我希望你能在刺猬的肚子上挖一个孔，把温度计放到刺猬的骨盆里，检测那里的温度，然后将温度计向上抵达隔膜，并检测那里的温度。"

詹纳还在亨特的指导下用蝙蝠做了类似的实验，观察它们在冬眠时候的体重和温度变化。

"亲爱的詹纳，如果你抓到任何蝙蝠，给我一些；而那些你自己用来实验的，在腹部开一个口，大小刚好可以让温度计进入，将温度计放在蝙蝠的骨盆处，检测那里的温度，然后将温度计朝上抵达隔膜，检测那里的温度。这些实验最好在天气冷的地方进行。"

除了刺猬和蝙蝠，亨特和詹纳还用蟾蜍做了类似的实验，观察它们在冬眠时的生理变化。他们发现刺猬在冬眠的时候，体温可以下降到接近冰点，心跳降低到每分钟14次，呼吸则变得几乎难以察觉，但血液却并没有凝固。只要在保持低温的情况下，冬眠的刺猬被随处乱扔或者接受电刺激，也不会表现出任何生命反应的迹象。这是一个有趣的发现：失去活力，但依然活着。

可能是因为詹纳居住在乡间，可以开展一些在伦敦难以进行的实验，除了导师亨特外，另外一位大博物学家、英国皇家学会的主席班克斯爵士也和詹纳在博物学的实验上有过合作和交流。1787年，詹纳给班克斯爵士写了一封长信，信中不仅总结了这些实验的结果，还描述了其中的一些实验细节。在这封长信中，詹纳先是向班克斯汇报了狐狸和猎犬交配实验的结果。

"尊敬的先生，今年春天我有幸在伦敦见到您的时候，我答应给您寄一份关于狗和狐狸的实验报告，但为我提供这个报告的那位先生没有像我预期的那样尽快寄来，因此耽搁了很长时间。他的叙述如下：

'直到今天，我才得到一份可以信赖的关于雄性狐狸和雌性猎犬的实验报告，于是马上就给你寄来。当雄性狐狸第一次接近时，雌性猎犬似乎并不愿意接受它，但经过一番调情后，它还是接受了。它们在一天中交配了三次，每次持续10分钟到15分钟。这发生在7月的某个时候。在这次结合后，雌性猎犬并没有表现出任何怀孕的迹象。'

尽管有上述情况，但几乎所有的猎人都断言，狐狸和狗会产生后代。但我将尽一切努力，通过对这些动物的实验，把事情弄清楚。"

对于狐狸和猎犬是否可以交配并繁殖后代的问题，詹纳委托他人做了这个实验，发现两者可以交配，但交配后猎犬没有出现怀孕的迹象。因为这只是一次实验的结果，詹纳谨慎地表示还将通过进一步实验去把问题弄清楚。虽然这个主题只是詹纳和班克斯合作中的次要部分，但詹纳对研究结果的谨慎却在这段描述里体现了出来。

詹纳和班克斯合作的主要研究，是动物血液成分是否可以作为植物肥料的问题。这是詹纳认为更值得研究的一个方向，他也为此亲自开展了一些实验，实验的过程和结果也写在了这封长信里：

"我记得我曾答应给您寄一份关于动物血清对蔬菜的作用这一主题的实验记录，我希望这些更值得您研究。一个平时忙于工作的医生无法如愿地开展这些实验，所以这样的实验经常被打断。尽管这些实验还不足以确定动物血清是否会对蔬菜产生持久的良好影响，但已经证明了这种物质的过量使用对植物的生命具有破坏性。我把我的实验记录本上的结果抄录如下：

'1780年2月10日。将少量的人血清倒在草场上约1平方英尺③的草地上。每隔两星期喷洒一次，一共喷了三次，所喷洒的总量是40盎司④血液中的血清。

4月1日。它对草的植被所产生的效果是令人吃惊的。喷洒过血清的草长了几英寸⑤，有着美丽的绿色，显得非常厚实；而周围的草才刚刚开始发芽，看起来是黄绿色的。'"

从上面的信息看来，詹纳早在1780年就开始了这个实验，实验先是在室外的草坪上做的，而且他发现血清对室外草坪的生长有着很好的促进作用。在接下来的1781年，他又进行了一些室内的实验，测定不同浓度的血清对植物生长的影响：

"1781年5月。在三个不同的茶碟中，在薄薄的羊毛层上撒了一些芥末种子。

1号茶碟的羊毛用水浸湿；2号茶碟的羊毛用血清浸湿；3号茶碟

---

③1平方英尺≈0.0929平方米。——编者注

④1盎司=29.57立方厘米。——编者注

⑤1英寸=2.54厘米。——编者注

的羊毛用血液的凝固部分与血清的混合物浸湿。

1号茶碟的种子很快就发芽了。在2号和3号茶碟中，种子膨胀了一点，但没有发芽，最后发霉并死亡。

用等量的血清和水的混合物重复了这个实验，结果有几颗种子刚刚露出胚根就死了。

再用一份血清和两份水配成的混合物重复这个实验，这些种子顺利发芽并生长得非常好。

在一些多肉植物的根部涂上相当数量的血液与少量木灰和白垩粉的混合物，这些植物很快就出现了与它们的邻居不同的外观，叶子更绿也更加茂盛。但是，当生长异常旺盛的花茎长到通常高度的一半时，它们突然枯萎并死亡了。"

通过这些不同浓度的血清的实验，詹纳发现虽然血清对植物的生长可能有帮助，但多到一定的浓度后则会有害。在接下来的1782年，詹纳又用自家花园里的果树做了实验，其中之一是桃树：

"1782年4月21日，两棵年轻的桃树被施以动物血液肥料。大约8磅⑥，或者更多，因为没有称重。肥料被施加在每棵树的根部。用来做实验的桃树都处于病态，开花的数量很少。邻近的两棵树在外观上非常相似。编号1号和2号的桃树施了肥，而编号为3号和4号的则没有。

5月30日：由于整个春天的天气异常恶劣，桃树普遍受到了很大的伤害，许多桃树似乎都被毁了。然而上述的肥料却产生了惊人的效果。

1号和2号桃树看起来很有活力，似乎已经恢复了健康，而3号和4号看起来病恹恹的，只长出了脆弱的嫩芽。"

几乎同时，詹纳还用醋栗树开展了更为精确的实验：

"为了确定将何种数量的动物物质应用于木本植物对其有利或不

---

⑥1磅≈0.4536千克。——编者注

利，我做了以下实验。

1782年4月20日，我取了4棵同龄的醋栗树树苗，它们的生长状况和外观几乎相同。将它们种植在花园中同等大小的大花盆中，但在花盆中放了不同的物质：

1号花盆放的是新鲜血液的凝固的部分，只是在表面覆盖上花园土。

2号花盆放的是等量血液和花园土的混合物，表面覆盖的也是花园土。

3号花盆放的只是花园土。但这株植物将不时地被血清浸润，同时标记出每次使用的数量。

4号花盆放的只是花园土，不添加任何动物物质，用来作为一个对照。

这四个花盆被放在露天的东墙下。

4月26日：往3号花盆里浇了一品脱[⑦]的血清。

5月3日：再次往3号花盆里浇了同样数量的血清。

6月6日：1号死了。2号几乎死亡。3号呈现出了病态，尽管只是轻微的程度。4号则是健康的。

7月20日：3号康复了，发芽了，看起来很健康。"

值得注意的是，詹纳以上的实验里都有相应的对照，而且开展了定量的分析，这在当时已经是相当的严谨。在对结果的总结上，詹纳也做了这样严谨的表达："尽管这些实验还不足以确定动物血清是否会对蔬菜产生持久的良好影响，但已经证明了这种物质的过量使用对植物的生命具有破坏性。"

有一点让人不太理解的是，詹纳早在1780年到1782年间开展了这些实验，但直到1787年才把结果向班克斯汇报。一个可能的理由是詹

---

⑦ 1英制品脱 ≈ 0.5683升。——编者注

纳原本想对这个不确定的结论做进一步的研究，但后来没有找到开展实验的时间和机会。

除了和两位当时杰出的博物学家合作，詹纳还独自开展了一些自己的研究。比如他的观察发现，夜里盛开的报春花在白天的时候花瓣边缘会变得枯萎和皱缩，从而减少花蜜的蒸发；而到了晚上，花瓣则会全面放开，迎接飞蛾的到来。如果说对花朵的观察过于直接和简单，那么詹纳对生活在地下的蚯蚓的研究及指出它们对土壤的重要性的观点则无疑更有深度。班克斯爵士的继任者，在1820年到1827年担任皇家学会主席的汉弗里·戴维爵士曾经这样评价过詹纳在蚯蚓上的研究工作：

"我过去曾经倾向认为粪堆对蚯蚓有用，而没有想过蚯蚓在经济和自然上对人类的重要性。但詹纳博士和我的观点不同，他认为蚯蚓生活在草地下面的土壤里，它们的工作为植物提供养料。"

几十年后，进化论的创始人达尔文也对蚯蚓有了兴趣，并且通过研究确认了詹纳的观点。詹纳和达尔文生活的时代相差了半个多世纪，但两人在多个方面有着惊人的相似之处，包括与生俱来的对博物学的兴趣、学习医学的经历、获得了随船进行科学考察的机会、对工作的认真和持久的耐心，还有他们都做出了改变人类历史的科学发现。而对蚯蚓的研究，更是将两人直接联系到了一起。

需要一提的是，以上詹纳参与的研究都没有写成科学论文发表，或者发表了也没有署上他的名字。在回到家乡后的20年里，詹纳只发表过3篇论文，其中的2篇是关于酒石酸锑钾的，分别发表于1780年和1793年。

酒石酸锑钾有着催吐作用，因此俗名也叫吐酒石，早在中世纪的时候就已经有了应用。但与其他含锑化合物一样，吐酒石有较大的毒性，一般不能直接服用，而用不同方法制备的催吐剂效果差异很大。詹纳认为这种效果的不确定性应该归咎于制备方法的不稳定，所以着手去改善催吐剂的制备工艺。在1780年发表的论文《对吐酒石的粗略研究》中，詹纳就提出了一种以葡萄酒为溶剂来制备催吐剂的方法。为了让吐酒石的成分变得更纯，詹纳还研发了一种利用再结晶来纯化酒石酸锑钾的工艺，这就是他关于吐酒石的第二篇论文。

除了上面提到的两篇关于吐酒石的论文，詹纳所发表的另一篇论文是关于杜鹃的行为观察研究的。也正是这篇论文，让他当选为皇家学会的会士。

虽然从1773年回到伯克利当医生起詹纳就开始了博物学的研究，并且得到了亨特的指导，但詹纳的第一篇博物学论文在15年后才姗姗来迟，这样的"十五年磨一剑"有着它的历史原因。在詹纳生活的时代，大多数论文都只有一个作者，也就是主导研究的人，所以詹纳之前帮助过亨特和班克斯开展了不少研究，但这并没有让他出现在论文的作者名单上。

作为詹纳的导师，亨特并没有只利用学生去帮他收集标本和开展实验，而是也对詹纳的研究做了指点，并且承诺如果詹纳自己做出了有意义的发现，他会帮忙推荐给皇家学会发表。

"今年冬天我想让你做一些实验。你觉得检查鳗鱼怎么样？它们的性别很难鉴定，繁殖方式也不清楚；这在博物学上是一个很重要的问题……如果你喜欢这个提议，请告诉我，我会给你完整的指导。……如果你不反对的话，我会让你做一组关于冬天蔬菜热量的实验。如果你在这些研究中有任何值得公众关注的发现，我会为你提交给皇家学会。"

除了建议詹纳研究鳗鱼和植物，亨特还对仔细研究杜鹃给出了指导。

"我希望你能对杜鹃有一个真实而具体的描述，并且尽可能地亲自去做观测。"

正是因为亨特的这个建议，詹纳开展了对杜鹃详细的研究。之所以研究杜鹃，是因为这是一种比较特殊的鸟类，它们以"巢寄生"的方式生活。杜鹃自己不筑巢，而是把蛋产在其他鸟的窝里，让其他的鸟为它孵蛋并将小杜鹃抚养长大。杜鹃这种寄生生活的受害者，也就是杜鹃所寄生的宿主，有几种常见的鸟类，包括芦苇莺、鹡鸰和树篱麻雀。

为了不被宿主发觉，杜鹃一般会将宿主窝里的鸟蛋叼走一个，然后再将自己的蛋迅速地产到窝里。通常情况下，杜鹃所产的蛋和宿主鸟的蛋长得很像，目的也是迷惑宿主。但这个情况也会因宿主而异，比如那些产在芦苇莺和鹡鸰窝里的杜鹃蛋就和宿主鸟的蛋非常相似，而产在树篱麻雀窝里的杜鹃蛋却和宿主自己的蛋很不相同。之所以出现这种差异，关键在于宿主鸟是否容忍自己的窝里有看上去明显不同的鸟蛋。

等杜鹃蛋被孵育成杜鹃幼鸟后，就会发生另一个令人感到奇怪的现象：和杜鹃幼鸟同窝的宿主小鸟都不会成活，最后窝中只剩下杜鹃幼鸟享受宿主父母的养育。于是出现了这样一个场景，即宿主鸟辛辛苦苦地在喂养一只比自己体形大上几倍的杜鹃幼鸟，而且尽心尽责。

遵照亨特的指导，詹纳带着自己的助手，也是他侄子的亨利·詹纳一起对杜鹃进行长期的观测。为了跟踪杜鹃的整个生长过程，詹纳选择了离伯克利几英里外的一个农场作为观测点。这个农场属于詹纳的姑姑一家，这里有很多树篱麻雀的窝，其中不少就成了杜鹃的宿主。这个姑姑家的私人农场，曾经为詹纳的童年带去过很多欢乐，现在又为詹纳提供了一个不受干扰的观察杜鹃的机会。

这种长期和稳定的观察，让细心和严谨的詹纳有了一些新的发现。比如，詹纳对杜鹃的生活史就有了更为精确的记录：

"通常是4月中旬的时候，雄性杜鹃先行到来，雌性则是在几天后才姗姗来迟，而且在数量上要远少于雄性杜鹃，这就导致了几只雄性杜鹃照顾一只雌性杜鹃的情景。大约在5月中旬的时候，雌性杜鹃开始把蛋下到宿主鸟的巢里。等到6月底7月初的时候，这些杜鹃就慢慢离开了，尽管杜鹃幼鸟还远远没有长大，甚至其中一些杜鹃蛋都还没有孵化出来。"

詹纳的这份精确的观测记录，在两点上改变了当时人们对杜鹃的认知。

一只成年芦苇莺喂养杜鹃幼鸟的场景(图源：维基百科)

第一，杜鹃是否是益鸟？因为杜鹃身形较大，需要较多的食物，而在杜鹃的食物里就有毛毛虫，所以当时大多数博物学家认为杜鹃是一种益鸟。当观察到六七月份的时候杜鹃就离开这一事实之后，詹纳对这种观点产生了怀疑，因为毛毛虫是到夏季后半段才开始大量在花园里出现的。为了验证自己的观点，詹纳对四只杜鹃进行了解剖，检查它们胃中的食物构成，结果在第一只杜鹃的胃中发现了3只毛毛虫，第二只杜鹃的胃中发现的是光滑的毛虫、甲虫和其他昆虫，而第三和第四只的胃中发现的则是光滑的毛虫、甲虫、苍蝇以及其他昆虫。根据这一结果，詹纳认为杜鹃因吃毛毛虫而是益鸟的说法并不准确，至少是一种被夸大了的观点。

第二，为什么杜鹃要过"巢寄生"的生活？在詹纳生活的18世纪，对这一问题的解释是杜鹃身形较大，肚皮又薄，所以不适合孵蛋。但詹纳发现这也是一种误解，因为有比杜鹃身形更大的鸟类照样自己孵蛋。在詹纳看来，杜鹃之所以要选择让其他鸟类来孵蛋，更是因为它们自己的时间不够。从抵达的4月中旬到离开的7月上旬，这三个月的时间不足以让杜鹃产蛋、孵化以及将小杜鹃抚养长大，所以它们不得不采用了"巢寄生"的生活方式。

虽然上面两点结果颇为有趣，但这并不是詹纳对杜鹃观测的核心发现。在詹纳这篇论文里，最重要的发现是他找到了杜鹃幼鸟都能独享宿主鸟抚养机会的原因。换句话说，就是詹纳发现了那些本来和杜鹃幼鸟同窝的宿主鸟蛋或小鸟是如何被清除的秘密。在当时，博物学家一般认为做出这一残忍行为的应该是成年的杜鹃，也就是杜鹃幼鸟的亲生父母。

但詹纳的观察提供了一个令人意外的答案：杜鹃幼鸟自己将宿主的蛋或小鸟推出了鸟巢。

"小杜鹃完成这个行为的方式是十分稀奇的。这个小动物利用它的臀部和翅膀努力地把宿主鸟（小麻雀）放到自己的背上，抬起肘部方便运输背上的负载物，随着它向后爬到鸟巢的边缘，直到到达其顶部，在那里休息了一会儿后，猛地甩掉了背上的负载，将它完全抛出鸟巢。"

也就是说，根据詹纳的观察，杜鹃幼鸟之所以能够独享宿主鸟的抚养，是因为它自己将窝里的同伴给谋杀了。詹纳的观察还发现这是一个普遍的现象，而且这一奇异的行为会随着时间的推移而消失：

"这一系列实验我在不同的鸟窝里重复了多次，都观察到了杜鹃幼鸟以相同的方式将同伴推出巢外。……在2到3天幼龄的这个阶段，杜鹃幼鸟总是在忙着将同窝的伙伴推出巢外，这种行为会随着成长而消失。从我目前为止的观察来看，等到12天幼龄的时候，杜鹃幼鸟就彻底停止了这一行为。"

关于杜鹃幼鸟如何能做到这一点，詹纳也找到了答案：

"杜鹃幼鸟独特的生理结构和这一奇异的行为完全匹配。因为，和其他鸟类刚出生时不同，杜鹃幼鸟的背部中间有一个宽而较深的凹陷，这让它能将同窝的鸟蛋或其他幼鸟稳稳地放到背上，并将它们推出巢外。等到12天幼龄的时候，杜鹃幼鸟背上的这个凹陷结构就已经被填平了，变得和普通鸟类无异。"

也就是说，杜鹃的幼鸟有着一个天生用来残害同伴的生理结构，能够在同伴幼小或者还没有被孵化出来的时候将它们推出巢外。随着时间的推移，这种天生的结构也逐渐消失。

詹纳大量的亲眼观察结果表明，这就是一个普遍存在的自然现象。在亨特的鼓励下，1787年詹纳将这一令人惊讶的发现写成了论文，寄给了皇家学会。

如果用现代进化论的眼光来看，这样的独特结构和行为容易让人接受，至少不会令人觉得意外。但18世纪还没有进化论，也没有相机来记录事情发生的过程，人们很难相信这样神奇的文字描述。

面对詹纳的这篇论文，时任皇家学会主席的班克斯爵士半信半疑，因为里面的发现的确让人感到匪夷所思，但在和詹纳合作的过程中他又知道詹纳是一个严谨的学者。皇家学会的其他成员则和班克斯不同，他们无法相信论文所报道的现象的真实性。在经过学会委员会讨论之后，作为主席的班克斯代表皇家学会给詹纳做了如下回复：

"先生，

由于您发现杜鹃的幼鸟，而不是它的父母，会把同窝的蛋和幼鸟从它所在的巢中推出去，委员会认为最好给您一个充分的时间，让您对论文进行完善和修改。下一年我们将很高兴再次收到它，并将它印刷出来……

您最顺从和谦卑的仆人，

约瑟夫·班克斯"

作为皇家学会会长的班克斯爵士，写信的措辞非常礼貌，如果考虑到他和詹纳之间的合作关系，这种礼貌甚至多少显得有些虚伪。但不管怎样，皇家学会对詹纳论文的意见很清楚，就是让詹纳慎重，确认自己的发现准确后再发表。

大约半年后的1788年3月，詹纳的这篇论文终于在皇家学会上宣读，并随后在学会的会刊上发表。论文发表的时候，在伦敦的亨特写信通知了詹纳：

"亲爱的詹纳，

过去一段时间我一直想给你写信，但之前的3周一直很忙，而且身体上也有严重的不适。

你的论文已经在学会上被宣读了，委员会也给予了通过，现在已经开始印刷，因为我今天拿到了样张。我已经订购了50份抽印本，25份给你，25份给我自己，以便送给朋友。我跟约瑟夫·班克斯爵士和布拉格登博士谈了你的愿望，约瑟夫爵士丝毫不反对，并会给我们提供一切可能的帮助，但他认为最好等论文先印刷和交付，让人们稍微冷静一下，因为他说有很多人很难完全相信这篇论文的发现。所以最好推迟到今年冬天再颁布候选证书……

约翰·亨特"

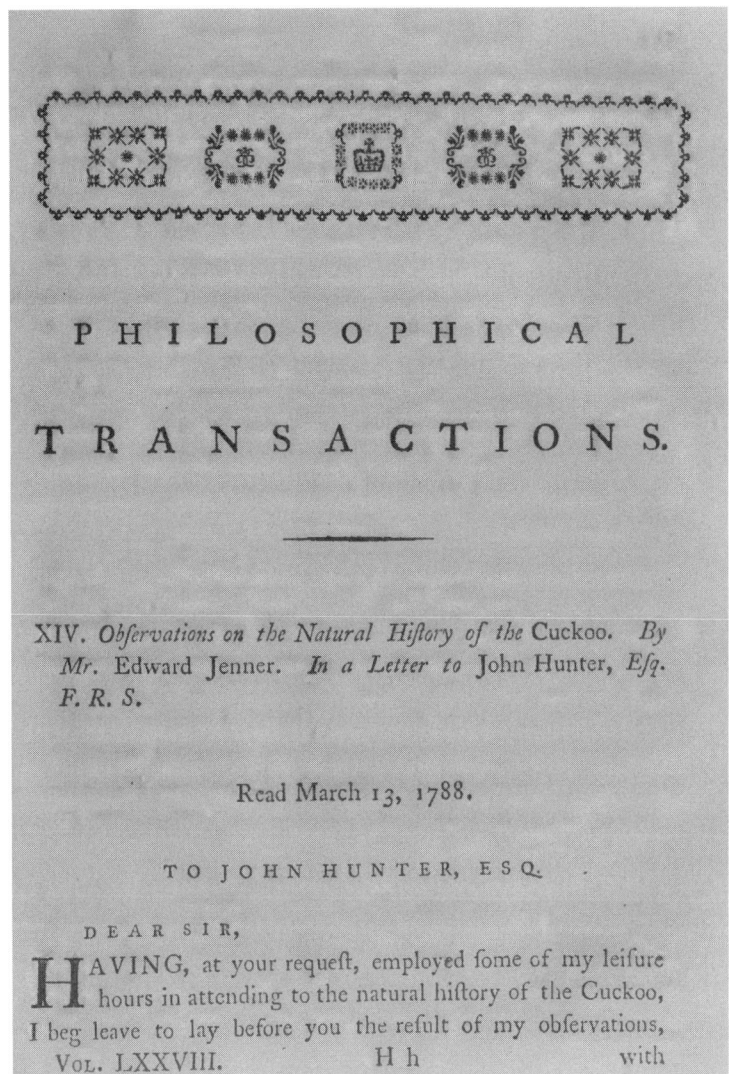

PHILOSOPHICAL

TRANSACTIONS.

XIV. *Obſervations on the Natural Hiſtory of the* Cuckoo. *By* Mr. Edward Jenner. *In a Letter to* John Hunter, *Eſq.* F. R. S.

Read March 13, 1788.

TO JOHN HUNTER, ESQ.

DEAR SIR,

HAVING, at your requeſt, employed ſome of my leiſure hours in attending to the natural hiſtory of the Cuckoo, I beg leave to lay before you the reſult of my obſervations,

Vol. LXXVIII.   H h   with

詹纳1788年发表的关于杜鹃观察的论文截图（图源：Wellcome Collection）

可以看出，即使是在皇家学会上宣读了，而且也得到了委员会的认可，依然有不少人对其中的发现表示怀疑。而信中提到的詹纳向皇家学会表达的愿望，指的是想申请成为皇家学会的会士。从信中也可以知道，作为皇家学会主席的班克斯爵士对詹纳的愿望给予了充分的支持，只是希望暂缓到那年冬天再启动这个程序。

正如计划的那样，1788年冬天，在皇家学会会士亨特的提议下，詹纳成为皇家学会会士的候选人。这份提议书是这样写的：

爱德华·詹纳的候选资格证书

爱德华·詹纳先生，外科医生，来自格洛斯特郡的伯克利，是一位精通博物学的绅士，也是一篇关于杜鹃的研究论文的作者，该论文最近在《哲学交流》第53卷上发表，他希望被选入皇家学会。我们这些签名人根据个人的知识推荐他，认为他值得这一荣誉，并可能成为一名有用的会员。

1788年11月20日

在这份候选人证书上，有着5位皇家学会会士的签名，第一个签名的就是亨特，他的签名日期是当年的11月27日。第五位签名的是塞缪尔·格拉斯博士，签名日期是1789年1月4日。1789年2月26日，皇家学会为詹纳的申请进行了投票，詹纳也顺利地当选。这里需要稍微一提的是，虽然已经获得了皇家学会会士这一荣誉，但詹纳此时还没有获得博士学位，因为他的医学博士学位是在1792年才从圣安德鲁斯大学获得的。

从实验的启动和进行，到论文的撰写和发表，再到最后会士的提名和当选，詹纳的成功都离不开亨特。正是因为亨特的持久支持，詹纳这位乡间医生在16年后成为英国皇家学会的会士。也是在这一年，詹纳的大儿子出生了，詹纳为儿子选的教父就是远在伦敦的亨特。

就在詹纳家庭和事业双喜临门的那一年，詹纳40岁，亨特61岁。步入了老年的亨特身体欠佳，在1788年给詹纳写的那封信里，他就提到自己身体上有过严重的不适。亨特得的是冠心病，而且患病多年。早在1777年，亨特还因为此病专门休息了一段时间，到布里斯托尔附近的巴斯小镇疗养。为了了解这种疾病，詹纳亲自解剖过几个有类似症状的逝者，发现了心脏冠状动脉的异常。虽然这一发现很有意义，但对该疾病的治疗还是于事无补。1793年，65岁的亨特离开了这个世界。

尽管亨特长期患病让詹纳对他的离开有所准备，但当伦敦的噩耗传来时，詹纳还是陷入了深深的悲痛之中。对詹纳来说，亨特不仅是一位导师，也是一位朋友，一位亲人，一种如父如兄的存在。

1794年，詹纳一家被伤寒侵袭，他自己也被感染。在18世纪，伤寒是一种可以致命的传染病。发生在詹纳一家的那次感染里，就有一名仆人因此死亡。幸运的是，詹纳从那次伤寒中存活了下来。其间，在写给朋友亨利·施雷普内尔的信中，詹纳叙述了这次家族感染伤寒的经历：

"首先被感染的是亨利⑧的妻子和妹妹。因为较早地使用树皮药丸治疗，她们都逐渐恢复。但前者在干了几天家务之后，却又复发了，这几乎把她毁了。正是在给她治疗的时候，我也被感染了。我感到恶心，好像吃了一些难消化的食物一样，这样的情况持续了好几天，但身体其他部分没有受到影响。……在此期间我没有服用任何药物。在第一次发作后的第8天，它又再次发作，并且持续了21天。这期间帕里医生从巴斯来探望过我5次，希克斯医生和勒德洛医生也来过5次。我的朋友乔治⑨则一直在看护着我。感谢上天！这些努力取得了成功，我现在正享受着那种慢慢康复的状态……接下来亨利的女儿也被感染了，屋里的一个女仆则因为感染而不幸死去。而且，大约5天前，可怜的亨利本人也病倒了。目前，他的症状与人们预料的一样：头部剧烈疼痛、眩晕、虚弱、短暂的颤抖等。乔治是我们当中唯一还健康的人……"

---

⑧ 指詹纳的侄子亨利·詹纳。

⑨ 指詹纳的侄子乔治·詹纳。

从伤寒感染中逃生的詹纳，从此也开始了自己人生的另一个阶段，他不再或极少从事博物学研究，原先准备撰写的关于鸟类迁徙的论文也暂停了下来，直到老年时才重新拾起。这是因为在这个时候，他找到了对付天花的方案，并且为之付出了长达十几年的不懈努力，直到这一事业走向成功。

虽然博物学和疫苗的研究在时间上有冲突，但之所以是詹纳而不是其他人发现了疫苗，一个重要的原因就是他有着医生和博物学家的双重身份。就是在那些对杜鹃的巢寄生、动物冬眠、鸟类的迁徙、血清对植物的影响等的研究里，还有在制造飘在伯克利谷地上空的热气球的过程中，詹纳已经具备了出色的观察、推理和解决问题的能力。

正是这种能力与牛痘的相遇，缔造了疫苗发现的传奇。

第三章　天花肆虐人间苦

在人类历史上的诸多瘟疫中，最令人恐惧的就是天花。

一种传染病病原体的危害程度主要取决于两个指标：传染力和致病性。前者可以用基本传染指数反映出来，即平均一个病人可以把该病传染给几个人；体现后者的指标是感染病死率，即被感染者里的死亡比例。比如我们常见的季节性流感病毒，基本传染指数是1.5左右，而病死率则只有大概0.1%；而在2003年令人恐惧的萨斯（SARS）病毒，基本传染指数大约是2.3，而病死率为15%左右。天花病毒则相当凶猛，基本传染指数为5.0，也就是说一个天花病人平均可以把病毒传染给5个人；而它所导致的病死率高达30%。这是一种令人谈之色变的存在。

下面这个19世纪70年代美国爱达荷州科林斯家的故事，就是这一说法的最好例证。

这家的主人帕特里克·柯林斯是一位军官，他是爱达荷州博伊西堡驻扎部队的一名上尉。科林斯家的墓碑上，写着他和5个儿子的名字以及出生和死亡的日期。从墓碑给出的信息来看，柯林斯自己在1877年11月去世的时候还不到40岁，而他的5个儿子更是走在了他的前面。令人痛心的是，除了1864年出生的大儿子丹尼尔在1周岁时夭天外，另外4个儿子的死亡都发生在1877年1月。就在短短的一个星期之内，天花夺去了这个家庭4个男孩的生命。

这个家庭的惨剧，成了一个流传到现在的故事：

"医生来到了附近科林斯的家，给他的儿子做了检查，然后在'天花！天花！'的尖叫声中跑出屋子。随后，科林斯的家被隔离了起来。1877年1月8日，8岁的托马斯去世，他被放在一个麻袋里存放在屋外。两名士兵将麻袋系上绳索，将尸体拖到附近的军事墓地里掩埋。

随后的1月12日，科林斯家中3岁的儿子约翰去世；1月13日，1岁的儿子查尔斯去世；1月14日，5岁的儿子威廉去世。所有死者都被套上麻袋、系上绳索，然后埋在了同一坟墓里……"

在天花疫苗发现之前的世界，以及天花疫苗发现之后但没有普及到的地方，这样的惨剧在不停地上演。

天花是由天花病毒所导致的疾病，按致病性的强弱来分，天花病毒可以分为两种：一种是主天花病毒，被感染者的死亡率高达30%左右；另一种是次天花病毒，它所引起的症状比较缓和，被感染者的死亡率只有不到1%。不幸的是，主天花病毒最为常见，而次天花病毒却很稀有。比如在詹纳自己所做的众多关于天花的记录里，就只有一次由次天花病毒所导致的疫情：

"大约7年前[①]，一种天花在格洛斯特郡的许多城镇和村庄流行，这种天花的毒性是那样温和，以至于几乎没有人听说过有病死的患者，因此当地底层社会的人对这个病几乎没有什么恐惧，他们毫无顾忌地彼此正常交流，就好像没有传染病在他们中间流行一样。"

在詹纳的时代人们并不知道天花病毒是天花的元凶，对天花病毒两个亚种的了解就更无从谈起，但詹纳对这起由次天花病毒所导致的疫情的记录却十分准确。

因为主天花病毒更常见，我们一般提起的天花指的也就是由主天花病毒导致的烈性传染病。

---

①詹纳的这篇论文发表于1798年，所以这次疫情发生的时间应该是1791年。

虽然天花的直观表现是皮肤上的脓疱，但它是一种主要通过空气传播的疾病。天花病毒通过口鼻进入人的体内，首先感染呼吸道表面的黏膜，然后入侵淋巴结并在那里繁殖，这一期间基本上不会出现什么症状。大约在感染后的第12天，被感染者会出现一些类似流感的症状，包括发烧、肌肉疼痛、头痛以及因为消化系统受累而出现的恶心和呕吐等。再过两三天后，黏膜和皮肤上便会开始出现症状，先是红色的小点，然后逐渐变成遍布全身的皮疹。因为这些皮疹色红如花，古人又认为这种烈性传染病是上天派来的瘟疫，"天花"就因此在中国得名。

天花的名字听上去并不恐怖，甚至还有些美感，但实际上远非如此，等到那些遍布全身的皮疹进一步成熟，就会转化成脓疱。天花在英国曾经被称为"斑点怪"，这个称呼有歧视之嫌，但却生动形象。

在被天花病毒感染之后，大概三分之一的患者将会因此死亡，而另外三分之二的幸存者，大部分也会留下一定的后遗症，比如在脸上留下永久性疤痕，若是脓疱波及眼部，还可能导致失明。至于不同的人感染天花后的结果不同，主要取决于个体的免疫力，比如免疫系统尚未发育完全的婴幼儿，被天花病毒感染后的病死率就远高于成人。

因为天花患者在痊愈后脸上会留下疤痕，这为探寻天花的源头提供了线索。目前能追踪到的最古老的关于天花存在的实物证据，是古埃及法老拉美西斯五世的木乃伊上的天花疤痕。拉美西斯五世生活在公元前1150年左右，也就是说天花可能在3000多年前就已经在人类中间传播。文字记录也为这一观点提供了支持，因为在公元前1500年的印度古医书里，就有类似天花症状的描述。

随着时间的推移，文献对天花的记录也越来越多，而且愈加准确。比如公元前450年左右，古希腊的思想家修昔提底斯在《伯罗奔尼撒战争史》一书中就有过这样的描述：

"有些人在健康的情况下，没有任何明显的原因，但在突然之间先是头部剧烈发热，眼睛发红和发炎；而里面的嘴唇或喉咙和舌头也立即充血，呼出的气体带有腥臭味。在这些症状之后，又出现了打喷嚏和声音嘶哑的情况，再接下来疾病就蔓延到了胸部，并伴有剧烈的咳嗽。等到它在胃里安顿下来时，胆汁淤积都会随之而来，这些都是非常痛苦的……身上的皮肤并不发热，也不是很苍白，而是发红、发青，并长有小脓疱。”

这一段文字清楚地描述了天花病毒感染后发病期的整个过程和症状，只是因为时代的局限，当时的人无法知道这是一种由空气传播的疾病，也无法估算这一疾病的潜伏期。

天花侵入中国，也有近两千年的历史。中国晋代的葛洪在《肘后救卒方》一书里，就对这一疾病做了如下记录：

“比岁有病时行，乃发疮头面及身，须臾周匝，状如火创，皆戴白浆，随决随生，不即治，剧者多死。治得差者，疮瘢紫黑，弥岁方灭，此恶毒之气。”

葛洪的记录虽然没有介绍天花的潜伏期和发病初期的全身性症状，只集中在皮肤症状的描述，但同时介绍了这一疾病的后果：严重者死亡，幸存者部分身上会留下疤痕。

关于这场瘟疫的来源，葛洪也做了描述：

“建武中于南阳击虏所得，乃乎为虏疮。”

这里的“虏疮”就是天花在中国最初的名字，到了后来因为疱疮形状和颜色上的特点，这个病才被称为“痘”和“天花”。书中提到的“建武”是东汉第一个皇帝刘秀的年号，他在公元25年到57年在位。也就是说，根据葛洪的记载，中国的天花是在公元1世纪从外族传过来的，而传播这一瘟疫的媒介，是战争。

战争不仅把天花带到中国，同样也带去了欧洲。公元165年，罗马帝国攻占了古巴勒斯坦地区，第三次镇压了当地犹太人的起义。但凯旋的罗马军团给帝国带回的不只是胜利的喜悦，还有一场毁灭性的灾难。确切地说，他们从中东的战场带回了天花病毒，这种病毒在亚平宁半岛造成了一场长达15年的瘟疫，大约500万人因此失去了生命。

在人口流动稀少的农业社会，战争是族群间的主要交流方式，而交流物品的清单里，自然会包括诸多的传染病。由战争传播天花，上面只是两个例子。在那之后，还有一系列这样的故事。其中最有名的，应该是欧洲的殖民者发现了美洲，在用武力征服原住民的时候也给美洲带去了天花。从来没有遭遇过这种瘟疫的印第安人对天花病毒没有任何免疫力，也没有任何对付这一传染病的经验，难以数计的印第安人失去了生命，一些印第安部落还因此消亡。

和美洲一样，澳洲的天花也是由殖民者引入的。1789年，也就是天花疫苗发明的前夕，英国殖民者把天花病毒带到澳大利亚，从此天花就传遍了世界。

在疫苗还未发明的18世纪，因为生产力的发展所推动的人口流动、殖民和商贸，天花在全球的流行和伤害到达了顶峰。据估计，18世纪下半叶，在欧洲出生的小孩里，每7个中就有1个死于天花。在当时的欧洲，每年因为天花而死亡的人数高达40万左右。如果从天花在人类中流行开始计算，在过去几千年的历史中，因为天花而去世的生命则是数以亿计。

作为一种经由空气传的疾病，天花的发生不分阶层，虽然在居住条件差的百姓中更容易发生，但王公贵族也同样不能幸免。在历史上，古代君王被天花感染的例子并不鲜见。比如上面提到的3000多年前的埃及法老，还有英国王后玛丽二世、神圣罗马帝国皇帝约瑟夫一世、西班牙国王路易斯一世、俄罗斯沙皇彼得二世、瑞典王后乌尔丽卡·埃利诺拉和法国国王路易十五等都死于天花感染。

在中国也不例外，在中国的天花患者里，最有名的应该是顺治和康熙父子。明末清初，满人入关面对的不仅是汉人的大好河山，还有烈性传染病天花，也就是那个时候叫"痘疮"或"痘疹"的东西。在天花流行的时候，整个京城都人心惶惶，包括住在紫禁城的皇帝。为了避免感染，顺治皇帝想尽了各种办法，包括不上朝和不接见外来使团。但不幸的是，顺治还是没有躲过这一劫。在吉祥的正月感染了天花，随后很快死亡。年轻的顺治死得突然，为世人虚构出一个皇帝出家的故事提供了素材。顺治并不是大清皇宫第一位天花患者，就在他患病的前一年，他的第三个儿子玄烨也得了天花，不过他幸运地活了下来。

在年轻的顺治皇帝驾崩后，选继承人成了一个问题。在天花流行的世界里，皇位的继承人是否是长子已不重要，更关键的是他不会像顺治那样死于天花。在当时，因为人们已经知道得过天花的人之后就不会再患这个病，因此得过天花的三皇子玄烨被选为继承人，这就是后来的康熙皇帝。从8岁登基，到68岁驾崩，康熙皇帝在位61年，成为中国历史上在位时间最长的帝王。在这61年里，康熙大帝平定四海，发展经济，成就了中国封建社会里的最后一个辉煌时代。从某种角度上来说，是人们对天花免疫的那一点点知识，成就了康熙皇帝，同时也改变了世界。

掌握这一点知识的不仅是中国，因为天花病毒传染性强，会在同一人群中反复造成疫情，这让各地的古人很容易就注意到：得过天花的人不会再被感染。比如，在古希腊时代修昔提底斯写的《伯罗奔尼撒战争史》中就有这样的记录：

"这次流行病的另一个显著情况是，那些曾经战胜过瘟疫的人可以免于第二次发作，至少可以免于致命的发作。"

类似的经验同样在古代文明发达的印度、西亚、北非都有发现。

这种现象引起了古人的思考，既然得过天花的人不会再被感染，如果采取一种方法能够让人轻微地感染天花，岂不是可以预防天花的发生？在这样的理念指导下，人类开始了小心翼翼的探索。首先被使用的是"痘衣法"。

顾名思义，"痘衣法"就是让健康的人穿上天花病人的衣服，希望以此来抵抗天花。这一古老的防疫方法在世界多个地方都被使用，包括古代东方的中国，还有西亚和北非。只是古人没有检验疗效的手段，也没有人去研究痘衣法防止天花的具体效果如何。利用现代医学知识，如今我们可以大致推测这一问题的答案。

痘衣法要想有效，需要满足两个前提：一是痘衣上沾染一定量的病毒，并且最好是有活性的病毒，这一点相对容易做到；二是穿痘衣的人皮肤上要有伤口或刮痕，这才能让天花病毒进入体内。如果不是故意为之，后一个条件一般难以满足。所以我们可以推断，痘衣法有效的可能性很低。

天花的死亡率高达30%，面对如此巨大的风险，既然痘衣法不可靠，那就必须寻找更加高效的防疫办法，这就推动了人痘接种的出现。

所谓人痘接种，就是将"痘"人为地接种到人身上，从而达到预防天花的目的。从可考的文献记录来看，最早发明人痘接种的应该是中国。

提出过"中国四大发明"的英国学者李约瑟就考证过中国古代人痘接种的历史，在《中国科学技术史》第6卷中，他曾做出这样的结论：

"总而言之，对我们来说，似乎最为审慎的结论是，种痘产生于宋代初期或宋代以前，或许更早至隋代的道教环境之中。"

李约瑟这个结论的依据，是清代康熙年间朱纯嘏撰写的《痘疹定论》，此书中有如下记录：

"宋仁宗时丞相王旦，生子俱苦于痘，后生子素，召集诸医，探问方药。时有四川人清风，陈说：峨眉山有神医能种痘，百不失一。不逾月，神医到京。见王素，摩其顶曰：此子可种！即于次日种痘，至七日发热，后十二日，正痘已结痂矣。"

上面这段文字描述的是一个发生在北宋时期的故事：宋仁宗时期的丞相王旦生得一子王素，因为之前的几个儿子都深受天花之苦，所以他请当时峨眉山的神医道士到开封为他的儿子接种人痘，并且取得了成功。根据这段记录，李约瑟认为中国早在11世纪的宋代就有了人痘接种术，而且和道家医术有关。

虽然这一论述将中国古代人痘接种术的发明时间追溯到宋代甚至更早，但目前发现的相关文献只有这一条，而且这一记录和事情发生的时间相差近700年。所以，即使人痘接种在宋代已经出现，也应该没有得到推广和普及。中国民间的人痘接种在一定规模上得到应用，应该是在16世纪左右，也就是明朝中晚期，这一点有很多文献可以作为证据。

明代嘉靖二十八年（公元1549年）出版、由万全撰写的《痘疹世医心法》一书中，有这样的文字："女子种痘，经水忽行，暴暗不能言语者。"明末的《寓意草》里，也有关于顾明的二郎、三郎在北京种痘的医案记载。另外，清初出版的《三冈识略》也记载了一位张姓大夫给人种痘的事迹，并且提到这个技术来自祖传，到他那里已经传了三代。清代出版的《痘科金镜赋集解》更是直接描述了人痘接种的起源："又闻种痘法，起于明朝隆庆年间，宁国府太平县，姓氏失考，得之异人，丹传之家。由此蔓延天下。"

到了清代，可能是因为有过亲身感染天花的经历，康熙皇帝主政后大力推广人痘接种，大量相关著作在此期间出版。凭借着皇家的支持，中国古代的人痘接种术迎来了它的黄金时代。这种推广不仅在中国大地上进行，还传播到了国外。康熙二十七年（公元1688年），俄罗斯帝国曾经专门派人来中国学习人痘接种技术。

中国之外，另外一个人口众多的文明古国印度也发明了人痘接种术，但相关的文献记录并不像中国这样丰富。虽然有人声称印度几千年前的梵文文献里就有记录，但这样的说法属于误传，因为古代印度文献里，虽然的确有关于天花和治疗方法的文字，却没有关于如何预防天花的记录。印度人痘接种的最早文献是由两位生活在印度的英国人所做的记录：一是奥利弗·库尔特在1731年提到，印度比哈尔邦地区16世纪末就有医生开展人痘接种；二是约翰·泽法尼亚·霍尔韦尔在1768年提到，种痘在印度"已有几百年的历史"。

值得注意的是，中国和印度的人痘接种术在方法上有着明显的区别。

在中国，人痘接种是通过鼻孔吸入，简称鼻饲法。这一方法的使用可能和当时人们对天花的疾病认知有关，因为中国古人知道天花是一种通过口鼻传播的疾病，就像《医林改错》所描述的那样："遇天行触浊气之瘟疫，由口鼻而入气管。"在印度使用的则是皮肤接种法，即把天花脓包的浆液通过反复穿刺的方法接种到胳膊上的一小块皮肤里。这种方法的起源，可能和"痘衣法"有关，因为古人或许会观察到皮肤破损能提高"痘衣法"的预防效力。

无论是采用鼻饲法还是皮肤接种，人痘接种虽然有效，但都不安全，因为它所用的就是活的天花病毒。在18世纪初期，通过皮肤接种的方案，大概2%左右的被接种者会因为接种而感染天花并死亡。古代中国通过鼻饲法接种的安全性如何很难精确考证，清代嘉庆年间出版的《引痘略》中，对中国鼻饲法接种死亡率的描述是："然犹十失其一。"也就是说可能高达10%。这·高死亡率可以用现代科学知识做出一些解释：因为天花病毒是通过空气经由呼吸道传播的，也就是说中国的鼻饲法实际上模拟了天花的自然感染，而要通过这种方法在皮肤上出痘，就意味着天花病毒要从肺部扩散到全身，这恰恰就是天花发病的过程。

所以，接种人痘虽然能预防天花的发生，但人痘并不能算是真正的疫苗。因为疫苗指的是一种安全和有效的预防疾病的方法，人痘接种虽然有效，但却并不安全。

尽管人痘本身并不是真正的疫苗，但历史表明它是疫苗发明的第一个里程碑，因为没有人痘接种的发明，就不会有疫苗的诞生。疫苗发明的第二个里程碑，则是人痘接种术从东方引入当时有着良好科学氛围的英国。在这个过程中，功劳最大的是一位女性：玛丽·蒙塔古夫人。

蒙塔古夫人原名玛丽·皮埃尔蓬，出生在一个英国公爵家庭。小时候受过良好教育的她有着强烈的好奇心，这让她后来成为一名作家和诗人。23岁那年，她嫁给了同样来自贵族家庭的爱德华·沃特利·蒙塔古，后来随担任外交官的丈夫去了奥斯曼帝国的君士坦丁堡，也就是今天土耳其的伊斯坦布尔。在君士坦丁堡停留期间，蒙塔古夫人记录了大量当地的风土人情，其中就包括她见到的当时在土耳其进行的人痘接种术。在1717年4月1日写给远在英国的朋友的信中，蒙塔古夫人就介绍了这种神奇的天花预防办法：从天花患者身上的脓疱中取出病毒性物质，然后通过在皮肤上划痕的方式接种到没有感染过天花的人的胳膊上。

蒙塔古夫人对人痘接种的兴趣不仅是因为好奇，更和自己的经历有关。1712年，她的弟弟患上了天花，并且不幸死亡。三年后，她自己也染上了天花，虽然幸运地活了下来，但原本美丽的脸上留下了难看的疤痕。下面这张油画的内容是她和儿子爱德华在一起的场景，上面的她依然有着一副美丽无瑕的面孔，但这并不是现实的写照。

为了自己的子女不再有与自己同样的遭遇，蒙塔古夫人在君士坦丁堡的时候做出了一个重大的决定：让使馆的外科医生查尔斯·梅特兰为自己5岁的儿子爱德华进行人痘接种。这是一个历史性的时刻，爱德华因此成了第一个接受人痘接种的欧洲人。结果正如蒙塔古夫人期望的那样，这一次的接种成功了。

返回英国以后，蒙塔古夫人开始向国人介绍这种来自东方的发明。但像绝大多数新鲜事物一样，人痘在英国社会受到了强烈的抵制。英国的医学界对这种来自东方的民间技术嗤之以鼻、不以为然。直到1721年，天花又一次在英国流行的时候，事情才出现了转机。

在当时的英国，天花更像一种地方性的传染病，每几年就会在一个地方流行一次。伦敦作为一个有着较高人口密度的都市，天花发生的频率则要更高一些。比如1710年、1714年、1717年以及1719年，伦敦都因为天花疫情而有过两到三千人的死亡。1721年年初，伦敦再次发生了天花疫情，这时蒙塔古夫人的小女儿也已经4岁，因为儿子在土耳其时接种人痘的成功经历，她再次决定让梅特兰医生为自己的女儿进行人痘接种。起初梅特兰医生有些不太愿意，认为当时的气候过于

玛丽·蒙塔古夫人和她的儿子爱德华（图源：维基百科）

寒冷和潮湿，并不适合进行接种。直到那年4月，两人才在这一问题上达成一致，在三位其他医生在场的情况下，梅特兰医生开展了这一次历史性的接种。这让蒙塔古夫人的女儿成了在欧洲本土接受人痘接种的第一人，也正式宣告了人痘接种术被引入英国这一里程碑的到来。

这一次成功的接种引起了不小的反响，在蒙塔古夫人的大力推荐下，威尔士王妃卡罗琳[②]决定开展人痘接种试验：1721年8月，6名死刑犯用接受人痘接种来替代他们本该接受的死刑。接种又一次获得成功，这些囚犯也在随后被当即释放。从此英国王室接受了人痘接种术，次年4月，威尔士王妃让自己的两个女儿也做了接种。有了英国王室的支持，蒙塔古夫人推广人痘接种的事业有了基础，这一来自东方民间的天花预防术从此在英国乃至欧洲落地生根。

即使得到了王室的支持，人痘接种在英国的普及也难言顺利。主要原因还是和它的安全性有关，就像上面提到的，当时这种通过皮肤接种的方法并不安全，大概有2%的人在接种之后会因为感染天花而死亡。虽然这比自然感染天花后的30%的死亡率要低很多，但2%的死亡率依然是一个让人忌惮的数字。所以，一般只有在天花流行的时候，当地才会有人这样做，以躲避不幸感染后30%的死亡风险。但在没有天花流行的太平日子，这样的冒险就显得完全没有必要。

以上还是个人层面的考虑，从群体层面来看，人痘接种可能会让被接种者患上天花，从而成为新的传染源。因此，一个人要接种人痘，影响到的不仅仅是他个人，而可能是整个社区。另外，人痘接种还受到了来自宗教方面的压力，一些神职人员甚至给出了这样的宣言："对于成年人来说，如果同意自愿给自己带来致命的疾病，那相当于自杀；但对于儿童来说，人痘接种就是对无辜小生命的谋杀。"

因为这些来自个人、群体和宗教层面的阻力，人痘接种在英国开

---

② 当时英国王储乔治二世的妻子，1727年成为英国王后。

展得十分缓慢。从1721年首次在英国开展人痘接种算起，在之后长达8年的时间里，整个英国只有892人接受了人痘接种，其中17人因为接种而死亡。这样的困境一直在持续，在接下来的10年里，人痘接种在英国已经陷入了几乎要被抛弃的境地。而在欧洲大陆，除了德国的汉诺威做过小部分接种外，其他国家则几乎都没有进行过尝试。

直到1740年后，人痘接种在英国才迎来了转机，因为从北美洲传来了关于人痘接种的好消息，那里的一个农场主给他的300名奴隶做了人痘接种，其中没有一个人因为接种而死亡。而且这样的事件并不是孤例，因为南美洲的人痘接种显得也同样成功，平均几百个接种者里才会出现一例死亡。

也就是说，美洲的经验表明，人痘接种的安全性可以达到一个较高的水平，死亡率几乎只有之前英国的十分之一。就在这样的背景里，英国重新启动了人痘接种。1746年，伦敦成立了专门的天花医院，负责为百姓接种人痘。

三年后的1749年，詹纳出生了，在这个人痘接种术正在推广但却很不完善的时代。

1757年，8岁的詹纳正在上小学，就是在这期间，詹纳接受了人痘的接种。关于当时的场景，在场的霍斯布洛克先生有过这样的描述：

"那时他8岁，是一个脸庞红润、非常可爱的男孩。和其他几个小孩一起，他被要求为接种人痘做相应的准备。这个准备过程长达6周，他被多次抽血以确定血液是否正常，然后反复清洗，直到他变得消瘦和虚弱，同时他还被要求保持非常少的饮食，并服用饮料以使血液'甜化'。在经过这种待人如畜的人痘接种手术之后，他和其他的小孩一起被隔离了起来，期间处于一个生病的状态。"

这一段记录详细地描述了当时接种的过程，远非现在的疫苗接种那样简单。接种前6个星期的准备工作，更是有些惨无人道。现在我们无法知道，为什么当时需要将人调整到那样一个虚弱的状态才进行人痘接种。这样的做法毫无道理，甚至有害无益，因为伴随着虚弱身体的是脆弱的免疫系统，这将会增加因为接种而患上天花的风险。

因为这次人痘接种，原本健康的詹纳变得虚弱不堪，这一段接种经历也给这个阳光男孩的生活留下了阴影。在詹纳因为天花疫苗的发现而名扬天下之后，人们都好奇这一段不堪的接种经历是不是詹纳做出伟大发现的动力。但这个问题很难有一个答案，因为詹纳自己对这一段经历只字未提。

假若詹纳晚出生几年，他的接种就不会那样痛苦，就在短短几年之后，人痘接种术在英国得到了极大的优化，不仅不再像以前那样烦琐，而且在安全性上有了本质的提高。

人痘接种术在英国的优化，是通往疫苗发明道路上的第三个里程碑。在这一点上，贡献最大的则是英格兰东部萨福克郡的一名乡村医生罗伯特·萨顿。

萨顿年轻时受过专业的医学训练。1731年，24岁的他获得行医执照，在英格兰东部萨福克郡当上了一名乡村医生。虽然人痘接种早在1724年就传到了当地，但萨顿对这种来自东方的天花预防术没有表现出什么兴趣。1756年，萨顿的大儿子小罗伯特·萨顿需要接种人痘，没有接种经验的萨顿不能亲自操作，于是邀请同行约翰·罗德巴德医生来进行接种。小罗伯特比几乎同时期接种人痘的詹纳更可怜，他不仅经受了詹纳经历过的煎熬，还因此患上了严重的天花。好在当时他已经成年，凭借着不错的免疫力活了下来。

可能是因为目睹了儿子接种的凄惨经历，身为医生的萨顿开始研究当时的人痘接种术，目标是减少病人的痛苦，并提高接种的安全性。他在自己的诊所开设了接种点，为改良人痘积累实践经验。短短两三年之后，他就对传统人痘接种做出了大幅改良。接种前的准备，从6周缩短到了2周，也不用再反复抽血，让人憔悴不堪，唯一需要做的是在这2周内吃素和戒酒。更重要的是，他的接种方案在安全性上有了很大的提高。在1761年由萨顿亲自接种的几百人里，就只发生了一例死亡。

因为简单和安全，萨顿所改良的人痘接种术很快受到了人们的青睐，这让萨顿一个人忙不过来。在当时，每次接种的收费在5英镑左右，接种生意的兴隆让萨顿意识到这是一个难得的获取巨额财富的机会。于是他一方面以保密的方式和当地的医生开展合作，另一方面他把接种的秘诀传授给了6个儿子，让他们到全国各地去开设接种的网点。1769年，光英格兰就有约4万人采用萨顿的方法接种了人痘。其中死亡人数不超过100人，死亡率只有0.2%。随着这种改良的人痘接种术的推广，萨顿家族的财富也有了指数级的增长。

在萨顿的6个儿子里，最能干的是二儿子丹尼尔·萨顿。丹尼尔·萨顿没有接受过正规的医生培训，但他在做实验方面有着过人的天赋。在人痘的接种上，他没有像他的兄弟那样简单地继承父亲的秘诀，而是自己开展了一系列的实验。他通过这些实验摸索到了人痘接种中的一些规律，并且将这一技术做了进一步的优化。1763年到1766年，由丹尼尔·萨顿亲手接种的2万多人里，只出现了3例死亡。相比于实验方面，丹尼尔·萨顿在商业方面的天赋更加突出。凭借着商业经营方面的才华，他将自己的接种业务成功拓展到了远在欧洲大陆的奥地利、波兰等多个国家。

多年后的1796年，丹尼尔·萨顿出版了自传《接种者》一书。在这本书里，他公布了萨顿家族人痘接种术的关键秘密：接种时让皮肤的划痕尽量浅，不要伤及真皮和出血。这个秘诀可以用现代的科学知识解释，就是这样的接种方法大大降低了天花病毒扩散到全身的概率，从而减少了因为接种而感染天花的情况发生。但在18世纪，一个没有任何免疫学知识的年代，发明出这样的接种方法靠的就是对细节的关注。

就在丹尼尔·萨顿的《接种者》一书中，他也通过一首小诗就这一点发表了感慨：

不要轻视细节，尽管看上去琐屑；

细沙堆积成山，瞬间造就岁月；

细节充满生命，需要耐心留意，

否则你可能，至死都不明白生活的真谛。

丹尼尔·萨顿无疑是对的，重视细节才能走向成功，在让大量的人免于天花感染的同时也给自己带来巨大的财富。但历史也同样证明，他的这种正确只是一种小聪明，而不是大智慧。因为人痘接种术的改良和普及所带来的最大成果，是推动了天花疫苗的诞生。

从人痘接种跨越到疫苗，需要的不是小聪明，而是大智慧。具备这种大智慧的詹纳，此时正在伯克利的乡间行医，和萨顿一样，他也在忙着为人进行人痘接种。但和萨顿不同，詹纳通过人痘接种看到的不是财富，而是能够彻底消灭天花的疫苗。

第四章　牛痘发明天下闻

关于詹纳和天花疫苗的发明，有一段故事广为流传：英国乡村医生詹纳偶然听到一名挤奶女工说自己不用担心感染天花，因为她之前得过牛痘。詹纳因此获得灵感，然后从一位美丽的挤奶女工的手臂上取出牛痘，对一名小男孩进行了牛痘接种，这一接种的成功宣告了疫苗的诞生。

这是一个简化又美化了的故事，虽然容易在大众中传播，但要从一个伟大发明诞生的过程中获得营养，必须去追溯真实的历史。在真实世界里，疫苗的发明远不是故事里那样简单美好，却更加精彩纷呈。

先说詹纳是怎么注意到"牛痘能预防天花"的。

在《爱德华·詹纳的生活》中，作者约翰·巴伦博士有过以下描述：

"他那时在索德伯里的导师家里接受医学专业教育，一个年轻的乡下女子来求医。因为有人在她面前提到了天花，她马上说：'我不会得那种病，因为我已经得过牛痘。'正是这件事，引起了詹纳的注意。"

这就是前面那个故事的来源。按照巴伦的描述，詹纳第一次知道牛痘能够预防天花是在他的青少年时代，也就是在勒德洛医生那里做学徒的时候。巴伦是詹纳指定的传记作者，《爱德华·詹纳的生活》这部传记也的确提供了大量关于詹纳的资料。

然而，这一描述却和詹纳本人的说法存在矛盾。在1801年发表的

《关于天花疫苗的起源》里，詹纳清楚地回忆了自己知道牛痘可以预防天花这一观点的时间和缘由。

"我对牛痘研究的开端，要追溯到25年前。作为一个乡村医生，我那时经常被叫去为当地的人进行人痘接种……"

也就是说，詹纳认为自己是在1776年左右开始注意到牛痘这一课题。这个时间，是他从伦敦回到伯克利当医生之后的3年左右，身为医生的他注意到牛痘和天花的关系，这听上去也符合常理。

至于他是如何知道这一观点的，詹纳也有记述：

"我发现，在其中一些人身上，无论怎么去接种人痘都没有反应。我发现这些人都曾经患过一种当地人称为'牛痘'的病，这让我感到好奇和兴奋，于是开始了对牛痘的调查和研究。"

按照詹纳的自述，是因为他发现那些对人痘接种没有反应的人之前都得过牛痘，所以这让他产生了牛痘可以预防天花的想法。

因为人痘接种而发现牛痘可以预防天花，这听起来有些匪夷所思，但以现代科学的眼光看，这才是更合理的思维路径。

在人痘接种普及之前，牛痘可以预防天花的现象肯定就已经存在，但这时人们很难觉察到二者的关系。原因有两点：第一，即使是天花在一个地方流行的时候，也不是所有人都有机会接触天花病毒，所以一个人没有发生感染的原因可能有很多，得过牛痘只是其中之一；第二，在古代，"牛痘"的说法指的是多种可以让牛出现皮肤疱疮性症状的疾病，而只有真正由牛痘病毒感染导致的"牛痘"才能预防天花，换句话说，当时并不是所有得过"牛痘"的挤奶工人都能够抵抗天花，因此，得过"牛痘"既不是对天花有抵抗能力的必要条件，也不是它的充分条件。在没有严格科学统计方法的情况下，人们无法得出牛痘能够预防天花的结论。即使有些挤奶女工凭借个人的经验做出这样的推测，也很难有医生会信以为真。

那么为什么在人痘接种普及后，人们就能发现牛痘可以预防天花呢?

为更好地理解这个过程，我们先要明确一下人痘接种的概念。所谓人痘接种，就是通过让人接触天花病毒并发生轻微的感染，从而让人产生对天花病毒的免疫力，达到预防天花的效果。

因为萨顿家族改良的人痘接种术操作简单并相对安全，这让人痘在民间得到了普及。和自然条件下的天花感染不同，人痘接种可以确保被接种人都接触到天花病毒。对于之前没有得过天花，也没有得过牛痘的人来说，接种人痘后在接种处一般会出现多个成熟的疱疮，甚至可能因为接种而感染天花。而之前得过牛痘的人的反应则完全不同，因为他们此前已经有针对天花病毒的免疫力，这些人在接种后就不会出现成熟的疱疮，更不可能因此而染上天花，换句话说，就是缺乏正常的接种反应。所以，当负责接种的医生发现一个人对人痘接种没有正常的反应的时候，进一步询问病史，就会发现这个人之前得过牛痘。

了解了这层原理，我们就可以知道，詹纳自述的说法是可信的。那么，从挤奶女工那里获得灵感的故事难道是巴伦编造出来的吗？

实际上，也不能完全怪巴伦。其一，詹纳自己在1801年写下那些文字的时候，并没有完全把事实交代清楚。而在晚年，他又曾经向朋友坦承自己第一次听说牛痘可以预防天花是在1768年，正是他在勒德洛医生那里做学徒的时候。至于他当时是如何获得这一信息的，詹纳没有给出说明。于是巴伦后来在为詹纳写传记的时候，在这里展开了一些自己的想象。

既然詹纳听说这种观点的时间可以前移到1768年，那他的信息源是谁呢？

正确的答案是，伯克利谷地中桑伯里小镇上的一位乡村医生约翰·弗斯特。

弗斯特比詹纳大11岁，算是詹纳的同乡和前辈。18世纪60年代，弗斯特在布里斯托尔完成医学学业后，来到桑伯里行医。当时年轻的弗斯特很有上进心，他和附近几个小镇的医生合力创建了一个医学会，每月在附近村庄阿维斯顿的一家船上旅馆聚会一次。桑伯里和詹纳当学徒所在的索德伯里只有10千米的距离，詹纳当时的老师勒德洛医生也是这个学会的共同创始人，经常参加这个学会的活动。

1768年，弗斯特将萨顿家族优化的人痘接种术引入当地。弗斯特在给人接种时发现了一个有趣的现象，一些人在接种人痘后没有出现正常的接种反应，后来询问得知，这些人都得过牛痘，这让他看到了牛痘和天花的关联，认为牛痘可能可以抵抗天花。在当年的一次医学会的聚会上，弗斯特报告了这一发现，并呼吁其他医生对此继续研究。那天晚上参加聚会的医生里，就有詹纳的老师勒德洛医生。当时的詹纳，还只是勒德洛门下的学徒，他可能没有参加医学会聚会的资格，但他却有机会间接听说弗斯特的发现。

比较遗憾的是，作为发现牛痘与天花关系的第一人，弗斯特自己并没有为此进行任何实验，也就没有成为开展牛痘接种的第一人。

他之所以放弃这项研究，原因有两点：一方面，他认为牛痘感染后出现的症状比当时人痘接种引起的症状更严重，所以觉得牛痘和人痘接种相比没有优势；另一方面，当时得过"牛痘"的人里只有一部分对天花有抵抗力，所以他觉得"牛痘"对天花的保护效果并不稳定，远远不如人痘接种。基于以上两点，弗斯特觉得牛痘接种的价值有限，不可能取代当时已经很成熟的人痘接种。

弗斯特的想法不是没有道理，那时人痘接种里每500人才会有1例死亡，而且因为良好的隔离措施，被接种者不会成为天花的传染源。换句话说，当时的人痘接种不仅有效，而且相对安全。因此弗斯特放弃了在牛痘这个方向上的努力，不仅没有亲自开展牛痘接种，也没有将之前的发现写成论文发表出来。

但詹纳却一直将牛痘能预防天花的观点记在了脑海里，等到从伦敦回来自己能够独立行医和开展人痘接种工作的时候，他便重拾了这一问题。而且在为他人接种的过程中，他也确认了牛痘可以预防天花的观点。按照詹纳后来发表的论文的记录，他亲历的这样的例子最早发生在1778年：

"H夫人，伯克利本地一位受人尊敬的女士，很小的时候就得过牛痘。她是以一种不太常见的方式感染牛痘的：她家的仆人因为挤奶而患上了牛痘，然后她和仆人共用了一些工具而被感染。她当时先是在手上长了很多痘疮，然后又进一步传到鼻子上，鼻子开始发炎和肿胀。在这个事件发生后不久，她就暴露在了天花感染的环境里，因为她的一位亲戚得了严重的天花并因病去世，而她经常要去照顾这位亲戚。所以假如对天花没有抵抗力的话，她几乎没有不被感染的可能，但她却没有因此而患上天花。

1778年，天花在伯克利大流行。在此期间，虽然H夫人没有感到不适，但她对自己的抵抗力还是不太满意，于是我给她接种了人痘。就像前面的几个病例一样，H夫人在接种后也只在手臂上出现了红色疹斑，而身体上没有其他任何反应。"

在这之后，他发现了越来越多的得过牛痘的人对人痘接种或自然的天花感染有抵抗力的例子，这让他确认牛痘能够预防天花的观点，并思考着如何用实验的方法去证明。1780年，在一次骑马郊游时，詹纳向他的朋友加德纳谈起了他对牛痘这一问题的思考。在这场对话中，詹纳先向加德纳介绍了关于牛痘的基本情况，包括牛痘的历史、疾病起源、挤奶工人被牛痘感染后有了对天花的抵抗力的现象。接下来詹纳还阐述了他解决这一问题的思路：将牛痘从一个人传播到另一个人身上，因为这样就可以进行可持续性的接种，让更多的人受益。结束的时候，詹纳说了下面一段话：

"加德纳，我把一件最重要的事情托付给你，我坚信它将被证明对人类有重要的好处。我不希望我所说的事情被人提起，因为如果在我的实验中出现任何不愉快的事情，我就会被人嘲笑。"

詹纳不希望朋友加德纳把他们之间关于牛痘的谈话透露出去，因为他的实验还没有开始，而且其中有着巨大的困难，存在着失败的可能。其中最大的困难，就是并非所有的"牛痘"都能预防天花，这也是弗斯特医生没有进一步研究牛痘的主要原因之一。詹纳在当地的医学会上也与同行讨论过牛痘的问题，同行的看法和弗斯特医生的观点大致相似，即牛痘在安全性和有效性上都不如人痘接种，无法也没有必要去取代后者。所以，一旦詹纳关于牛痘接种的实验失败，可能面对的将会是同行的嘲讽。

为了避免失败，詹纳要做的是审慎地去思考，然后再进行严谨的实验，这无疑需要时间。和弗斯特医生所观察到的一样，詹纳也注意到不是所有得过"牛痘"的人都能够抵抗天花，但和弗斯特医生因此放弃对牛痘的进一步研究不同，詹纳对这些"牛痘"进行了细致的分析，发现这些"牛痘"之间有些不同，于是认为其中可能有"真牛痘"和"伪牛痘"之分，只有真牛痘才可以抵抗天花。这一思路让他得以继续前行。1789年，也就是他因为对杜鹃的观察研究而当选为皇家学会会士的那年，詹纳和他的导师亨特讨论了牛痘的问题。关于牛痘和天花的关系，詹纳这时候已经有了一个自己的观点，他认为在多种动物身上存在的和人的天花类似的疾病，比如牛痘、猪痘等都是同一种疾病，只是在不同动物中有不同的表现形式。从这一点出发，詹纳认为不止牛痘，猪痘和马身上的类似疾病应该都可以用来预防天花。在得到亨特的鼓励和支持之后，詹纳慢慢开始了他的实验工作。

根据巴伦为詹纳写的传记，詹纳首先开始接种的并不是牛痘，而是猪痘：

"1789年11月，他给当时大约一岁半的长子爱德华①接种了猪痘。他接种后的表现似乎和人痘接种后表现轻微的情形类似。接种后第8

---

①这里信息有误，1789年11月詹纳的长子爱德华只有约半岁大小。

天出现了一些症状：几个脓疱，它们进展缓慢，而且很小。在这次接种猪痘之后的五六个不同的时间点，将人痘小心地接种到他的手臂，该部位没有出现丝毫的炎症反应。"

按照巴伦的这段描述，詹纳为自己的儿子接种了猪痘，然后用人痘接种去验证效果，结果表明猪痘接种成功地诱导了对天花的免疫力。在接下来的三年时间里，詹纳又用人痘接种去确认了两次：

"1791年4月7日，星期四，通过两个小切口，再次对他进行人痘接种。9日，接种的地方明显地发炎了。10日，一个一先令大小的风团出现在接种处。11日，风团慢慢变成了红色肿块。12日，红色肿块继续增大。13日，在接种处的下端出现一个水泡，约有一个豌豆大小，内含透明的褐色液体；周围部位出现红斑，红斑延伸到肩部，然后很快就消失了。孩子在整个过程中没有表现出任何不适应的迹象。

1792年3月。小爱德华·詹纳再次接受了人痘接种，接种液取自一个以自然方式感染天花的孩子，而且天花症状相当完整。接种时采用的是从天花疱疮中提出的新鲜脓液。就在当天晚上，接种处周围就出现了炎症，20小时后，炎症扩大到6便士直径的大小，一些液体已经聚集在接种处的边缘，但孩子已经把它们擦掉了。"

现在已经很难考证这次猪痘接种的真实性，因为詹纳没有在论文里提及过。假设这一段描述是真实的，用现在的眼光来看，这样的试验有违反医学伦理之嫌，即使是用自己的儿子来做试验也是如此。但在詹纳的那个时代，这样的试验是被允许的，甚至反过来可以说明詹纳的自信。从上面描述的结果来看，詹纳所开展的这次猪痘接种是成功的。但在这次试验之后，詹纳再也没有对猪痘进行进一步的研究，因为更常见的牛痘才是他关注的对象。

虽然伯克利谷地水草肥美，有着众多的奶牛场，但牛痘疫情也不是随时都有。尤其是詹纳想开展从人到人之间的牛痘接种，要耐心等待的就不止是牛痘疫情，还有被牛痘感染的挤奶工人。

1796年5月，詹纳终于得到了这样的机会。

在伯克利附近的一家农场里发生了牛痘疫情。一名叫萨拉·内尔姆斯的挤奶女工因为之前轻微地被荆棘刺伤了手，后来在为奶牛挤奶的时候染上了牛痘。她手背的大拇指和食指之间出现了一个大的脓疱，同时在手腕处还有两个小的。除了手上的脓疱外，内尔姆斯还出现了感染牛痘后的一些全身性症状。詹纳确信这是真牛痘，于是开始了他的由人到人的牛痘接种试验。

为了做更细致的记录，詹纳让人把这名挤奶女工的手的外观画了下来，而且对图做了一些说明：

"这个脓疱充分表现出了牛痘的典型特征，就像通常出现在手上的脓疱一样，所以我把它作为一个代表在附上的插图里呈现出来。她手腕上的两个小脓疱也是由于病毒进入了表皮的微小擦伤处而引起的，但在我看到病人的时候，疱疮周围没有显出铁青色，如果有的话也不明显。插图上食指上的那个脓疱显示这个病还处于早期阶段，它实际上并没有出现在这个年轻女子的手上，而是来自另一个患者，被拿过来加到插图里来呈现早期牛痘疮的外观。"

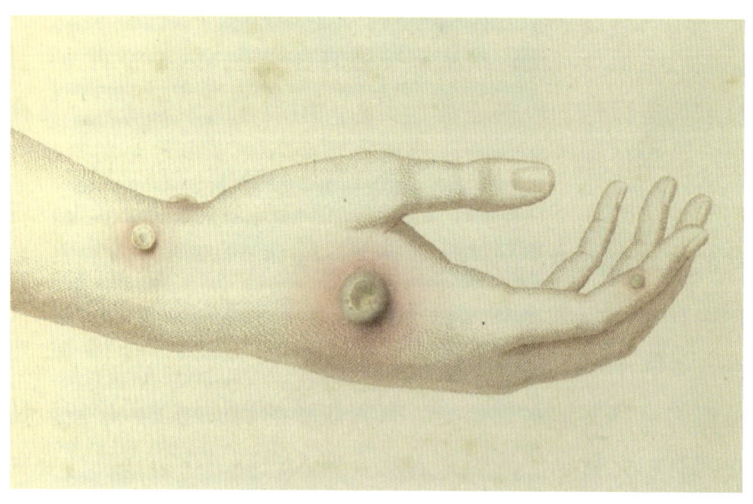

萨拉·内尔姆斯的手(图源：Wellcome Collection)

詹纳传：疫苗的使者

从上面詹纳的文字来看，这张人类医学史著名的图片是"伪造"的，因为图中食指上的那个小痘疮并没有长在这名挤奶女工身上，而是来自另一位患者。它被人为地"借用"了过来，用来向读者说明早期阶段的牛痘疮的模样。在现代的学术规范里，这是学术造假，但在詹纳的时代却是被允许的，更何况他对此处做了明确的说明。

接下来詹纳开始了他的试验，用柳叶刀将那个大脓疱从周围刺破，将流出的液体接种到一个8岁的男孩身上。关于这一试验的详细过程，詹纳在后来的论文里也有详细的记录：

"为了更准确地观察感染的进展，我选择了一个大约8岁的健康男孩作为对象来进行牛痘接种。牛痘的脓液是从一个挤奶女工手上的痘疮中取出的，她被主人的奶牛感染而得了牛痘。1796年5月14日，我在男孩手臂皮肤的表面划了两个切口，几乎没有刺穿表皮，每个切口长约半英寸，然后将牛痘脓液接种在那里。

接种后的第7天，他抱怨腋窝有些不舒服。到了第9天，他感到有点冷，没有胃口，而且有些头疼；在这一整天中，他明显很不舒服，整晚都在一定程度的躁动不安中度过。但之后的一天他就恢复了健康。

男孩在接种牛痘后，接种部位从开始到出现疱疮这个过程里的外观变化和人痘接种后的非常相似。我感觉到的差异是牛痘接种所产生的疱疮里液体的状态比较透明，不像人痘接种所产生的那样颜色偏暗；还有就是接种部位的红斑，在外观上比人痘接种出现的红斑看上去呈现出更多的丹毒性的外观。但是这些后来都消退了，只在接种部位留下了结痂，没有给我或我的病人带来一点麻烦。"

詹纳接种的那个男孩名叫詹姆斯·菲普斯，他的父亲是一个没有自己土地的园丁，平时在詹纳的花园里工作。菲普斯没有得过天花，也没有接种过人痘，正符合詹纳要找的试验对象的标准。下面这幅油画创作于1894年左右，也就是这次接种发生的大约100年后，作者是法国画家加斯顿·梅林格。油画上表现的就是当时詹纳为菲普斯接种牛痘的场景，上面除了詹纳和菲普斯外，还有菲普斯的父亲和患有牛痘的挤奶女工萨拉·内尔姆斯以及其他几个人。

詹纳给菲普斯接种的场景(油画作者：加斯顿·梅林格，图源：维基百科)

因为是第一次进行从人到人的牛痘接种，詹纳不仅细心观察，而且有些忐忑不安。直到看到接种部位的疱疮和人痘接种的非常类似的时候，詹纳的心才稍稍安定下来。为了验证这次牛痘接种的效果，詹纳在一个半月后为菲普斯做了人痘接种：

"为了检测这个男孩的身体在受到牛痘接种的轻微影响后，是否对天花有了抵抗力，在7月1日我为他进行了人痘接种，用的是刚刚从天花脓疱里提取出来的脓液。我在他手臂的皮肤上做了几个轻微切口和穿刺，小心地接入天花脓液，之后男孩没有得病。他手臂上接种人痘处的外观，看上去就和那些之前得过牛痘或天花的人在接种了人痘后出现的一样。几个月后，我再次为他接种了人痘，但还是没有对他的身体产生可以觉察的影响。"

詹纳传：疫苗的使者

结果表明，被接种了牛痘后的菲普斯对人痘接种没有正常的接种反应，这一点在几个月后再次得到了确认。也就是说，对菲普斯开展的牛痘接种成功了，詹纳也因此充满了喜悦：

"这对我来说也是新奇的，我永远都能回忆起它给我带来的愉悦，因为它和人痘接种所产生疱疮的相似性，无可辩驳地说明了两个疾病之间的紧密联系，而且几乎预知了我实验的结果。"

在这个结果出来之后，詹纳通知了他的挚友加德纳：

"亲爱的加德纳：

我曾答应让你知道我对牛痘这种奇特疾病的性质的调查进展情况，而且我完全相信你对它的成功很感兴趣，你会很高兴地听到我终于完成了我期待已久的事情，即通过普通的接种方式将牛痘从一个人传给另一个人。

一个名叫菲普斯的男孩被接种了从一个挤奶女工手上的牛痘疱疮中提取的液体物质，她被她主人的牛感染了，我以前从未见过这种疾病，即从奶牛身上传染到挤奶工手上的牛痘。我惊奇地发现，这些脓疱在某些阶段与天花脓疱非常相似。但现在听我讲讲我的故事中最令人高兴的部分。这个男孩后来被接种了人痘，正如我大胆预测的那样，他没有产生任何正常的反应。现在我将以加倍的热情继续我的试验。

此致

敬礼

爱德华·詹纳

伯克利，1796 年 7 月 19 日"

詹纳的牛痘接种试验成功了，5 月 14 日也因此成了后人纪念疫苗发明的日子。

之所以牛痘接种被认为是疫苗而人痘接种不是，主要是因为他们之间有着本质的不同。疫苗指的是一种安全的让人产生针对某种病原微生物的免疫力，从而预防相应传染病的手段。以这一定义为基础，我们可以对人痘接种和牛痘接种进行一下比较。

在人痘接种里，用来接种的是天花病毒本身，所以能够让人的身体内产生针对天花病毒的免疫力，从而预防天花的自然感染。从有效性上来说，人痘接种的确没有问题。但正因为用的是天花病毒本身，人痘接种的安全性就有了麻烦。因为天花病毒的增殖，不仅会让人在接种部位出现很多脓疱疮，也会让一部分人因为接种而患上天花，甚至还会有人因此死亡。因为它的不安全性，人痘接种就不能被称为真正的疫苗。

牛痘接种则很不相同，用来接种的是牛痘病毒。牛痘病毒和天花病毒都是痘病毒科正痘病毒属的成员，就像一个家庭里的两兄弟，两者之间有着一些相似的地方。而且凑巧的是，它们之间的相似性体现在了免疫原性上，也就说针对一种病毒的免疫反应对另外一种病毒同样有效。所以牛痘接种所产生的针对牛痘病毒的免疫力，同样可以用来抵抗天花病毒。也就是说，牛痘接种在有效性上和人痘接种一样达标了。

那么，牛痘接种的安全性呢？

虽然牛痘病毒和天花病毒有些相似，但两者也有着明显的不同。而且幸运的是，两者的不同体现在了它们对人的致病性上。在自然条件下，天花病毒只感染人，牛痘病毒也只感染牛。所以当人为地将牛痘病毒接种到人身上之后，因为牛痘病毒在人体内只会发生有限的增殖，在接种处也只出现一个脓疱疮，然后还有轻微的全身性反应，所以牛痘接种不会让人出现严重的疾病症状，更不会导致人的死亡。

因此，安全而且有效的牛痘接种才是真正的天花疫苗。

在完成了这个具有决定性的试验之后，詹纳开始整理自己的发现，计划写成论文发表。在这篇题为《一项对天花疫苗的起因和作用的调查》的论文里，詹纳除了报道上面的对菲普斯进行的牛痘接种外，还描述了16例之前感染过牛痘或者马痘后有了对天花的免疫力的例子。此外，詹纳还对牛痘和天花的来源和关系做了自己的推断。

詹纳在1797年将论文写好后投给了英国皇家学会，但不幸的是这篇论文被拒稿了。一项后来被证明是人类医学史上最重要的发现之一的成果被拒稿，可能会让人觉得匪夷所思，甚至会让人质疑英国皇家学会的学术水准。虽然皇家学会的判断力可能存在一定的问题，但当时的拒稿并非完全错误，甚至可以说得上较为合理。因为詹纳的这篇关于天花疫苗的论文虽然长达几十页，但真正关于牛痘接种的试验就一例，即给菲普斯的那次接种。用个例来说明牛痘的有效性和安全性，无疑是一件牵强和缺乏说服力的事情。

作为学者的詹纳自己当然也清楚这一点，他对于论文的被拒没有抱怨，而是继续开展试验，以便获得更多的数据来显示牛痘的效果。但在1797年整整一年，詹纳都没有发现牛痘的踪影。尽管他采取了多种方法，包括按他自己的理论去诱导牛痘的发生，也都无济于事，于是研究不得不中断了。

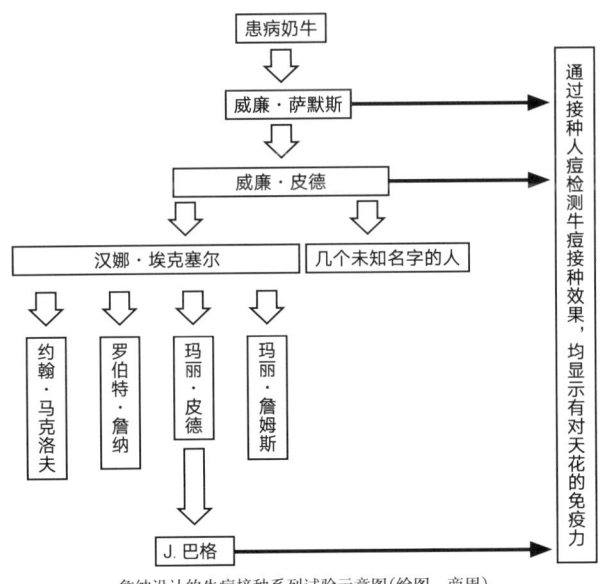

詹纳设计的牛痘接种系列试验示意图(绘图：商周)

在接下来的1798年的春季，牛痘又在伯克利附近的几家奶牛场暴发了，这让詹纳有机会重启这项研究。为了充分利用这个难得的机会，詹纳在这里设计了一个精妙的系列试验。这次他不仅要用更多的例子证明牛痘接种的安全和有效，同时也想调查牛痘在人传人的过程中是否还能保持关键属性的稳定，后者也同样重要，因为如果能证明牛痘能够在人传人的过程中保持稳定，那么就意味着有取之不尽的牛痘资源，开展大规模的接种就将成为可能。

就像上图中显示的那样，当年的3月16日，詹纳将牛痘脓液从患病的奶牛那里接种到5岁的男孩威廉·萨默斯的上臂上。在接种后的第6天，这个男孩的身体开始感到不适，但这种常见的轻微症状到接种后第8天就消失了。在接种处形成的脓疱的发展和成熟的情况和1796年接种了牛痘的男孩菲普斯的情况非常类似，说明这是真牛痘，这正是詹纳所希望的。

在12天后的3月28日，詹纳把威廉·萨默斯手臂上的牛痘疱疮接种到8岁的男孩威廉·皮德的手臂上。接种后威廉·皮德在第6天出现了症状，接种处的疱疮也和前者无异。

4月5日，詹纳进行了牛痘在人之间的第2次传递，他将威廉·皮德手臂上的疱疮脓液接种给了几名儿童和成年人。他们大部分在第6天出现了症状，其中有一个被接种者是7岁的女孩汉娜·埃克塞尔。

4月12日，詹纳再次将女孩汉娜·埃克塞尔手臂上的疱疮脓液接种到了4个人的手臂上，分别是1.5岁的约翰·马克洛夫、11个月大的罗伯特·詹纳[2]、5岁的玛丽·皮德以及6岁的玛丽·詹姆斯。在这4个被接种人里，罗伯特·詹纳的接种没有成功，因为他没有出现任何的反应，而其他3个人则出现了典型的牛痘接种后的症状。

最后，玛丽·皮德手臂上的牛痘疱疮被接种到了7岁的男孩J.巴格

---

②詹纳自己的第二个儿子。

身上。巴格在接种后的第8天出现了一些常见的轻微症状，接种部位的脓疱也基本正常。

就这样，詹纳在1个多月的时间里，先是将牛痘从患病的奶牛那里接种到人的身上，然后又以人传人的方式传递了4代，总共接种了十几个人。从接种后的反应来看，只有1例接种本身失败，其他的接种都出现了典型的牛痘接种反应。

那么更为关键的问题是，这些被接种的人是否因为牛痘接种而有了对天花的免疫力呢？

对于这一关键的结果，詹纳是这样描述的：

"在经过许多用天花去感染患过牛痘的人的尝试之后，似乎没有必要再给后来所有接种了牛痘的试验对象接种人痘，这对我来说也不方便。然而，我认为还是应该在其中一些人身上看看人痘接种的效果，尤其是威廉·萨默斯，他是首个被从牛身上提取的脓液接种的患者。因此，他被接种了新鲜天花脓疱中的脓液。但是，与前面的情况一样，他没有表现出哪怕是最低程度的全身性不适。"

因为詹纳当时要去伦敦，他让自己的侄子亨利再次对其中的两位被接种者做了验证：

"我也有机会让我的侄子亨利·詹纳先生给这个男孩和威廉·皮德接种了人痘，他给了我如下报告：'我已经给皮德和巴格，就是您最近为他们接种了牛痘的两个男孩进行了接种。在我为他们接种人痘的第2天，接种处开始发炎，周围有淡淡的炎症斑。第3天，这些外部炎症仍在增加，他们的手臂痒得厉害。第4天，炎症有了明显的消退，而且第6天就几乎看不到炎症了。他们都没有出现任何全身不适的症状。'"

也就是说，通过接种人痘的方法证明，无论是第一个从牛那里接种了牛痘的萨默斯、第二个接受牛痘接种的皮德，还是接受了在人之间传递了多次的牛痘的巴格，都因为接种而有了对天花的免疫力。换句话说，这一系列的试验证明了这样一个事实，即牛痘在人之间传递多次后依然没有失去其原始属性。

这一试验的成功不仅用更多的接种例子证明了牛痘的安全有效，而且为牛痘的大规模接种提供了可能。这意味着天花这一瘟疫将受到控制，甚至退出历史的舞台。

试验进行到这里也就完整了，詹纳将这些新的结果补充到了他之前的论文里。这一次他没有再把论文投到英国皇家学会，而是采用了更快的自费出书的方式发表。

AN
INQUIRY
INTO
THE CAUSES AND EFFECTS
OF
THE VARIOLÆ VACCINÆ,
A DISEASE
DISCOVERED IN SOME OF THE WESTERN COUNTIES OF ENGLAND,
PARTICULARLY
GLOUCESTERSHIRE,
AND KNOWN BY THE NAME OF
THE COW POX.

BY EDWARD JENNER, M.D. F.R.S. &c.

——— QUID NOBIS CERTIUS IPSIS
SENSIBUS ESSE POTEST, QUO VERA AC FALSA NOTEMUS.
LUCRETIUS.

London:
PRINTED, FOR THE AUTHOR,
BY SAMPSON LOW, Nº. 7, BERWICK STREET, SOHO:
AND SOLD BY LAW, AVE-MARIA LANE; AND MURRAY AND HIGHLEY, FLEET STREET.

1798.

《一项对天花疫苗的起因和作用的调查》一书的首页截图(图源：Wellcome Collection)

詹纳传：疫苗的使者

1798年6月，詹纳的《一项对天花疫苗的起因和作用的调查》一书在伦敦由桑普森·洛出版社出版。这本只有70页的小册子就像一块巨大的陨石，冲击了地球的表面，并对人类的历史产生了长久深远的影响。

但接下来詹纳面对的，却并不是坦途和荣誉，而是接连不断的问题和麻烦。

第五章　斩浪劈波风雨路

　　站在现代人的角度上看，天花疫苗的问世宣告人类进入了疫苗时代，从此拥有了对付传染病的一个强大的武器，这无疑是值得拥护和歌颂的事情。但当詹纳在1798年发表那篇关于天花疫苗的论文的时候，所受到的待遇却远非如此。

　　詹纳关于牛痘接种的研究在家乡伯克利一带进行，期间也和当地的一些同行朋友保持着专业上的交流。从他那些朋友的角度来看，比如布里斯托尔的希克斯博士和巴斯的帕里博士，詹纳的牛痘接种术无疑是值得推广的。但伯克利只是一个英格兰的乡间小镇，要推广牛痘接种，最需要的是来自伦敦方面的支持，那里集中了全国一流的医生，也有最好的天花医院。为了推广自己发明的牛痘接种术，1798年4月24日，詹纳带着家人去了伦敦。

　　詹纳这次去伦敦的主要目的有两个：一是出版自己刚刚写好的《一项对天花疫苗的起因和作用的调查》，二是向他在伦敦的同行演示和证明天花疫苗——牛痘接种的安全性和有效性。为了做到这一点，詹纳还带上了他的牛痘接种液——来自那个系列接种试验中汉娜·埃克塞尔手臂上的疱疮。他将新鲜清亮的疱疮液放到羽毛笔管中，在自然干燥后密封起来，这样可以在保证活性不丢失的情况下存放几个月。

　　詹纳的这一次伦敦之行花了近三个月时间，直到当年的7月14日他才离开。因为是自费出版，《一项对天花疫苗的起因和作用的调查》一书在他离开伦敦前就顺利印刷了出来。但詹纳的第二个目标并不如愿，在这长达近三个月的时间里，他没有得到一次演示牛痘接种的机会。虽然只是一名乡间医生，但年近五十的詹纳已经在英国的医学界有了较高的声誉，而且他还是皇家学会的会士。但面对詹纳所带来的陌生的牛痘，伦敦同行的反应是惊讶、怀疑和不信任。从后来发生的事情来看，詹纳这次伦敦之行至少和两位知名的医生有过深入的交流。

第一位是伦敦天花医院的医生威廉·伍德维尔博士。要在英国推广天花疫苗的接种，无论如何都绕不开伦敦的天花医院。詹纳来到伦敦后就找到了和自己差不多同龄的伍德维尔，向他介绍了自己的发现，然后表明了自己来伦敦的目的，即演示牛痘接种的安全性和有效性。

开展人痘接种多年的伍德维尔医生对牛痘表现出了很大的兴趣，但同时也非常谨慎地拒绝了詹纳要演示牛痘接种的请求。在伍德维尔看来，在给人接种牛痘之前，必须先亲自确认一下得过牛痘的人对天花有抵抗力这一现象的真实性。

第二位是圣乔治医院的医生乔治·皮尔逊博士，他也是一名化学家。和詹纳一样，皮尔逊也是皇家学会会士，1751年出生的他比詹纳还小两岁。1789年，当亨特还在世的时候，詹纳曾经在伦敦与亨特讨论过牛痘研究的计划。作为亨特在圣乔治医院的同事，皮尔逊曾经参加过那次讨论，所以他和詹纳算是相识。

虽然对詹纳的牛痘研究早已知情，但面对詹纳的请求时皮尔逊与伍德维尔有着同样的态度。他同意试一试，但不是从给人接种牛痘开始，而是要先确认得过牛痘的人对天花有抵抗力这一现象。皮尔逊和伍德维尔两人不仅观点一致，而且也为之付出了行动，就在那年的6月底，他们就合作在这一问题上开展了一些调查。

虽然皮尔逊和伍德维尔没有同意詹纳去演示牛痘接种，但他们的反应其实算是好的，因为他们至少表现出了对天花疫苗这一新鲜事物的兴趣，而且愿意为之付诸行动，只是出于谨慎以及对詹纳这位乡间医生的不太信任，他们决定从头开始验证。

詹纳之所以没能如愿在伦敦演示牛痘接种，表面上看是因为伦敦医生对他的不信任，但根本的原因还是在于人痘接种的成功。假设当时没有人痘接种，人们缺乏预防天花的其他手段，那么牛痘接种一经发现就很快会被接受，哪怕是最平庸的医生也不会有半点排斥。但在当时，萨顿家族优化的人痘接种已经非常成功。在伍德维尔医生所工作的伦敦天花医院，每700例人痘接种中才会出现1例死亡，这是一个当时医生和百姓都可以接受的死亡率。所以面对牛痘接种这个新的天花防疫手段的时候，即使是伦敦最好的医生也表现出了犹豫。

就像前面说的，牛痘接种发明的必要条件是人痘接种的出现和优化，而当牛痘接种真正面世的时候，所面临的最大阻力，却也恰恰就是优化后的人痘接种。

在耗尽了耐心和希望之后，詹纳失望地离开了伦敦。在离开伦敦这个曾经如此熟悉的城市的时候，他的心里应该会想起自己的导师，5年前去世了的亨特。要是崇尚实践而且一直支持詹纳的亨特依然在世，那一切都不会是问题。可是现在的伦敦，已经物是人非。

在离开伦敦之前，詹纳找到了同门师弟亨利·克莱因医生。克莱因在1774年曾经跟随亨特学习过，两人在伦敦的学习时间没有交集，所以谈不上熟悉。让詹纳稍微感到有些欣慰的是，克莱因同意詹纳把带来的牛痘苗留在他那里。虽然克莱因以后用它来接种的可能性不大，但这多少保留了一点希望。

好在这样的阻力没有持续多久，就在詹纳从伦敦回到伯克利之后一个月左右，詹纳就意外地收到了克莱因医生的来信：

"……牛痘接种实验取得了令人钦佩的成功。接种的孩子在第7天开始出现全身性症状，中等程度的发烧到第11天时消退了。接种处的炎症扩大到直径约4英寸大小，然后也逐渐消退，没有出现疼痛或其他不便的情况。疱疮的溃疡不大，不足以容纳一颗豌豆，因此没有达到我原本的目的。此后，我在他的三个地方做了人痘接种，只是在第3天接种处出现了轻微的炎症，随后又消退了。

李斯特曾是天花医院的医生，他和我一起看护这个孩子，他确信这个男孩不会再感染天花。

我认为用牛痘接种代替人痘接种有望成为医学史上最伟大的改进之一。因为它不仅本身非常安全，而且不会因传染而危及他人，而人痘接种曾以这种方式造成了无穷的危害。我对这个问题想得越多，就越觉察到它的重要性。

亲爱的先生，我怀着崇高的敬意。

你忠实的仆人，
亨利·克莱因
1798年8月2日"

克莱因医生之所以在詹纳离开伦敦后就马上给一个男孩接种了牛痘，并不是他想测试牛痘的效果。就像他在信中提到的那样，给那个男孩接种牛痘原本另有目的。因为这个男孩的髋关节有疾病，克莱因医生在男孩的臀部接种了詹纳留给他的牛痘，目的是在局部诱发炎症和溃疡，但原先的目的并没有完全达到，所以克莱因顺便检测了一下这个男孩是否产生了对天花的免疫力，结果发现牛痘接种居然真的起到了作用。

因为这次接种的成功，克莱因医生相信了詹纳的发明，而且他也预见到了牛痘接种的前景：安全有效的牛痘接种将替代不太安全的人痘接种，这将是人类医学史上最伟大的成就之一。由于看到了牛痘接种的商业潜力，于是克莱因和医生法夸尔爵士一起向詹纳发出了这样的邀请：每年出资1万英镑请詹纳去伦敦格罗夫纳广场的一所房子里开展牛痘接种。

克莱因的邀请让人想起萨顿家族，他们利用优化的人痘接种术所带来的商机为自己积累了巨大的财富。现在更加安全的牛痘接种出现了，自然也是一个建立商业王国的机会。詹纳的儿子虽然此时还未成年，但两个侄子已经在他的培养下成为医生，并且还参与了他对牛痘接种的研究。对于牛痘接种背后潜在的商机，詹纳毫无疑问也是知晓的。

面对克莱因的邀请，詹纳有些为难。让他为难的不是名利上的计较，而是另外两个方面的因素。那年的9月29日，詹纳在切尔滕纳姆写给一个朋友的信中谈到了这个问题：

"我亲爱的朋友，问题就在这里。即使是在青年时代，我也是在寻求一条卑微和安静的生活道路，我偏爱在山谷中，而不是在山顶。现在我正在步入晚年，应该把财富和名声作为追求的对象吗？即使我得到了财富和名声，就真的能为我的生活带来更多的幸福吗？

我现有的财产，加上我的职业所带来的收入，足以满足我的需求。事实上，我和我的家人在财富上的野心都很有限，即使将来我不再工作，在物质上我依然能够获得我想要的一切。至于名气是什么？一个镀金的屁股吗？它会招来毒箭，约翰·亨特就是一个典型的例子。我向你保证，一旦我在这里的事情结束，你就会在伯克利见到我。在我的上一封信中，我告诉过你我是多么的困惑，这种困惑让我寝食难安。一方面我不愿意自己为了牛痘接种而去伦敦，另一方面又害怕牛痘接种会落到那些不能胜任的人手中。于是我陷入了这样一种状态：起初我感觉这不太可能在我身上发生，因为，相信我，如果一些虚假的事物可能损害我名誉，我不可能做到无动于衷；相反，没有比这更敏感的神经了……

真正有能力进行生理学试验的人是多么少啊！我担心在我们彻底了解什么是牛痘、什么不是牛痘之前，可能会出现一些混乱。因为这种混乱，责任将会推到我这里，而这是不公平的。"

从这封信中可以看到，当牛痘接种真正面临大规模推广的时候，詹纳首先想到的不是其中的商业价值。就像詹纳在信中说的，他现有的收入足够一家的生活，即使当时不再工作，一家人也可以衣食无忧。詹纳一家的收入分为两部分，一是他自己有个小型的农场，因此有着稳定的租金；二是作为医生的收入，这是更大的一部分。根据詹纳的行医笔记，他每年要出诊几百次，每次收费 1~2 英镑，另外还有看护、开药和进行手术的收入，一年下来行医所得接近 1 000 英镑，而詹纳一家的家用开销，平均每个月不到 10 英镑。

真正让詹纳担心的，是牛痘接种在推广中可能遇到的问题。一方面，他担心这项新的发明不能被正确地操作，因而带来糟糕的后果，所以他想亲自去伦敦推广牛痘接种；但另一方面，他更喜欢乡间的生活，不想离开心爱的家乡，尤其是他妻子的身体不好，需要经常去离伯克利 20 千米外的温泉小镇切尔滕纳姆疗养。为了能够长期照顾妻子，詹纳后来还在切尔滕纳姆开了一家诊所，以后的日子也就经常在伯克利和切尔滕纳姆两地奔波。

最终詹纳还是没有接受克莱因医生的邀请，但他依然在努力推广牛痘接种工作。为了让这一天花疫苗能够顺利普及，他必须解决好几个关键的问题。

第一个就是上面信中提到的，如何判断真牛痘和伪牛痘？

在詹纳生活的 18 世纪，人们不知道微生物是传染病的病原体，对疾病的分类也做不到具体精细。对当时的人来说，"牛痘"就是让奶牛的乳头上起水疱的疾病，而现在我们知道多种病毒和细菌都可以做到这一点。因此不难理解，当时得过"牛痘"的人里只有部分对天花有抵抗力。就像詹纳在 1801 年写的《关于疫苗的起源》一文里回忆的那样：

"我发现：一些似乎得过牛痘的人，在被接种人痘后居然也出现了反应，就好像他们就没有从奶牛那里感染过牛痘一样。我就这一情况和本地的一些医生进行沟通，他们都认同这样一种观点，即作为一种预防天花的手段而言，牛痘并不可靠。"

当时英国的人痘接种技术已经成熟，非常有效而且安全性不错。所以，虽然早在1768年，索伯里的医生弗斯特就观察到了牛痘可以抵抗天花这一现象，但牛痘抗天花的不确定性让当时绝大部分医生对它并不看好。但詹纳和其他医生不同，他选择在这一问题上做进一步的研究：

"同行的看法在一段时间内挫伤了我对牛痘研究的热情，但并没有让它完全熄灭。在我接下来的研究里，我欣喜地知道了如下几点信息：患有牛痘的奶牛的乳头上出现的痘疮有不同的变种；这些不同的痘疮都能传染到挤奶工的手上；从奶牛那里传染过来的任何形式的痘疮都被称为牛痘。根据上面的发现，我推测牛痘有两种不同的类型，一种是真牛痘，一种是伪牛痘，而伪牛痘并不具备预防天花的能力。"

通过对过去的事实进行回顾，推断出"真牛痘能抵抗天花而伪牛痘不能"这一观点不难，难的是要进一步提出区分真牛痘与伪牛痘的精确标准，只有这样才能让人在实践中有所依据。

詹纳就是这么做的，他就对真牛痘与伪牛痘下了定义。关于真牛痘，他是这么描述的：

"它以不规则脓疱的形式出现在奶牛的乳头上。在这些脓疱初次出现时，它们通常呈浅蓝色，或者是一种接近铁青的颜色，并被丹毒性炎症所包围。这些脓疱如果没有得到及时的治疗，就经常会变成崩蚀性溃疡，后果极其麻烦。在这种情况下，动物会感到不适，牛奶的分泌也大大减少。"

不仅如此，詹纳还进一步描述了人感染真牛痘后的反应：

"同时挤奶工人也会被感染，先是在手的不同部位出现炎性斑点，有时甚至在手腕处也有，如果这些炎症部位一旦出现小囊泡，随后很快就会开始化脓。这些脓疱最常出现在病人的手指关节处及四肢上，但是无论受累部位是哪里，只要这种情况出现，这些表面的化脓处都呈圆形，边缘比中心高一些，在颜色上有些偏蓝。接下来疾病会进入体内，两个腋窝出现肿块。病人的身体会受到系统性的影响：心跳加快，打冷战，然后开始发烧，腰部和四肢感到疲劳、疼痛，接下来还有呕吐。患者也会出现头部疼痛，有时甚至会出现谵妄。这些全身性症状的严重程度不尽相同，通常会持续一天至三四天。"

对于伪牛痘，詹纳则指出了它们的不同之处：

"有些脓疱疮经常自发性地出现在牛的乳头上，然后挤奶工因为被感染而手上生疮，甚至出现全身不适，这种情形发生过，虽然比较少见。这样的脓疱在传染病的属性上比那些真牛痘要温和得多。它们不像真牛痘的脓疱一样有引人注目的蓝色或铁青色。这些脓疱的周围没有丹毒性炎症，也缺乏崩蚀性溃疡的属性，它们会很快结痂，并且不会对奶牛造成任何明显的全身性不适。"

也就是说，詹纳不仅说明了区分牛痘真伪的重要性，而且从疱疮形态和疾病进程上给真牛痘和伪牛痘下了定义。这种区分不仅能够让詹纳自己采用真牛痘进行接种，也能帮助其他的同行医生做出正确选择。比如首先发现牛痘可以抵抗天花的弗斯特医生，之前之所以放弃牛痘研究主要是因为他认为只有部分牛痘可以预防天花。但等看了詹纳在1798年出版的关于天花疫苗的书后，弗斯特就改变了看法，在那年10月给朋友写信回顾自己发现牛痘可以预防天花这一现象的时候，弗斯特就引用了詹纳所提出的真牛痘这个概念：

"因为这一线索，我们发现那些对人痘接种没有反应的人，之前得过牛痘。……现在我可以确认，在那些患过真牛痘的人中，没有一个会对人痘接种有反应。"

如果每个医生都能认真地看詹纳的书，去仔细体会真伪牛痘之间的区别，谨慎地采用真牛痘来进行接种，那么詹纳在这个问题上就可以放心了。但实际上并非如此，这也是詹纳依然为此担心的原因。

相比于牛痘的真伪，另一个问题更让詹纳感到棘手。因为詹纳和他的一些同行发现一个难以解释的现象，即一些人得了真牛痘，却依然没有产生对天花的免疫力。就像詹纳在回忆中描述的那样：

"但没过多久，我便又遇到了新的难题，而且这个看上去比之前的要大得多。因为，我无法去解释这样一个现象：真牛痘在一家奶牛场暴发，一个人给患病的牛挤了奶，并且很明显和其他人一样得了牛痘并且痊愈，但之后却依然对天花没有抵抗力。这个新的障碍，和之前的那个一样，在我燃起希望的时候给我痛苦的一击。"

之前在伦敦第一个开始牛痘接种的克莱因医生，也遇到了相似的问题。他用詹纳留给他的牛痘接种液对一个男孩接种，这个男孩产生了对天花的免疫力，说明这是真牛痘。但当克莱因医生采用这个男孩的脓疱液给其他三个人接种的时候，却全部失败了：

"我亲爱的先生，

7天以来，我给3个孩子接种了牛痘苗，我很遗憾地发现感染没有发生。为了防止令人失望的结果，希望您能想办法给我寄一些新的疫苗。我想，可以保存在羽毛笔笔管里，或者夹在锡箔纸里，用同样的运输方式，或者其他可能更方便的方式。

亲爱的先生，我非常敬重您。

您忠实的仆人，
亨利·克莱因"

这是一个令人头疼的问题，如果不能解决，那么虽然牛痘接种在安全性上要优于人痘，但在有效性上依然不如，还是无法取代前者。好在詹纳没有放弃，凭着他的细心和严谨解决了问题，并把这些结果写在了他于1799年发表的关于天花疫苗的第二篇研究论文《关于天花疫苗的进一步观点》里。

"幸运的是，接下来我得到了令人满意的结果。我发现牛痘的毒性容易发生渐进式的变化，从而慢慢进入一种退化状态。当毒性退化了的牛痘感染人的皮肤的时候，它也能让人皮肤上出现痘疮，就像毒性没有退化的牛痘一样，但与毒性完整的牛痘相比，毒性退化了的牛痘失去了一种特别的能力，就是它不能在人的身体里激起一种变化，而正是这种变化让人有了对天花的抵抗力。"

也就是说，通过细心的观察和验证，詹纳发现接种真牛痘失败的原因是疱疮浆液的获取时机不对。在这些失败的牛痘接种里，用来接种的浆液一般都来自晚期的疱疮，这样的疱疮浆液不再清亮，而是呈现出脓样。而且实践表明，用那些早期疱疮里清亮的浆液来接种总能成功，而晚期呈脓样的浆液接种却容易失败。詹纳的判断确实完全符合现代免疫学常识。现在我们知道，晚期天花疱疮里脓样的浆液里主要包含的是坏死的白细胞和它们的分泌物，其中不含或只含少量的天花病毒。利用这样的脓液接种，自然容易失败。

能够区分真牛痘和伪牛痘，也掌握了在合适的时机从真牛痘的疱疮里取出有效的浆液，这就为安全有效地接种疫苗提供了保障。而且詹纳的系列试验也证明了牛痘可以通过人为的方式在人之间传递，因此牛痘接种液也有稳定持久的保障。从理论上来说，大规模推广牛痘接种已经是万事俱备了。

但就在这个时候，另一个麻烦又走向了詹纳。

问题来自伦敦天花医院。自从皮尔逊和伍德维尔对牛痘做了进一步的研究之后，两人就成了牛痘接种的支持者和推动者。1799年初，伍德维尔从伦敦的一家农场里收集到了牛痘种源，然后开始了大规模的接种工作。但让他惊讶的是，他所得到的牛痘接种结果和詹纳所描述的很不相同。他在伦敦天花医院接种的最初500个人里，大约有五分之三的人身上出现了多个脓疱，而且其中一人还因此死亡，而詹纳宣称的是牛痘接种通常只在接种部位出现一个脓疱，并且从来没有过因为接种而死亡的例子。

伍德维尔得到的结果让人始料未及，詹纳之前自己所做的牛痘接种虽然没有发生过一例死亡，但当时他亲自接种的人不多，很难排除接种人数大量增加后出现死亡的可能性。伍德维尔的这个大规模的牛痘接种试验里，接种所导致的死亡率是1/500，而他之前进行的人痘接种的死亡率是1/700左右。所以，伍德维尔根据这一结果得出结论，认为牛痘接种和人痘接种相比并没有优势，并且在1799年5月以论文的形式把这一结果发表了出来。

鉴于伦敦天花医院在当时业界的地位，伍德维尔的发现显得举足轻重，如果这一问题没有得到解决，那么刚刚起步的天花疫苗就将不得不停下来。还有，伍德维尔和皮尔逊已经把他们的牛痘苗向英国乃至欧洲大陆分发，各地也零星出现了类似的问题。

现在问题抛给了詹纳，如果不能将这一问题解决和澄清，作为天花疫苗发明人的他将受到质疑，牛痘接种的推广也将陷入困境。对于伦敦天花医院的这起事故，在仔细地分析了伍德维尔的试验后，詹纳很快做了正面回应：

"在伦敦天花医院备受尊敬的伍德维尔博士之前对牛痘的属性进行了调查。这项调查工作是从年初开始的，今年5月伍德维尔博士发表了这一结果，他的结果在非常重要的一点上和我的很不相同。在他的结果里，五分之三的病人在接种牛痘后出现了多个脓疱疮，其中大部分与人痘接种后的情况非常相似，以至于无法与人痘接种区分开。关于这个问题，我必须做一些评论。

当我想到那些我时不时看到的以自然的方式从牛身上感染牛痘的病例，以及在本地区附近其他医务人员告诉我的一些类似的病例的时候，还有当我想到我在1797、1798和1799年进行的牛痘接种所用的脓液是取自不同的奶牛，而且在以上任何情况下都没有出现像人痘接种脓疱之类的东西的时候，我无法想象类似伍德维尔博士所描述的结果是由没有被污染的牛痘病毒所引起的。恰恰相反，我认为伍德维尔博士所说的那些结果就是牛痘被天花脓液污染所导致的。并且我推测事情是这样发生的：在被接种牛痘后(有些是在第3天，有些是在第5天)很多病人又被接种了人痘；并且值得注意的一点是，在那些以前似乎并不了解牛痘特性的医学绅士手中，这些用来接种的人痘脓液会成为新的牛痘接种所用种苗的来源，从而在被接种的人群里扩散。"

也就是说，詹纳认为伦敦天花医院的事故是由天花病毒的污染所导致的，所以接种后出现的症状和人痘接种类似，出现多个疱疮，同时还有死亡病例的发生。为了支持自己的推测，詹纳也给出了相关证据：

第一，在詹纳自己所开展的牛痘接种的几百个案例中，被接种者都只会在接种处出现一个疱疮，而伦敦天花医院的接种却导致了多个疱疮的出现，所以这不是典型的牛痘接种的表现，而是人痘接种的特征。

第二，伍德维尔医生在伦敦天花医院所进行的接种里出现了这样的意外，但他在伦敦天花医院之外为他的私人病人所进行的牛痘接种里却没有。

第三，在伍德维尔医生之后在伦敦天花医院里进行的一系列牛痘接种的案例里，这种出现了多个疱疮的情况越来越少，这可能是因为负责接种的医生越来越细心，所以减少了天花病毒的污染。

后来的事实证明，詹纳的判断是正确的。在这个突发事件的整个过程里，詹纳展现出了他令人叹服的细节分析能力以及推理能力，他把伍德维尔自己都没有发现的原因鉴定了出来。除了分析和推理，詹纳还为此开展了一些试验。为了证明伦敦的牛痘和伯克利的牛痘没有区别，詹纳从伦敦的奶牛身上获得了牛痘，对500人进行了接种，结果表明没有一例出现伍德维尔接种时所发生的问题，进一步说明那是一起污染事故。作为人痘接种专家的伍德维尔，在詹纳拿出的强大证据面前沉默了。一个全国顶级医院的专业医生，在接种过程中犯下了如此低级的错误居然浑然不觉，还不严谨地把结果发表了出来，直到被乡村医生詹纳指出其中的错误才默默认输。

在解决了伦敦天花医院的接种污染问题后，詹纳扫清了牛痘接种的又一个障碍。1800年，伦敦天花医院的人痘接种出现了3个小孩死亡的事故，这更是给牛痘接种普及提供了助力。同年，詹纳的牛痘接种事业收获了另一份支持，即牛津大学所提供的认证。

1800年6月25日，詹纳访问了牛津大学。他被介绍给该大学的副校长马洛博士。他还与化学教授沃尔博士、植物学教授威廉姆斯博士、解剖学教授佩吉爵士以及拉德克利夫医院的外科医生格罗夫纳先生进行了交流。这几位先生在现场签署了由佩吉爵士起草的以下证书：

"根据我们自己的观察，我们完全相信，牛痘不仅是一种比人痘温和得多的疾病，而且具有不传染的优点，是防治天花的有效疗法。"

有了人痘接种事故这个背景，还有牛津大学的证书加持，牛痘接种术的推广开始加速。为了让推广牛痘接种的同行顺利地开展工作，詹纳在1801年还发表了一份牛痘接种操作指南：

"用来接种的疫苗液体，需要从一个正在进展中的疱疮中提取，这个时期疱疮拥有疫苗的关键属性。通常提取的时间是脓疱进行的第5到第8天，或者再迟一两天也可以，只要疱疮周围没有形成渗斑就行。一旦疱疮周围形成了渗斑，为了谨慎起见就不要再从中提取病毒性物质用来接种。

为了得到病毒性物质，用柳叶刀将疱疮的边缘在多个部位轻轻刺穿。含有病毒性物质的液体会慢慢渗出来。然后将这些含有病毒性物质的液体接种到肩部与肘部之间的中间位置上，接种的方式可以是在皮肤上制造一个不超过八分之一英寸的刮痕，也可以通过对皮肤做很小的斜刺来进行。

如果接种成功的话，接种的部位在第3天会形成一个红点，等到第4天或第5天的时候就会演变成一个可以看见的水疱。然后这个水疱会逐渐长大，到第10天的时候，水疱的周围会形成一圈玫瑰红色的渗斑，然后保持这个状态1到2天不变。等到渗斑开始褪去，疱疮就会渐渐变硬结痂，呈现出黑桃花心木的颜色。通常而言，疱疮完成整个的发育过程需要15到17天。

通常来说，在一个部位接种成功就可以有效地预防天花的感染。但因为我们不能确保每一处接种都会成功，所以为了谨慎起见最好在两只胳膊上都进行接种，或者在同一只胳膊上的两个地方进行接种，两处中间保持1.5英寸的距离，但婴儿应该除外，因为他们对局部炎症反应非常易感。

如果疱疮周围的皮疹很强，而且局部发热，可以用折叠的纱布蘸凉水后反复擦拭去降温，也可以用5到6倍体积的水稀释的醋酸铅溶液去快速降温。

如果结痂的皮在任何时候被过早地擦掉，并且在24小时内没有长出新的痂皮，可以偶尔用没有稀释的醋酸铅溶液擦拭该部位。

从疱疮里提取用来接种的病毒性物质，最好在它们还是液体的状态下立即进行接种，这比干燥后再接种的效果更好。但现实中不是每次都能获得液体状态的病毒性物质，所以我们必须寻求一些保存它的方法。很多种保存方法都被提出过，但通过长期的实践来看，将它放置于两块玻璃板间保存是最为有效的。将普通的窗户玻璃裁成边长1英寸大小的方块，将玻璃片平放，将用来接种的液体滴在玻璃中间位置上（大约一粒豌豆大小的面积），然后将载有接种液的玻璃片在室内自然干燥，不要将它加热烘干或者暴露在太阳底下。等自然晾干之后，立即盖上另一块玻璃片，然后用书信纸将玻璃片包起来就行。

当用这种方式保存的病毒性物质需要用来接种的时候，可以用一点凉水将它溶解，这样就很容易地将它重新转化为液体状态。然后用柳叶刀尖蘸取液体，像获取新鲜的脓疱液体那样进行接种。

疫苗溶液很容易因为一些不明的原因而变质。在这种状态下，它有时会产生被称为假疱疮的东西，即胳膊上接种处出现不具有真疱疮标志性特征的疱疮。根据所使用的病毒性物质的质量或被接种者的状态，可能会出现不同形式的异常，但到目前为止，最常见的变异或与完美疱疮的偏离，是疱疮在一定时间内发育和成熟的不同。它开始的标

詹纳于 1801 年出版的《天花疫苗接种指南》（图源：Wellcome Collection）

志是烦人的瘙痒，然后过早地在疱疮周围出现渗斑，有时还挺严重，但很少有像完全组织化的疱疮周围那样鲜艳的色彩。还有，它看起来更像一个普通的溃疡，就像被刺或任何其他小的外来物体刺破皮肤后所导致的那样，而不像接种疫苗病毒物质而产生的疱疮。它通常呈秸秆的颜色，当刺破它时，就会发现其内容物是不透明的，而不是真疱疮那

詹纳传：疫苗的使者

样含有无色透明的液体。当疫苗溶液因为暴露在一定温度下而变质后，接种它而产生的疱疮则又有明显的不同。在这种情况下，疱疮的结痂通常进展缓慢，呈淡褐色或琥珀色，有时在其过程中没有任何可察觉的红斑。这种疱疮的边缘通常是隆起的，被刺破后会流出清澈的液体。

认真仔细地进行疫苗接种的练习，就会在头脑中留下疫苗接种后产生的疱疮的特征，因此，当所接种后产生的疱疮出现偏差时，无论它可能是什么类型的偏差，从谨慎的角度上看都需要再次用最有活性的病毒性物质进行接种。如果依然无效，那就再换其他的病毒性物质。但一般来说，如果被接种人的身体对其中一种没有反应，那对另外一种也不会有反应。

牛痘接种所引起的全身性症状出现时，一般首先在接种后的第5天被察觉到（尤其是儿童）。它在第8到第10天会再次出现，有时在成年人中也是如此，表现形式和接种人痘时所导致的轻微症状差不多。前者出现是因为病毒性物质本身带来的反应，后者出现则是疱疮所导致的。

当一个人在感染了天花病毒后去接种牛痘，那么接种处的疱疮还会依然正常发育，但这样的接种只能在部分被接种者身上防止天花的发生。

用来接种的柳叶刀需要始终干净地保存。在每次接种之后都要浸在水里，然后擦干。执行接种的人员需要随时警惕柳叶刀的刀尖生锈，这种锈可能会通过常规的方式产生，也可能因为接触了接种液而产生。

永远不要去尝试将疫苗保持在柳叶刀上超过几天的时间。

爱德华·詹纳"

解决了诸多的问题，又出版了接种指南，从此牛痘的接种工作就没有大的技术问题。如果把牛痘接种比作一粒种子，那么詹纳就是园丁，他把种子植入了合适的土壤里，让它顺利生根发芽，再除去了可能的虫害。现在这株幼苗正在茁壮成长，在成为参天大树的路上势不可当。

但詹纳的麻烦并没有结束，如果说上面提到的各种问题都和技术本身有关，那么接下来的麻烦则很不一样，因为它和人性相关，涉及人类的嫉妒和贪婪。这一麻烦在1802年英国下议院就天花疫苗的发明所举行的听证会上爆发，让詹纳如日中天的名望打了折扣，好比一处绝美的画作，出现了去不掉的污点一样大煞风景。

这并不是一起偶然事件，而是早在四年前就埋下了伏笔。

1798年，詹纳的《一项对天花疫苗的起因和作用的调查》一书宣告了疫苗的诞生。在该书发表之前，他到访伦敦，目的之一就是想在伦敦推广牛痘接种。因为伦敦同行的不信任，詹纳没有得到展示的机会。其中皮尔逊和伍德维尔医生虽然没有让詹纳演示牛痘接种，但他们同意从头开始进行一些关于牛痘的调查。

仅仅在詹纳那次离开伦敦的一个月后，皮尔逊和伍德维尔关于牛痘的调查结果就出来了，而且确认了詹纳的发现，即那些之前感染过牛痘的人的确能抵抗天花的感染。这让皮尔逊对牛痘有了浓厚的兴趣，于是发动自己在全国各地的关系网，就牛痘和天花的关系做了一个系统性的调查。他把詹纳书中的主要发现一一列举出来，做成问卷询问各地医生的看法。这些问卷的结果也同样表明，牛痘的确可以预防天花。皮尔逊医生于是将这些结果总结了起来，写成《关于牛痘历史的调查》一书准备发表。在出版之前，皮尔逊把书稿寄给了詹纳，并顺便询问了詹纳三个问题。

詹纳在看到书稿后，很快就在9月27日给皮尔逊医生回了信。能得到皮尔逊和伍德维尔关于牛痘调查结果的确认和肯定，詹纳感到非常开心，就像他在回信的开头处写的那样：

"亲爱的先生，

阅读您的书稿令我感到非常高兴，书稿里非常恰当地提到我的名字，还描述了来自不同地区的大量证据，而这些证据说明我所提出的观点有着坚实的基础。"

那年11月中旬，皮尔逊的《关于牛痘历史的调查》一书在伦敦出版，这也是继詹纳的《一项对天花疫苗的起因和作用的调查》之后第二部关于牛痘的出版物，而且洋洋洒洒地写了一百多页。在这本书出版前的11月8日，皮尔逊在给詹纳的信中依然这么写道：

"只要世人懂得感恩，您的名字就会永远活在人类的记忆中。如果我不能使您永远活在世人的心中，那就是我犯下了不可饶恕的错误。"

从这些文字来看，皮尔逊要大力弘扬詹纳的发明，把让詹纳永垂不朽当成了自己的使命。但就在这本书出版几天后的11月13日，皮尔逊再写信给詹纳的时候，信中的内容和态度就发生了微妙的变化：

"亲爱的先生，

一两天前，我的小册子意外地出版了。麻烦您告诉我用什么方式给您寄送一本，以及寄送到什么地方？……您无法想象人们对牛痘接种这件事是多么挑剔。

……我希望您能为我争取到足够接种的牛痘苗，因为很想出名的人会在牛痘接种这个主题上发表1 000个不准确但令人印象深刻的案例，而如果要公平地保护自己的话，我们必须用更多牛痘接种的例子去证明才行。我认为我收到并发布的那些证据以及我自己的推理是正确的，因为我知道您是如此优秀的一位科学家，不会因调查真相而觉得被冒犯，尽管结论可能与我认为的不同，但真相胜于任何教条。

您忠实的仆人，

乔治·皮尔逊

莱斯特广场，1798年11月13日"

皮尔逊在信中提到的他的推理，主要指的是他对詹纳的观点中不认同的部分，这是两人之前通信时没有提及的内容。面对皮尔逊态度的变化，詹纳并没有做出直接的反应，但也没有给皮尔逊寄去他想要的牛痘苗。两个月后的1799年1月，伍德维尔在伦敦郊区发现了牛痘，于是他和皮尔逊有了自己的牛痘种源。就在皮尔逊和伍德维尔两人启动牛痘接种的阶段，他们还和詹纳保持着通信，在遇到困难的时候向詹纳请教。但等两人的接种事业步入了正轨之后，事情就有了变化。

那年3月，皮尔逊医生和伍德维尔医生开始大力推广牛痘。他们广泛地发布邀请函，介绍了他们在伦敦天花医院的牛痘接种情况，并在邀请函上声明，任何人只要向他们提出申请，就可以得到牛痘苗。而且皮尔逊医生还举办了一个关于牛痘接种的公开讲座，介绍他和伍德维尔医生所推广的牛痘接种术。和詹纳的相比，皮尔逊和伍德维尔的牛痘接种并没有什么本质的差异。主要的区别，就是皮尔逊他们不认同詹纳的牛痘来源于马的说法。皮尔逊在讲座中重点强调了这一点，目的是突出他们和詹纳的不同。

詹纳在伦敦的侄子乔治去现场听了皮尔逊的报告，感到了皮尔逊正在试图取代詹纳的天花疫苗发明人的位置。他急忙写信给在家乡的叔叔，告诉他如果不亲自去伦敦有所作为，他的天花疫苗发明人的位置可能会受到威胁。

詹纳收到了侄子来信后的心态，在他立即写给挚友加德纳的信中可以反映出来：

"亲爱的加德纳，

我刚刚收到侄子的一封信，信中告诉我皮尔逊博士在上周六做了一个关于牛痘接种的公开讲座……这样做可能是为了显示他是牛痘接种方面的第一人。"

詹纳所担心的不仅仅是自己牛痘第一人的身份被人夺去，还有不懂牛痘的伦敦医生的不规范操作会让牛痘接种蒙上不白之冤。还没有等加德纳回信，焦急的詹纳又写了第二封信。

"亲爱的加德纳，

在我的生命中，从来没有一个时期像现在这样，我的处境如此强烈地需要我的朋友的帮助。尽管我的事业之船将最终抵达彼岸，但它现在正处于风暴之中。

我被四面八方的咆哮者包围着，他们是如此的无知，以至于他们对所描述的疾病的了解不比产生它的动物多……

你的，非常忠实的，

爱德华·詹纳

1799年3月7日，星期四"

在朋友的支持和劝说下，3月21日，詹纳去了伦敦，会见了皮尔逊和伍德维尔。正如詹纳所担心的那样，伍德维尔在伦敦天花医院开展的牛痘接种出了问题，就是上面提到过的牛痘被天花病毒污染的事件。

虽然后来詹纳通过缜密的分析找到了事故的原因，还牛痘接种以清白，但这也让詹纳和伍德维尔以及皮尔逊之间的关系有了裂痕。到了年底的时候，皮尔逊又开始在伦敦筹建一个牛痘接种机构。因为詹纳在牛痘接种领域第一人的地位，皮尔逊给詹纳写信告知了此事。

在12月10日给詹纳写的信中，皮尔逊先是客气地请求詹纳宽宏大量，不要计较之前的过往，然后告诉詹纳他们在伦敦成立牛痘接种机构的计划，说这个筹划中的接种机构已经得到了埃格雷蒙伯爵等贵族的赞助意向。在人员方面，这个机构的成员包括2名学院的医生、2名顾问医生、2名外科医生以及3名客座药剂师，但詹纳不在其中。来信是想聘詹纳作为该机构的一个编外医生，这是一个对该机构的事务没有话语权的位置。

之前皮尔逊的行为虽然让詹纳感到有些不快，但依然是他可以忍受的范围。面对这封来信，詹纳真正地感到被冒犯了，一个星期后他回信给了直接的反击：

"先生，

我收到了您10日的来信，我承认我对它所传达的信息感到惊讶。在我看来，一个规模如此之大、以接种牛痘为目的的机构，在我没有收到丝毫通知的情况下就已经开始行动并几乎完全组织起来了，这有点不可思议。当然，这个机构本身对我来说是非常荣幸的，因为我由此确信，我的发现的重要性得到了最有能力的人的认可。但与此同时，请允许我指出，如果牛痘接种因不谨慎的行为而蒙受耻辱（先生，您必须承认，它的声誉已不止一次受到了损害），我不得不独自承担这一责任。您，或者您提到的那些在医学部门工作的任何其他先生，都不可能承担这样的后果。此刻我非常清楚地感觉到这项业务的重要性，所以我一定会尽早到伦敦去。目前，我必须拒绝您为我提供的荣誉性的任命。

此致

您忠实的仆人，

爱德华·詹纳

伯克利，1799年12月17日"

1800年1月28日，詹纳与他的朋友希克斯医生一起离开伯克利前往伦敦。此行的主要目的有两个，一个是关注和干预皮尔逊和伍德维尔正在伦敦组织的牛痘接种机构，另一个是为自己的牛痘接种事业争取国王乔治三世的支持。

为了达到第一个目标，詹纳在1月30日抵达伦敦后就写信给埃格雷蒙伯爵，陈述了他作为天花疫苗发明人的被忽视和对这个机构业务能力的担忧。在经过一番沟通之后，埃格雷蒙伯爵被詹纳说服了，退出了赞助人的行列。同样跟随埃格雷蒙伯爵退出的，还有另外一个主要赞助人约克公爵。因为这两个主要赞助人的临时退出，皮尔逊所发起的牛痘接种机构也就因此流产。随之而来的，是他与詹纳矛盾的公开化。也是从这一刻开始，皮尔逊彻底站到了詹纳的对立面，双方的矛盾也在1802年公开爆发。

可能是因为从皮尔逊那里感受到了压力，詹纳方面也决定做出一些相应的行动。就在1799年12月17日给皮尔逊写出那封毫不客气的回信之后的第3天，在伯克利伯爵以及格洛斯特郡地方政府的支持下，詹纳开始在天花疫苗的问题上请求国王的认同和支持。12月20日，詹纳给国王乔治三世写了下面这封信，希望能当面向国王呈递关于天花疫苗的专著并申请资助。

"国王陛下，

关于这一我认为对人类未来福祉至关重要的生理学主题，当我第一次公开发表观点的时候，我没料到能在研究的早期阶段就把我的调查成果呈献到陛下的脚下。

随后所进行的试验（不仅我本人，还有其他一线医学界人士所开展的试验），都已经确认了这个由我首次向世界宣告的理论的正确性。

能被允许将我的研究结果呈献给陛下是一种莫大的荣誉，我鼓起勇气恳请陛下对这项发现给予慷慨的支持，因为我有充分的理由相信它将对保护人类的生命大有裨益。

带着万分的虔诚，我要把这一专著呈献给一个爱民如子的君主。陛下对艺术、科学和商业上的资助备受瞩目，而您品格中最显著的特征就是对人类福祉的关怀。

谨致以最崇高的敬意。

陛下最虔诚的臣民和仆人，

爱德华·詹纳

伯克利，格洛斯特郡

1799年12月20日"

1800年3月7日，在伯克利伯爵的引领下，詹纳如愿地在伦敦的詹姆斯教堂参见了国王乔治三世，并向他提交了关于天花疫苗的专著。乔治三世从1760年开始继位，在位长达60年之久，是英国历史上在位时间最长的君主之一。和之前任何一位国王不同，乔治三世小时候受过系统性的科学教育，这让他对科学有着一定的判断能力。对詹纳所发明的疫苗，乔治三世就表现出了浓厚的兴趣。

3月末，詹纳又先后得到了女王和乔治王子的接见。和国王一样，女王和乔治王子对詹纳所发明的疫苗表现出了由衷的欣赏，也对詹纳本人十分尊重。

有了皇家的支持，詹纳关于牛痘接种的事业蒸蒸日上，他撰写的关于天花疫苗的书籍也得到了更广泛的传播，一切都在朝好的方向发展。和之前优化人痘接种的萨顿家族不同，詹纳没有对牛痘接种做任何的保密，而是无私积极地推广。因为认识到这一点，伯克利伯爵和格洛斯特郡当地的一些知名人士还发起了一项提案，呼吁政府为詹纳的无私和付出提供奖励和补偿。这一请愿书也得到了国王的支持，1802年4月，英国下议院对这一提案进行了投票。为了公平起见，下议院在投票前的调查和听证里，征求了正反双方的意见。

根据后来下议院就这一事件出版的报告，绝大多数提供证词的人都站在了詹纳的一边，其中有长期支持他的伯克利伯爵、知名医生法夸尔爵士和霍尔姆爵士，还有诸多在詹纳帮助下开展了牛痘接种工作的同行，甚至还包括伦敦天花医院的伍德维尔医生。而站在反对詹纳一方的人很少，其中的主要人物就是皮尔逊医生。

虽然站在詹纳这边的证人占了绝大多数，但这次投票的结果并不顺利。而且詹纳方面也犯了一个关键的错误，即称自己为牛痘可以防止天花这一自然规律的发现者和开展牛痘接种的第一人。这一不准确的声明为皮尔逊的攻击提供了目标，他对这一点提出了反对意见，同时也提供了相应的证据。

第一，詹纳并不是第一个观察到牛痘可以抵抗天花的人，弗斯特医生才是，因为早在1768年弗斯特就观察到了这一现象，而且在当地的医学会上作过报告。

第二，詹纳并不是第一个开展疫苗接种的人，第一个开展疫苗接种的人是农民本杰明·杰斯提。

这两点给支持詹纳一方的打击几乎是致命的。关于第一点，詹纳一直没有清楚地说明过自己是如何得知牛痘可以抵抗天花这一说法的，而皮尔逊则给出了令人信服的证据，弗斯特的确就是观察到这一现象的第一人。

更重要的是第二点，皮尔逊拿出了证据证明詹纳并不是第一个开展牛痘接种的人。因为开展牛痘历史的调查，皮尔逊和全国各地的医生建立了联系，并因此发掘到了早在1774年，农民杰斯提就开展了牛痘接种的故事。

杰斯提是英格兰多塞特郡一个名叫耶特敏斯特的村庄的农民。多塞特郡坐落在布里斯托尔的南部，耶特敏斯特离伯克利有大约50千米的距离。杰斯提家里有一个奶牛场，雇佣了两名挤奶女工。和不少同奶牛打交道的人一样，杰斯提和两名挤奶女工都曾经得过牛痘，但杰斯提的妻子和两个儿子却没有。1774年，耶特敏斯特附近发生了天花疫情，为了保护妻子和两个年幼的儿子，杰斯提做了一个大胆的决定：自己为妻子和儿子接种牛痘。

杰斯提做出这个破天荒的决定并非一时糊涂，而是有他自己的理由。一方面，之前弗斯特医生关于牛痘可以预防天花的说法扩散到了英国各地，也包括杰斯提所在的多塞特郡；另一方面，他的两个挤奶女工之前都得过牛痘，而她们都曾经去看护过患有天花的亲人，却没有因此而染上天花。基于这两点理由，杰斯提认为牛痘可以预防天花，并决定亲自为妻子和儿子接种。虽然他自己有一个农场，但当时他的奶牛并没有染上牛痘。为了获得接种用的牛痘液，他带着妻子和两个年幼的儿子去了6英里外的另一个农场。在那里，他用妻子的缝衣针从患病的奶牛身上取得牛痘液，然后接种到了妻子和儿子的手臂上。他的两个儿子在接种后身上只出现了局部的反应，即只在接种处出现了疱疮，随后也就恢复正常了。他的妻子对牛痘接种的反应则很强，以至于让杰斯提自己手足无措，不得不请医生来治疗，好在后来也顺利地康复了。

第一位进行牛痘接种的本杰明·杰斯提(图片来源: 维基百科)

虽然接种的是自己的家人，但在当地的人看来，将牛身上的糟粕引入人体是一件极为野蛮的事情，而做出这个决定并亲自操刀接种的杰斯提则是毫无疑问的罪魁祸首，他的妻子和年幼的孩子也是帮凶。因此，杰斯提一家因为牛痘接种这件事在当地备受非议和排挤，即使他们家的人身体依然健康也无济于事。15年后的1789年，天花再一次在当地流行，当地的医生在为村民接种人痘的时候，顺便测试了一下杰斯提两个儿子对人痘接种的反应。结果发现，这两个15年前被接种了牛痘的少年对人痘的接种没有反应，也就是说他们已经有了对天花病毒的免疫力，那次用缝衣针进行的牛痘接种成功了。这一点也在生活中得到了验证，因为他们一家在接下来的几次天花流行中都安然无恙。

虽然杰斯提的牛痘接种颇为成功，但这并没有改变当地人对他们一家的歧视。1797年，杰斯提一家搬迁到了离耶特敏斯特40千米外的一个半岛上。就是这个半岛上的一位牧师，将杰斯提接种疫苗的事情告诉了皮尔逊。

皮尔逊拿出的这两个证据不无道理，詹纳的确不是第一个观察到牛痘可以抵抗天花的人，他也不是第一个开展牛痘接种的人。那么，詹纳自称为牛痘可以防止天花这一自然规律的发现者和牛痘接种的第一人，就的确言过其实。因为这一点，詹纳方面后来不得不做了一些修改，将他描述成第一位开展以人传人的方式接种牛痘的人。

不过皮尔逊也同样出现了失误，这表现在他所提出的第三和第四条反对詹纳是疫苗发明人的证据上。

第三，詹纳对牛痘接种的原理并不理解。理由有二：一是詹纳认为马的水疵病也可以防止天花，但很多医生证明了这是错误的；二是詹纳认为牛痘是从马那里传染过来的，这也是完全错误的。

第四，詹纳自己只开展了极少数的牛痘接种试验，真正大规模开展牛痘接种的是伦敦的伍德维尔和皮尔逊。

虽然詹纳的"牛痘的来源是马的水疵病"这一观点的确是错误的，但要说对牛痘原理的理解，詹纳则是当之无愧的第一人，他不仅首先提出了真牛痘和伪牛痘的概念，也拿出了区分牛痘真伪的标准，还摸索到了提取有活性的牛痘苗的最佳时机。

第四点理由就更加荒唐，皮尔逊和伍德维尔大规模开展牛痘接种没有一点开创性，只是对詹纳发明的牛痘接种术的简单复制。而且在他们俩之前，伦敦的克莱因医生也开展了牛痘的接种工作。

在进行了详细的调查取证之后，下议院对是否资助詹纳进行了投票，结果支持的票数比反对的票数多出3票，这让詹纳获得了1万英镑的资助。后来的历史进展说明，这次投票与其说是詹纳个人的胜利，不如说是为下议院避免了历史性的耻辱。

就在那次听证会结束之后不久，在国王和王后的资助下，伦敦成立了詹纳学会，负责统筹天花疫苗接种方面的事务。面对学会的邀请，詹纳提出自己不能来伦敦工作，因为想留在家乡生活，但他想委托好友约翰·莱特森博士替代自己履行在学会的日常事务，这一请求也得到了批准。莱特森比詹纳大5岁，是伦敦医学会的创始人和会长，在伦敦医学界有着举足轻重的地位。在詹纳发现天花疫苗之后的几年里，莱特森成为他的坚定支持者，两人也成了朋友。

有趣的是，此时已经站在詹纳对立面的皮尔逊也成了詹纳学会的会员，并在学会中有着一定的话语权。虽然没有在下议院的投票中阻止詹纳获得该有的荣誉，但皮尔逊并没有就此罢休。三年后，在他的操作下，农民杰斯提被詹纳学会邀请到了伦敦。皮尔逊以詹纳学会的名义给杰斯提颁奖，认定他为开展牛痘接种的第一人。

杰斯提本人对这个奖几乎毫无兴趣，是在家人的劝说下才勉强去了伦敦领奖。作为奖励，杰斯提除了获得15英镑的奖金外，还得到了一套金制的接种工具作为奖品。就是在这趟伦敦之行里，杰斯提留下了这幅画像，让人们记住了牛痘接种第一人的容颜。

杰斯提当然无愧于牛痘接种第一人的头衔，在杰斯提之后、詹纳之前，欧洲还有几位先驱开展过牛痘的接种，但他们都无法撼动詹纳疫苗发明人的地位。因为他们只是利用牛痘预防天花的可能性去保护家人，成功与否有着很大的偶然性，他们的实践难以服众，也不可能让牛痘接种得到普及。就像杰斯提，最初他就只给家人做了接种，从伦敦领奖回家后，才又陆续再为他人做了零星的牛痘接种。

詹纳的研究则把牛痘带到了科学层面，通过科学的方法，将偶然变成了必然，从而让世人确信牛痘接种是一种安全有效的预防天花的武器。虽然詹纳一直在伯克利的乡间生活，但天花疫苗却从这里迅速地走向了世界。

第六章　　传经送宝地球村

虽然面临怀疑和阻力，但在詹纳的努力下，牛痘接种先是在一些愿意接受新鲜事物的医生中开展，然后因为被证明安全和有效而得到了进一步推广。在詹纳发表关于牛痘一书一年后的1799年底，英国就已经有近6 000人完成了牛痘接种。这项在伯克利诞生的发明以其强大的生命力持续扩散，在短短几年内就遍布了整个英国。

比如在下面这封写于1800年4月15日的信中，来自萨福克郡的古奇医生就向詹纳讲述了牛痘接种术在他那里的开展情况。

"先生，

我从佩顿夫人那里了解到，您总是很高兴听到关于天花疫苗的任何信息，所以我想就我们这里的牛痘接种情况向您做出一些汇报。古奇夫人和我本人已经为611人接种了牛痘，没有一个病人的手臂出现过任何需要治疗的创痛。

……我们的牛痘苗是从古奇夫人的妹妹劳斯女士那里得到的，而劳斯女士则是直接从您那里获得的。我很高兴地告诉您，尽管有各种无知的偏见和故意的歪曲，但这一奇妙的发明正在本郡广泛传播。

刚开始的时候，我们在哈德利接种的第一批人走到户外时，通常他们会被要求回到屋里，但我们现在已经说服药剂师为全镇的人（700到800人）接种牛痘，现在已经接种了近100栋房子的居民（约350人）。

汉密尔顿博士——伊普斯威奇的一位医生——也很乐意地接受了牛痘接种，并且正在大力推广。

请原谅我的冒昧打扰，

我是您忠实的仆人，先生。

T.S. 古奇

萨福克郡哈德利的霍尔贝克斯，1800年4月24日"

萨福克郡位于英格兰的东部，这里也是优化了人痘接种术的萨顿医生的家乡。牛痘接种术在这里扎根和普及，更是有着非常的意义。

远在大不列颠岛北部的苏格兰，也同样以开放的姿态迎来了天花疫苗。在1800年4月15日写给詹纳的第二封信里，来自爱丁堡的蒂尔内医生这么写道：

"亲爱的先生，

我现在可以非常满意地给您写信了，我相信第一次引进牛痘的成功和它在这里可能带来的好处将是对您善意的最好的答谢。在我上一封信中，我告诉您这里很少有人关注牛痘，但在收到你寄来的牛痘苗后，格雷戈里博士宽宏大量地给予我信任，请我为他最小的孩子进行接种。他的孩子10个月大了，还在长牙。我照做了，现在我可以满意地说，这次牛痘接种已经经历了它的各个阶段……

您会很容易看到这是推广天花疫苗最有效的方式，事实上它已经产生了传播的效果，许多人申请给他们的孩子接种这种疫苗。"

当天花疫苗在英国普及的同时，这项伟大的发明也走向了欧洲大陆。天花疫苗在欧洲大陆的推广得益于很多人的努力，其中两个人的事迹值得详细介绍，因为他们不仅在疫苗的传播过程中做出了杰出的贡献，而且代表了两种不同的推广方式。

第一位是奥地利的医生让·德·卡罗博士。德·卡罗1770年出生于日内瓦，曾经在英国的爱丁堡大学学医，后来去维也纳当了医生。在读到詹纳关于天花疫苗的书后，年轻的德·卡罗意识到这是一个极其重大的发现。1799年，德·卡罗在维也纳进行了实践，先给包括自己儿子在内的三个小孩做了接种，在取得了成功后，他给詹纳写下了这封信。

"先生，

虽然我没有荣幸与您相识，但我希望您能原谅我冒昧地来信，因为我相信您理解，追求相同研究的人应该尽可能地在一起交流。

在我继续之前，我必须向您保证，在您的无数崇拜者中，没有人比我更能感受到这项发现的重要性，更愿意为推广它的好处而努力。我一听说这一发现，就写信到伦敦希望得到您的书，并希望我的一位医学朋友能为我提供一些来源良好的天花疫苗。他给我寄来了两根来自皮尔逊博士的棉线，附带还有一些关于这位先生在您所开辟的辉煌道路上所取得的成功的描述。我找到的第一个接种对象是本城一位医生的儿子，接种在他身上产生了两个疱疮，对这两个疱疮的描述无须多言，我只需要告诉您，它们与您书中的第2和第3张插图完全相似，人们可能会认为那个孩子的手臂就是您的画师作画时所用的模型。在这种温和的症状的鼓励下，我毫不犹豫地用那个孩子的新鲜疱疮液接种了我的大儿子，10天后又用他哥哥的新鲜疱疮液接种了我的二儿子。孩子们的症状和脓疱的外观与您的描述和图画完全相似。

3个月后，这三个孩子被接种了人痘，但没有任何疾病症状，除了其中一个孩子在接种部位出现了脓包，但对身体没有进一步影响。

我从他们身上收集了一定量的疱疮液，足以进行任何数量的其他接种，我尽量注意不在疱疮溃烂之后收集液体接种，目的是收到最有活性的接种物质。虽然您的发现在我们医学界产生了巨大的轰动，但在我乐意传播您的发现之前，牛痘在维也纳并不为人所知。因此，在我用人痘再次接种我的孩子之前，我没有找到任何对象进行牛痘接种。7月，我用浸渍有疱疮液的衬衫上的线给两个孩子接种，只有其中一个孩子出现了牛痘接种的反应，但由于这个孩子住得离城太远，加上他父母的疏忽，我无法从他的接种中收集新的牛痘接种液。9月，我用一些温水稀释了衬衫上大量的牛痘液，并按照通常的方法给一个人的女儿接种，但却没有产生任何效果。这个月的9号，我给一对3岁的双胞胎接种了牛痘，昨天，从表面上看，四个穿刺点非常干燥，使我对成功充满了希望。然而，由于我并不满足于在每个孩子身上进行穿刺接种，所以我也采用了在皮肤上穿棉线的方法，昨天他们看起来还在发炎，至少伤口的边缘还没有闭合，也没有结痂，因此我并没有放弃所有成功的希望。如果这两个孩子的接种也失败了，我就不再接种，直到我从英国得到新的牛痘苗，因为我担心会挫伤那些信任您的父母的热情。我每天都在期待着来自伦敦兽医学校的皮尔逊博士和科尔曼先生的接种材料。然而，如果您能给我寄来一些真正的疫苗(如果可能的话，从奶牛身上提取)，我想这是对我的莫大恩惠，因为这将给维也纳的公众带来极大的信心，因为它直接来自疫苗的发明人。…… 顺便说一下，也许我有必要向您做一个自我介绍：我来自日内瓦；我在爱丁堡学习并取得了学位，在维也纳行医六年了。

尽管您对保存疫苗的方式做了一些指导，但请您凭经验就疫苗的最佳保存方法为我写几句话。这非常有必要，因为在大奥地利帝国的任何地方，奶牛似乎都不会得牛痘，即使它们得了这种病，我也不敢用它们的东西来进行接种，因为要区分奶牛的各种疾病，似乎需要比我有更多的兽医知识才行。我已经把带有牛痘苗的棉线送到了日内瓦，那里已经立即进行了接种，但我还不知道其结果。我很荣幸地向您表达最崇高的敬意。

先生，您最忠诚和最有义务的卑微的仆人，

让·德·卡罗

维也纳，1799年9月14日

又及：今天早上，上述双胞胎的两个疱疮都有了很大的进展，接种毫无疑问是成功了。然而，我继续我的请求，希望得到您的疫苗。"

1799年上半年就在维也纳开展牛痘接种工作的德·卡罗博士，是欧洲大陆最早开展牛痘接种的人。因为当时奥地利没有牛痘，他通过朋友从伦敦的皮尔逊医生那里得到了一些牛痘接种液。幸运的是，他较早地从皮尔逊医生那里获得了牛痘苗，它们当时还没有被伦敦天花医院的天花病毒污染。

德·卡罗首次接种的对象是一位医生的儿子，然后接下来是他自己的两个儿子，这三次的接种都非常成功。所以他很感激地给詹纳写信通报这一结果，并且希望詹纳能给他一些牛痘苗和一些具体的建议。

来自维也纳的来信让詹纳欣喜。那年12月，德·卡罗博士收到了詹纳寄去的牛痘苗，这给他在维也纳推广牛痘接种提供了保障。之后两人保持了多年的通信联系，在推广疫苗的道路上并肩前行。

尽管很容易地获得了詹纳的帮助，德·卡罗在争取当地政府的支持方面却颇为艰难。维也纳政府没有禁止德·卡罗的牛痘接种，但也对安全性有问题的人痘接种同样给予放行。只有在德·卡罗医生几年的实践中证明了牛痘的安全性和有效性之后，维也纳才在1803年禁止了人痘接种。这样的行政命令效果很快就显现了出来，1804年，整个维也

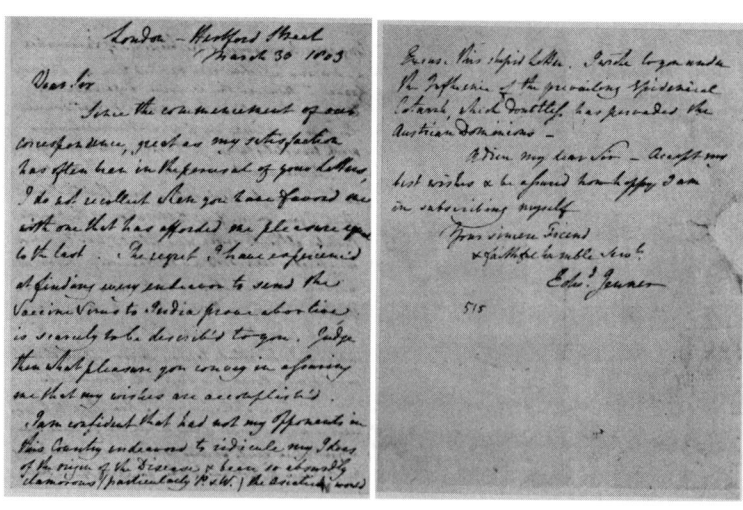

詹纳1803年写给德·卡罗的信的首页和末页截图（图源：Wellcome Collection）

纳只有两人死于天花，而且还都是从外地输入的病例。

德·卡罗医生的努力，并不局限在维也纳和奥地利，还包括其他讲德语的地区。在后来写给巴伦的信中，德·卡罗医生曾经这样描述了当时牛痘接种在德语区的普及情况：

"至于德语区的疫苗接种情况，可以说无需赘述，它在各地都进行得很好。政府采取非暴力手段进行干预，每次都要求提供疫苗接种证书，没有这个证书，儿童就不能进入任何学校，没有这个证书，他们就不能去任何公共机构，也不能参加任何宗教圣礼。"

除德语区之外，德·卡罗医生还将牛痘接种成功地推广到了欧洲的其他地方。

比如应红衣主教的要求，德·卡罗医生将牛痘苗寄到了罗马。另外，早在1799年，德·卡罗就将牛痘苗传播到他的故乡日内瓦。虽然在刚开始的阶段有些波折，但日内瓦的牛痘接种后来同样取得了巨大的成功。这种成功的原因除了接种医生的努力外，还要归功于政府部门和宗教团体的付出。一个例子就是，为了推广牛痘的接种，神职人员在给小孩行洗礼的时候，会向孩子的父母发放政府部门印发的《给家长的建议》这一宣传材料，并在周日做礼拜的时候讲述天花疫苗的好处，还邀请医生来教堂为教区的孩子接种牛痘。

在现在属于波兰的布雷斯劳，当地医生弗里德里希·弗里泽博士想引入牛痘接种。他首先联系的也是德·卡罗医生，并从他那里得到了帮助，从而顺利地让西里西亚地区的百姓受惠于这项伟大的发明。1801年10月，弗里泽医生进一步将牛痘苗从布雷斯劳寄到莫斯科。这一发明一到莫斯科后就受到了欢迎，就连当时的俄罗斯帝国的皇室都成了疫苗的积极推广者。

因为牛痘接种在俄罗斯取得的成功，1802年8月，俄罗斯皇太后玛丽亚·费奥多罗芙娜准备了一个昂贵的钻戒作为礼物，托英国驻彼得堡宫廷大使圣赫伦斯伯爵转交给詹纳，同时还写下了这封亲笔信：

"詹纳先生，

在英国，疫苗的使用取得了巨大而理想的成功，我们赶紧效仿，把它引入俄罗斯。我国的实践完全符合预期，我很高兴地向您报告，并向为全人类提供这一重大服务的人致谢。先生，为表达这种感激之情，随信奉上一枚戒指作为礼物，并借此向您致以敬意。

玛丽亚·费奥多罗芙娜

1802年8月10日，帕沃夫斯基"

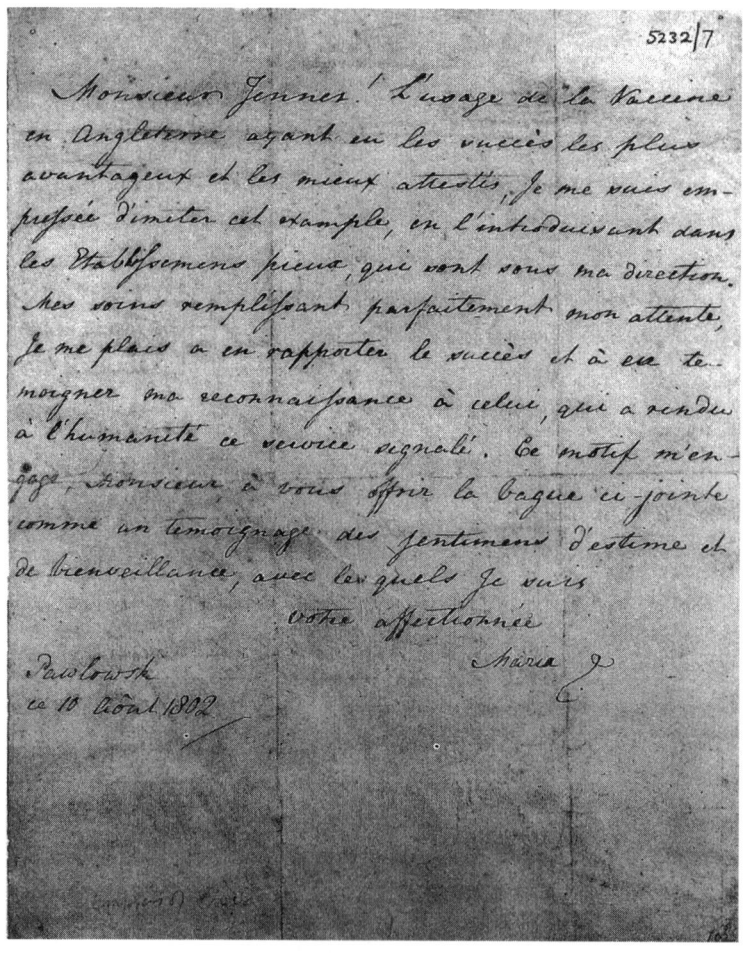

俄罗斯皇太后写给詹纳的信(图源：Wellcome Collection)

　　　　　　　　　　　　　　　　　　　詹纳传：疫苗的使者

收到了从俄国回到英国的圣赫伦斯伯爵转交来的信和礼物之后，詹纳写下了如下回复：

"尊敬的皇太后陛下，

我不知道该如何表达我对您的感激之情，因为您屈尊给我写了一封最亲切的信，并善意地送给我一枚最宝贵的钻戒。尊敬的夫人，我相信这枚宝石将伴随着您杰出的名字，在我的后代中流传。

我有幸宣布了这一发现并引起皇太后陛下的注意，而您通过应用这一发现而让贵国百姓受益，这对我来说是最开心和满足的事情。您提供的这些信息不仅给我带来了恩惠，而且全世界都会感受到其中的好处，因为这将有助于消除偏见，加速疫苗接种的普及，从而加速消灭这种有史以来对人类最具破坏性的疾病，并将数百万受害者从过早的死亡中拯救出来。

夫人，请允许我谦卑地将我就这一重要问题所写的著作提交给陛下。

愿陛下长久地享受这些知识，用慈悲的胸怀缓解人类的苦难！

对您怀着深深敬意、忠诚的卑微仆人。

爱德华·詹纳

伯克利，1802 年 10 月 10 日"

和俄罗斯一样，远在欧洲东部的土耳其也期待着天花疫苗的到来，而天花疫苗传到土耳其以及中东国家，同样和德·卡罗医生有关。当时英国驻奥斯曼帝国的大使是埃尔金伯爵，在君士坦丁堡工作和居住期间，埃尔金伯爵夫妇为了给自己的儿子接种，他们从维也纳的德·卡罗博士那里获得了牛痘苗。在成功地为自己的儿子接种之后，埃尔金伯爵夫妇就开始在当地推广起了天花疫苗。

看到这里，人们不禁会想起蒙塔古夫人把人痘接种术从君士坦丁堡引入英国的事情。在之后的近80年里，人痘在英国的推广和优化导致了牛痘接种术的发明，并且由另一位英国外交官带回了君士坦丁堡。

历史在这80年里出现了一个轮回，但因为科学技术的发展，这是一个升华了的轮回。

天花疫苗在欧洲普及的过程中，德·卡罗医生代表了一种模式：从英国获得疫苗然后进行传播。除了这种较为普遍的方式之外，还有一种使用较少的策略，即从本地获得牛痘苗然后进行推广，这种模式的代表性人物是意大利米兰的医生路易斯·萨科博士。

萨科出生于1769年，23岁那年他在帕维亚大学获得医学博士学位，毕业后移居米兰开始了他的行医生涯。在读到詹纳于1798年发表的关于天花疫苗的著作后，萨科医生对这项新的发明有了浓厚的兴趣。和德·卡罗不同，萨科没有直接向英国要牛痘苗，而是自己在当地去努力寻找患有牛痘的奶牛。1800年9月，萨科在意大利北部伦巴第地区的瓦雷泽的一家奶牛场发现了牛痘，他用这些牛痘苗在一年之内为当地八千多人做了成功的接种，并写下了《关于疫苗预防天花的实践和观察》一书。1801年10月，他向詹纳写信报告了这一喜讯：

"先生，

我很荣幸地给医学界的天才、大自然之子写信。詹纳的名字将永远受到所有后人的喜爱，所有明智的人都会为您感到高兴。由于您不可估量的和非常有趣的发现，人口最后将会有额外的十分之一的增长。我们必须非常感谢您，先生，您为所有其他接种者提供了指导。我也是其中之一，在您指出的方向上，我努力让自己对人类有用。经过长期的研究，我终于找到了伦巴第本地的牛痘病毒，用这种病毒已经进行了八千多次接种，取得了最令人满意的成功。其中有几百个已经接受了人痘接种，并且显示了之前牛痘接种的效果。因为在当地的出色表现，下一步我们希望能在共和国全境推广这一做法。我很荣幸地被任命为疫苗接种部门的主任，目前这项工作开展得非常顺利。

先生，我本想在我的作品出版后立即向您表示感谢和敬意，但战争阻碍了我。我非常尊敬的先生，请接受一个在远方追随您的脚步的人的敬意，他总是期望从他的主人那里得到有用的指示。在这个问题上，除了您的第一本出版物和最近的观点，在意大利没有已知的英语作品，其他一些年代久远的书籍也只能通过摘录来了解。

因此，先生，我恳求您，如果您有任何新的研究发现，请为我准备一场盛宴，我也将为之感激不尽。您也可以把英国目前的疫苗接种情况告诉我，我会感到非常开心。由于我必须向政府提交一份报告，因此我将非常高兴地在其中收录来自疫苗故乡的有趣新闻。我很期盼能去英国旅行，以便与我的导师相识，并参观贵国的相关机构。我祈求上天赐予我的国家一个想法，那就是有必要派遣一些人去了解那片盛产伟人的土地。情况在一天一天变好，这让我们充满希望。先生，和您通信是我的荣幸，并请您相信和接受我的最高敬意。

……亲爱的先生，愿您为了人类的利益，为了所有爱您的人，活得久一点。

附：我已将伦巴第的疫苗寄给伍德维尔先生。我已经要求他从伦敦给我寄一些。先生，如果您也能寄一些给我，我也将感激不尽，比较几种不同来源的疫苗将会大有帮助。

您谦卑的仆人，

路易斯·萨科

米兰，1801 年 10 月 16 日"

萨科医生因为在意大利本土发现了牛痘，被当地人称为"意大利的詹纳"。但萨科医生清楚地知道詹纳的伟大，这从他写给詹纳的信中就可以看出来。同维也纳的德·卡罗医生一样，他也成了詹纳的坚定支持者和疫苗推广者。关于牛痘接种在意大利的推广情况，萨科医生后来在给巴伦的信中这么写道：

"疫苗接种在整个王国中得到了广泛的开展。几乎所有的新生儿都会接种疫苗，所以我们现在不担心天花的发生。偶尔也会从邻近的帕尔马、皮埃蒙特等州传入这种疾病。这种情况的发生证明了疫苗的功效，因为这种疾病从未流行过。……如果所有政府都能努力促使其州内出生的儿童定期接种疫苗，那么天花很快就会消失。"

无论是德·卡罗还是萨科，两人之前和詹纳都素不相识，但他们都对詹纳的发明崇敬有加，并为天花疫苗的推广竭尽所能。从这两个具有代表性的例子中可以看到，牛痘之所以能够在欧洲迅速传播，最主要的原因是它本身令人信服的效果。

天花疫苗的普及在欧洲各地取得的具体效果，可以从下面这几组数据中看出来。在法国，最初接种天花疫苗的267万多人中，后来只有7人患上了天花；在奥地利的维也纳，因为持续多年的天花疫苗普及，从1807年到1812年就没有再出现一例天花病例；而在意大利的米兰，则是从1804年到1812年都没有见过天花的踪影。

稍微有些讽刺意味的是，相比于欧洲大陆的一些国家，英国作为天花疫苗的故乡反而在这一伟大发明的推广上落后了。至于其中的原因，主要是政府对于人痘接种的态度。欧洲大陆的很多国家在看到了牛痘接种的优势后都很快禁止了人痘接种，这加快了天花疫苗普及的进程，而英国本土直到1840年人痘接种才彻底消失。这一点詹纳在他于1804年12月写给伦敦医生理查德·邓宁的信中也指了出来：

"当外国人知道英国的一些地方还在进行人痘接种时，一定会感到无比的震惊。的确，他们会对这一现象很迷惑，因为天花在他们那里的大城市以及相当一部分郊区已经差不多被消灭了。"

因为天花疫苗的发明和应用，詹纳迅速获得了科学界和医学界的认可，欧洲多个国家的学术协会都以纳入詹纳为会员而深感荣幸。疫苗的普及让天花疫情得到了极大的抑制，这让各国的君主都为之兴奋，并且对詹纳致以崇高的敬意。其中法国皇帝拿破仑对詹纳的礼遇，就更是一段传奇。

为了更好地解读这一故事，需要对当时的历史背景做一些介绍。

18世纪末的法国大革命废除了君主制，法国国王路易十六被斩首，这让欧洲各国的王室深感不安。1792年，多个国家组成了第一次反法同盟，作为君主制国家的英国，就是这个同盟的核心成员。1797年，法国共和政府的军队在意大利击败了同盟军，宣告了第一次反法同盟的瓦解。

1799年，反法同盟卷土重来，发动了对法国的战争。在战争的起初阶段，同盟军取得了一定的战果，将法军赶出了意大利。但随后局势又发生了变化，1799年11月，拿破仑通过政变夺取了政权。在拿破仑的统领下，1800年12月3日，法国军队在霍恩林登战役中大胜奥军，其后逼迫奥地利签下《吕内维尔和约》后退出同盟。在解决了和东方的奥地利的争端之后，拿破仑的军队挥师西北和英军作战。在经过近一年难分胜负的交锋后，内忧外患中的两国同意坐下来谈判，于1802年3月签订了《亚眠条约》。这一条约的签订，不仅标志着第二次反法同盟的结束，也给多年战乱中的欧洲带来了和平。

可是好景不长，1803年5月18日，因为英国和法国在海上再起争端，两国的和平在维持了一年两个月后就此结束。在接下来的十几年里，反法同盟又成立了5次，和拿破仑统治下的法国进行了长期的战争，在经历了无数次的失败后，终于在1815年6月迫使拿破仑退位，法国重回波旁王朝的统治。在这段长达二十年的时间里，作为反法同盟核心国之一的英国，长期与法国处于势不两立的敌对状态。

在讲完上面的历史背景后，现在回到詹纳和拿破仑的故事。事情的起因是这样的：在《亚眠条约》所带来的短暂和平阶段的末期，有两个英国人在法国被拘禁，一位是牛津大学的学者威克汉姆博士，另一位是威廉斯先生，两人都因禁闭而饱受折磨。詹纳为了让他们回到英国，于是写信给法国巴黎的疫苗接种委员会，请求他们帮忙释放这两位英国人。巴黎疫苗接种委员会把詹纳的信转给了拿破仑，拿破仑看到这封信后说了一句流传至今的话：

"詹纳！啊哈，我们不能拒绝这位先生的任何要求。"

拿破仑在位的十几年中，他指挥着法国军队东征西战，所带来的后果是无数人的死亡。但在疫苗接种的问题上，自从1800年天花疫苗被从英国引入法国之后，拿破仑就给予了充分的支持，为它在法国的推广提供了10万法郎的专用基金。牛痘的推广带来了显著的效果，拯救了无数法国百姓的生命，所以当詹纳请求释放两名被拘禁的英国人的时候，拿破仑没有丝毫的犹豫。

类似的事情不仅发生在拿破仑那里，也同样发生在西班牙国王和奥地利皇帝身上，他们对詹纳的请求，同样是有求必应。理由很简单，因为没有一个君主会对挽救了无数子民生命的恩人说不。

凭借着这份来自外国君主的特殊信任，詹纳帮助过很多需要去国外进行治疗或康复的病人。他给这些英国人的护照所做的以下加注和签名，成了他们去国外旅行的护身符。

"我谨此证明：_____先生，这本护照的持有人，他将去国外_____旅行。他旅行的目的只有一个，就是为了恢复自己的身体健康。

爱德华·詹纳"

虽然深受各国君主的赏识，但詹纳没有滥用这份信任。在那个动乱不断的年代，他没有利用这份信任去参与战争，更没有为自己牟利，而是用到了需要帮助的平民百姓身上。这一点，和他所发明的疫苗的用处如出一辙。

就在天花疫苗在欧洲开始推广后不久，这一伟大的发明也逐渐走向了世界。最先受惠于这一发明的，是和英国有着同一语言的美国，而将天花疫苗引入美国的则是本杰明·沃特豪斯医生。

沃特豪斯于1754年出生于美国罗得岛州南部的纽波特。作为一个反战主义者，21岁的沃特豪斯在美国独立战争开始前从波士顿乘船逃到了英国，并在欧洲生活了7年之久。在这7年里，他先后在爱丁堡、伦敦和荷兰的莱顿学医。等到1782年回到美国后，他成为当时美国受

詹纳传：疫苗的使者

到最好的医学教育的人之一。回到美国后的第二年，沃特豪斯被任命为哈佛医学院一个新成立的理论和实践部门的主任，并在这一位置上坐了三十年之久。

1799年初，沃特豪斯收到了伦敦医生约翰·莱特森博士寄给他的詹纳的《一项对疫苗的起因和作用的调查》一书，一同寄到的还有皮尔逊写的《关于牛痘历史的调查》以及伍德维尔的一篇关于牛痘的论文，这一新奇的发明让沃特豪斯感到兴奋。1799年3月，他在波士顿的《哥伦布世纪报》上发表了一篇题为《医学界的奇闻》的文章，介绍了天花疫苗这一最新发明。另外，他还在哈佛大学堂的哲学厅举行的美国艺术和科学院会议上介绍了天花疫苗，并展示了詹纳关于天花疫苗的著作。

为了在美国推广这一发明，沃特豪斯和詹纳取得了联系，然后在1800年6月收到了一份从巴斯的医生约翰·海加斯博士那里寄出的牛痘苗，而海加斯医生那里的牛痘苗则是间接地来自詹纳。

在收到来自英国的牛痘苗之后，沃特豪斯立即开始了试验，那年的7月8日，他对自己5岁的儿子丹尼尔进行接种，然后用从丹尼尔身上获得的疱疮液对7个人进行接种，包括他自己的另外3个孩子。为了验证天花疫苗的效果，第一个被接种的丹尼尔被选出来送到布鲁克林的天花医院接受人痘接种，结果表明他已经有了对天花的免疫力。

这次试验的成功，让沃特豪斯成为美洲大陆开展天花疫苗接种的第一人。当年沃特豪斯为此写了一本题为《消灭天花的前景》的书，并在那年的12月1日将此书寄给了总统约翰·亚当斯和副总统托马斯·杰斐逊。杰斐逊还在12月25日亲自给沃特豪斯回信，表示了对天花疫苗的兴趣。等到后来杰斐逊当上总统后，他更是大力在美国推广这一发明。

同在北美的加拿大，开展天花疫苗接种的时间稍微要晚一些，但也在1800年就已经开始。第一个在这里开展牛痘接种的是詹纳的朋友约翰·克林奇，他当时在英属殖民地的纽芬兰岛当医生。克林奇和詹纳两人认识是在四十多年前，两人同在赛伦塞斯特上过学，后来又同在亨特门下学医。毕业后詹纳回到了伯克利，而克林奇则跨过大西洋去了纽芬兰。虽然隔着大西洋，两人一直保持着联系，詹纳的两个侄子还在克林奇那里当过学徒。

关于牛痘接种在纽芬兰的接种情况，克林奇在给詹纳的信中有过这样的描述：

"亲爱的朋友，

我要赶紧告诉你我在纽芬兰岛的疫苗接种实践的大致结果。我在以前的信中告诉过你，你侄子寄给我的疫苗完全产生了效果，尽管从日期上看，它已经被保存了四个月之久。

我从给我自己的孩子接种开始，到目前为止我已经给各个年龄段和各种类型的七百多人接种了疫苗。在天花正在肆虐的圣约翰斯，疫苗接种的效果很快就显现了出来。他们最初看到牛痘接种很惊讶，但他们后来发现那些经过詹纳式接种的人被接种人痘并暴露在天花感染的环境中而没有丝毫的疾病症状，于是完全信服了。我希望它的普及会变得日益广泛，因为没有什么能比它对消灭所有疾病中最糟糕和最可怕的天花更有效了。

1802年1月25日"

虽然同在美洲，南美洲和中美洲受惠于天花疫苗的时间却要晚得多。与美国和加拿大不同，这里大多是西班牙和葡萄牙的殖民地，而天花疫苗的到来，同样和殖民者有关。与美国和加拿大获得直接从英国寄过去的天花疫苗不同，这个地区疫苗的获得堪称是一场浩浩荡荡的壮举。

1803年11月30日，西班牙派出了一支远洋探险队，主要目的就是将天花疫苗传播到西班牙在世界各地的殖民地。当年50岁的弗朗西斯科·巴尔米斯被任命为这支探险队的队长，他的副手是唐·何塞·萨尔瓦尼医生，同时探险队还匹配了相应的医疗和护理人员。为了使天花疫苗在运送到美洲的过程中保持活性，探险队带上了22名健康的孤儿。在横跨大西洋的几个月的航行中，这些孤儿被分成两人一组，然后依次接种牛痘，间隔时间为9至10天。等到船上的孤儿都接种完之后，再从当地征集孤儿或奴隶上船，加入疫苗传播的环球之旅。

这支从西班牙出发的探险队，在1804年2月9日抵达了中美洲的波多黎各。令队长巴尔米斯有些失望的是，当地人已经在两个多月前从丹麦的圣托马斯岛引进了天花疫苗，等到西班牙探险队到来的时候已经有1 500多人完成了接种。探险队随后向南行驶，先是到达了还没有开展天花疫苗接种的委内瑞拉。在委内瑞拉探险队兵分两路：一路由副队长萨尔瓦尼带队前往哥伦比亚、厄瓜多尔和秘鲁，虽然萨尔瓦尼在1804年因为肺结核死于秘鲁，但他的助手曼努尔·格兰特还是将航行继续了下去，并将疫苗进一步带到了智利；另一路则由队长巴尔米斯自己带领，先是在1804年5月8日到达了古巴的哈瓦那，一个多月后再抵达了墨西哥城。

在结束美洲的航行之后，巴尔米斯的探险队并没有原路返航，而是带着从墨西哥城征集到的26名孤儿驶入了太平洋，于1805年4月15日抵达了西班牙在东南亚的殖民地菲律宾。1805年9月10日，探险队经过南中国海抵达了中国的澳门。再次令巴尔米斯失望的是，牛痘接种就在几个月前被东印度公司引入了这个被葡萄牙人殖民的小岛上。于是他们继续前往广州，终于在1805年12月和当地的英国医生一起在广州建立了一个接种站。之后探险队经印度洋再绕行非洲大陆返航，途中还在南大西洋的英属圣赫勒拿岛建立了疫苗接种站。1806年9月，巴尔米斯的探险队返回到西班牙，结束了这次为期近三年的疫苗推广之旅。

就在西班牙组织这场探险的同时，葡萄牙也做了类似的工作，以孤儿作为维持疫苗鲜活的媒介，在1804年将牛痘传播到了南美洲的巴西和乌拉圭。

上面提到的西班牙和葡萄牙的探险队，他们不仅把疫苗传到了南美洲的殖民地，而且也传到了亚洲的菲律宾和中国。这里也顺便介绍一下天花疫苗这一伟大的发明如何传到中国的故事。

就像上面提到的那样，西班牙的探险队在1805年4月抵达菲律宾的马尼拉，立即就在当地进行接种。就在西班牙人停留于菲律宾的时候，葡萄牙的商人抢先了一步，他们将天花疫苗提前几个月带到了澳门。葡萄牙人携带牛痘抵达澳门的时间是当年的5月，也就是中国农历的四月。在当时澳门医生亚历山大·皮尔逊所著的《英吉利国新出种痘奇书》中，就有这样的记载：

"（牛痘）后来传至大西洋、亚细亚、亚美利加等国，依法栽种。……此法继传至吕宋，……伊国王不惜万金，特发一船，装载婴儿，驶至本国传种此痘。由船次第轮种回返，依法而行，每种必效。随后发论伊所属国小吕宋，亦遍行栽种。……兹于嘉庆十年四月内由小吕宋装载婴儿，传此痘种到澳。本国医生协同澳门医生，照法栽种华夷童稚不下数百，俱亦保全无恙……"

亚历山大·皮尔逊是澳门东印度公司的高级医生，他在书中提到这批疫苗是由吕宋国（西班牙）派出的船传到小吕宋（菲律宾）的，然后由葡萄牙商人进一步从菲律宾引入了澳门。

中国的第一例牛痘接种是在1805年5月左右开始的，而开展这一接种的正是东印度公司的医生皮尔逊。为了宣传和推广牛痘接种，皮尔逊在澳门做了《英吉利国新出种痘奇书》宣传小册，由斯当东翻译成中文在广东出版。虽然只是一本小册子，但该书全面精要地介绍了詹纳发明疫苗的过程，还清楚地描述了牛痘接种的过程、特性、方法、器具和临床症状。比如下面这段关于牛痘接种的描述：

"天花之症能传染于人，而牛痘之痘非种不行。天花之症，定必发寒发热，大小便结闭不通，或昏迷不醒，喉干舌燥唇焦乱话不等，虽用针熏药法，亦不能保其无虞；但其牛痘种在于所种之处，只出一颗，如小指头大，至寒热各症不能相染，内中或有微寒微热。虽服药不服药，与病无干碍。想此灵妙之法，相传于数十年之后，永不防有染天花之虞矣。种下四日，其形发红，至六日起一小泡，八日起泡略大些，至九日浆已满足。"

因为天花疫苗安全有效，而且还是以免费的方式进行，皮尔逊的接种深受澳门百姓的欢迎。当时广东正流行天花，不少内地居民也来到澳门皮尔逊的诊所接种疫苗。为了满足越来越大的需求，皮尔逊雇用和培训了一批中国的接种师，其中最出色的一位是来自广东的邱熺。在做了近十余年的牛痘接种工作后，邱熺在1817年写成了《引痘略》一书。和皮尔逊的《英吉利国新出种痘奇书》的发行很少不同，《引痘略》在中国大受欢迎，一版再版。

天花疫苗这一伟大的发明通过探险队被带到了中国，这个之前发明了人痘接种的国度，这也算是有着特别的意义。尤其是这项发明的推广给百姓带来的福祉，更是意义重大。

如果把西班牙和葡萄牙的探险队描述为传播疫苗的西征之旅，那么之前在另外一个方向上也发生了一场东征，将疫苗带到了西亚、东南亚、非洲和澳洲，而这场东征之旅的核心地带，就是当时英国管治下的印度。

就像之前提到的，在德·卡罗医生的帮助下，英国驻奥斯曼帝国大使埃尔金伯爵将天花疫苗从欧洲带到了土耳其，而当时的西亚和印度，天花正在流行，人们急切地盼望着疫苗的到来。

为了给印度送去疫苗，詹纳自己花了几千英镑修理了一条远洋航船。但不幸的是，从英国发出的疫苗在长途运输过程中失效了。好在德·卡罗医生从意大利的萨科医生那里获得了大量的天花疫苗，在埃尔金伯爵的帮助下，德·卡罗将疫苗安全地于1802年3月寄到了伊拉克的巴格达。在当地短暂地进行了传播后，疫苗被进一步送到了伊拉克西南部靠近阿拉伯海的城市巴士拉。随后英国航船"复兴号"将它带到了印度的孟买，抵达的时间是1802年5月底。

1802年6月14日，孟买的医生赫勒努斯·斯科特博士利用这支疫苗为一个3岁的女孩进行了接种并获得了成功。从此，天花疫苗就以人传人的方式从孟买被传播到了印度各地，还包括印度西南方的锡兰，也就是今天的斯里兰卡。

天花疫苗接种在印度取得的成功让孟买的总督有了更加宏大的目标：将这项人类的福祉进一步传播到亚洲、非洲和澳洲。一年后的1803年8月，孟买的总督将一批天花疫苗发往中国，这批疫苗在经过几个月的海上航行后抵达了澳门东印度公司。在当地商行的协助下，这批疫苗被接种到澳门的儿童身上，但不幸的是这次接种并不成功，因为疫苗在长途运输过程中失效了。

从孟买向西往非洲的疫苗传播之旅则采用了另一种方案：人传人。这种方式让疫苗在运输的过程中保持鲜活。作为这些疫苗运输载体的，则是来自非洲的奴隶，在英国、法国、葡萄牙殖民者的合作下，疫苗从孟买出发，经过阿拉伯海和印度洋在1803年传播到了非洲的莫桑比克、南非以及毛里求斯，然后再从毛里求斯出发，在1804年抵达印度尼西亚的爪哇岛，但进一步运送到澳大利亚的努力却并没有成功。

不过澳大利亚也在1804年有了疫苗，这是直接来自英国的航船，而且不是通过人传人的方式抵达的，为之提供天花疫苗和包装的就是伦敦的詹纳学会。一年后，天花疫苗被进一步从澳大利亚传到了新西兰。

就这样，通过东西两个方向，牛痘接种术在发明后的十年里被传播到了整个世界。

鉴于疫苗在世界各地的推广和产生的巨大反响，1807年，英国下议院又一次为奖励詹纳的发明进行了投票，结果以60票比47票的优势获得了支持，詹纳也再次因为疫苗的发明获得了2万英镑。

英国政府对詹纳的两次奖励虽然正确，但总显得有些姗姗来迟，不是雪中送炭，更像锦上添花。

第七章　疫苗使者倦归去

在詹纳发表关于天花疫苗第一部著作的1798年，克莱因医生重金邀请詹纳去伦敦开展牛痘接种，然而詹纳没有接受这份邀请，他在给朋友的信中谈起其中的原因时曾经这么写道：

"我亲爱的朋友，问题就在这里。即使是在青年时代，我也是在寻求一条卑微和安静的生活道路，我偏爱在山谷中，而不是在山顶；现在我正在步入晚年……"

那年詹纳49岁，即使是在人均寿命大大低于现在的18世纪，这也不是一个可以称为晚年的年龄。自从发表那部著作开始，詹纳的生活随着疫苗的推广进入了一个新的阶段，也更加忙碌。先是要解决推广中的各种技术问题，让牛痘接种能够在各地以正确的方式开展；然后是面临伦敦天花医院的接种事故，找出背后的污染原因；接下来还要面对伦敦同行的嫉妒和排挤，为自己的名誉而奋斗；后来等到疫苗这一发明被推广到世界各地之后，他又变成了一个秘书长的角色，需要处理大量有关疫苗接种的信件。

在疫苗的发明公开发布的10年之后，詹纳真正步入了自己的晚年。

1808年，英国议会决定成立国家疫苗中心，用来替代原来的詹纳学会，负责管理疫苗接种事务。当时负责组建这个新的机构的是皇家医学会的主席卢卡斯·佩皮斯爵士，他也是国王乔治三世的私人医生。

佩皮斯比詹纳大7岁，两人算是认识，两年前詹纳还亲自为佩皮斯的儿子接种过疫苗。

为了更好地建设国家疫苗中心，佩皮斯邀请詹纳做了一个规划和预算。詹纳为此在伦敦工作了5个月，直到后来大儿子病重他才返回伯克利，走之前还向佩皮斯推荐了几个他认为适合作为这个新机构成员的专业人士，尤其是他的好友，也是过去十年中疫苗的积极推广者约翰·林博士。

几个月后，国家疫苗中心成立了，佩皮斯爵士拒接了詹纳所推荐的绝大部分人选，包括约翰·林博士。即使詹纳自己，也只是被提名为该中心的名誉主席，一个没有话语权的职位。

佩皮斯爵士是一个意志坚定得近乎独裁的人，在詹纳为筹办这个新机构付出了几个月的工作时间之后，只是给了他一点象征性的荣誉。把疫苗的发明人排除在国家疫苗中心的决策之外，这不仅显得荒唐，而且近似侮辱。詹纳拒绝了这个提名，让自己游离在这个新的机构之外。但以后每当国家疫苗中心需要帮助的时候，他依然还是毫无保留、竭尽全力，而且有时候还会主动给这个机构提意见，或者给予批评，比如在他的朋友詹姆斯·穆尔担任这个中心的主席的时候，他就这么给穆尔提过建议：

"在制定这个中心的规则时，我建议必须深思熟虑。至于你自己，我亲爱的朋友，不能指望你现在就能冷静地对这种事情做出判断……尽管这不是我的职责，但我会尽我最大的努力去促进该机构成立时的目标的达成。"

没有在国家疫苗中心这个机构中任职，对詹纳个人来说其实不是坏事。虽然他的发明挽救了世界各地无数的生命，但不幸的是，另一种没有办法用疫苗对付的疾病，却正在慢慢侵蚀着詹纳的家庭。

这种疾病就是肺结核。

1809年，60岁的詹纳在给朋友沃辛顿博士的信中提到了他的一个家庭成员因为肺结核而去世的事情：

"我偶然成为一个大众人物，但却有着一个极其糟糕的组织能力，我真的不擅长这个。你可以对我有多苦恼做出一个判断：就在此刻，我手头有一百多封信需要回复。最近我失去了秘书的帮助，他最近死于肺结核。令人害怕的是同样得了此病的我的儿子明年可能也要离开了。在我们这个岛国上，肺痨正在以可怕的速度蔓延到每一个地方。"

"肺痨"指的就是肺结核，信中提到死于肺结核的"秘书"是一个年轻的男孩。这个男孩是一个穷苦的钟表匠的儿子，三年前他失去父亲的时候才不到16岁，他是一个头脑聪慧但身体羸弱的年轻人。乐于帮助穷人的詹纳将男孩带回家居住，让这位有着很强语言能力的年轻人担任自己的秘书。不幸的是男孩得了肺结核，在还没有满19岁时就去世了。

这时詹纳的儿子小爱德华·詹纳20岁，同样得了肺结核，而且病情日趋严重。就像詹纳在信中所担心的那样，他的大儿子在1810年也去世了。虽然是预料之中的事情，但当这一天真的到来的时候，还是给詹纳带来了巨大的悲痛。在给伦敦的朋友约翰·林的信中，他这么写道：

"当一件不可避免的事情以慢慢靠近的方式走来的时候，人们会认为人的心灵会与之和解并接受它。但我的经验告诉我，感知的边缘并不会因此变得迟钝。"

小爱德华·詹纳出生于1789年，死的时候只有21岁，詹纳自己61岁。这是一个白发人送黑发人的故事。丧子之痛让詹纳对于名利更加淡泊，对诋毁他疫苗事业的敌人反应不再像以前那样激烈。除了心灵上的创伤，詹纳的身体也因此受到了影响，以至于不能正常地工作，不得不听从朋友的建议去巴斯小镇做了一段时间的疗养。

好在这个时候天花疫苗已经被推广到了世界的每一个角落，并且凭借它的生命力在各地生根发芽、茁壮成长。关于天花疫苗，詹纳进入了收获的季节，而且硕果累累。

1809年，印度孟买医师协会的主席斯科特博士在给詹纳的感谢信中就有过这样的描述：

"疫苗的接种在这里取得了预期的成功。在这个人潮涌动的岛上，自从7年前引入了牛痘之后，再也没有出现过天花导致的死亡。"

为了感谢疫苗的帮助，印度几个不同的地方都自发用酬金的方式对詹纳表示了感谢。印度西部的孟买给詹纳寄来了2 000英镑；东部的孟加拉邦寄得更多，高达4 000英镑；位于南部的马德拉斯，也寄出了1 383英镑。

金钱之外，詹纳收获得更多的是荣誉。

1811年，法国国家科学院将詹纳选为外籍院士。如果考虑到当时英国和法国还处于漫长的战争期间，这一份荣誉就显得更加难得。这一喜讯是皇家学会的主席班克斯爵士写信来通知詹纳的，同时带着热烈的祝贺。有趣的是，当时不愿发表詹纳关于天花疫苗论文的英国皇家学会，亲自给詹纳送来了这个来自异国的荣誉，也算是一种另类的补偿。

几乎在同时，詹纳还得到了一份特殊的荣誉：来自美洲印第安部落的肯定。

"我们应该教育我们的子孙记住詹纳的名字，感谢伟大的神灵，赐予他如此多的智慧和仁慈。我们送上一条腰带和一串玛瑙贝壳，以表示我们接受您宝贵的礼物。我们祈求伟大的神灵在这个世界和精神的王国保佑您。"

几百年前欧洲人开启了对美洲的殖民时代，在征服和镇压土著印第安人的过程中，殖民者拥有的最有效的武器不是枪炮，而是天花病毒。之前从来没有面对过天花的印第安部落，因为这种瘟疫失去了大量的人口。几个世纪之后，詹纳发明的天花疫苗被传播到了美洲大陆，挽救了无数印第安人的生命。在这样的历史背景里，来自印第安人的感谢无疑显得尤其珍贵。

1812年，俄罗斯帝国皇帝的私人医生、英国人亚历山大·克赖顿博士在给詹纳的信中，用具体的数字说明了天花疫苗在俄罗斯所取得的巨大成绩：

"在这个王国接种了天花疫苗的小孩总数是1 235 597人。现在，我们按照之前确定的规律计算一下，在疫苗发明之前，俄罗斯每7个小孩中就有1人死于天花，疫苗的接种拯救了167 514个小孩的生命。"

克赖顿医生把数字精确到了个位数，但实际上他还是低估了疫苗接种的好处。因为群体免疫效应，疫苗接种的普及不仅保护了被接种者，也同样部分保护了没有接种的人。当然，这不是克赖顿医生的错，因为群体免疫效应到20世纪才被发现。

1813年，牛津大学授予了詹纳荣誉博士学位。在巴伦的陪同下，詹纳去了牛津接受这个荣誉头衔。颁发这份荣誉的克里斯托弗·佩吉爵士告诉詹纳，他获得了所有投票人的支持。

1814年，第六次反法同盟取得了成功，拿破仑被迫退位。为了庆祝这一胜利，同盟国的君主们来到了英国。俄罗斯帝国的皇帝亚历山大一世和詹纳进行了会谈，祝贺他为人类所做出的杰出贡献。普鲁士国王腓特烈·威廉三世也会见了詹纳，他提到普鲁士把詹纳为菲普斯接种牛痘的5月14日定为了国家的节日，并向詹纳发出了访问柏林的邀请。

在英国本土，包括夏洛特王后在内的一些英国女士发起了一项计划，代表女性向詹纳表示感激：

"后代被保护的母亲们，美貌被保存下来的女儿们，她们打算联合起来，向疫苗接种的发明人表示感激之情。……在疫苗发明之前，这个人间恶魔所带来的旷日持久的痛苦、可怕的畸形、无情的嘲弄以及持久的后遗症破坏了母亲最美好的希望，或多或少地损害了每个家庭的幸福。"

1814年11月，詹纳还收到了一份从巴伐利亚王国皇家科学院颁发的荣誉证书。

"亲爱的先生，

我很荣幸向您颁发我们皇家科学院的荣誉证书，作为对您这位仁慈而卓越的天才应有的承认。凭借您的无限功绩，人类永远摆脱了这种最可怕的疾病。巴伐利亚可以自豪地宣称自己是给予您的发现最多掌声的国家。……

亲爱的先生，我怀着深深的敬意，

您的顺从和谦卑的仆人

塞缪尔·冯·泽默林博士

1804年11月1日，慕尼黑"

代表巴伐利亚王国皇家科学院颁发这个证书的是塞缪尔·冯·泽默林博士，他是一位积极推广天花疫苗的医生，同时也是一名博物学家和发明家。同为医生和博物学家的泽默林对詹纳的评价至高无上，却也恰如其分。

但在接下来的1815年，詹纳却迎来了比丧子之痛更大的打击，因为他的妻子去世了。和儿子一样，凯瑟琳·詹纳也是死于肺结核。

两人结婚的1788年，詹纳39岁，凯瑟琳28岁。凯瑟琳是一个善良又快乐的女性，有着虔诚的信仰，还受过良好的教育。从金斯科特嫁到了伯克利之后，她在伯克利创办了一所星期天学校，把教育当成了自己的事业。不幸的是，虽然比詹纳年轻11岁，但她的身体却一直不好。

在天花疫苗公开发表的1798年，詹纳49岁，凯瑟琳38岁。为了向伦敦同行演示牛痘接种的效果，詹纳带着家人去伦敦居住了近三个月。回到伯克利后，凯瑟琳的身体就开始出现问题，以至于不得不关闭了她在伯克利的学校，去附近的温泉小镇切尔滕纳姆疗养。詹纳为了照顾好妻子，还在切尔滕纳姆开了一家诊所。从那以后，詹纳一家就经常这样往返于两地之间。

凯瑟琳去世那年55岁，詹纳66岁。在妻子离世后，詹纳的心态愈加平淡，或者说是变得有些麻木，在疫苗的问题上他也不再和人争论。尽管这为他的敌人和一些疫苗反对者提供了放肆攻击的机会，但詹纳只留给这些人一个远去的背影。他偶尔回头的时候，也不是和对手去战斗。

关于天花疫苗，他依然在乎的，是尽量保证接种工作的顺利进行。为此他依然需要付出大量的时间去回复世界各地的来信。考虑到疫苗接种正在全球各地进行，他的手上常常有几十甚至上百封有待回复的信件，这意味着大量的工作。

虽然依然有女儿和小儿子的陪伴，而且几个侄子对他也是孝敬有加，但失去了妻子的詹纳的生活依然充满了孤独。妻子的离开不仅在精神上给了詹纳重重一击，在身体上同样如此。几年后的1820年，詹纳有一次失去了知觉，好在有作为医生的侄子的及时救治，当时71岁的他才幸运地活了下来。

虽然年过70，而且身体不好，但詹纳依然在忙碌地工作。

詹纳是伯克利小镇的治安官，负责当地一些日常事务的管理。在这一点上，詹纳和达尔文又一次体现出了相同的一面，两个改变了世界的伟人一直居住在乡间，又同时积极地参与着当地村镇的管理事务。

之前与法国持续了二十多年的战争耗尽了英国的国力，这种消耗被转嫁到了百姓身上。一些小农场主不得不卖掉自己的土地，而本来没有土地的农民则变得更加穷困，要是再遇上疾病，就是雪上加霜。一个例子就是菲普斯，那个在1796年由詹纳为他进行牛痘接种的男孩，一个穷园丁的孩子，此时已经长大成人。菲普斯依然贫穷，而且不幸的是，他也染上了肺结核。为了照顾菲普斯，詹纳在自己的花园里建造了一间小屋，让菲普斯在那里居住。

农民的贫困意味着作为治安官的詹纳有着更多的工作。走访这些贫困的家庭，了解他们的需求，让当地的百姓平时有果腹的食物，冬天有取暖的燃料，生病时能得到看护，成了詹纳工作的一部分。因为工作量的增多，他向伯克利伯爵申请要两个助手，但没有得到批准。

除了回复来自世界各地的大量信件、为人看病、照顾穷人以及履行作为当地治安官的责任，在生命中的最后几年里，詹纳又重拾了博物学的研究，这也是他内心深处认同的工作。在1787年写给当时皇家学会主席班克斯爵士的信中，詹纳曾经写过这么一段话：

"根据布拉戈登先生的信，亨特先生告诉我那篇关于杜鹃研究的论文已经被接受，将在《自然科学会刊》上发表。我将在夏季继续研究这个问题，并希望在秋季有幸向您提交另一篇关于鸟类迁徙原因的论文……"

写这封信的那一年，詹纳关于杜鹃的观察研究的论文被皇家学会接收，他也因此在后来当选了皇家学会的会士。就在这封信中，詹纳向班克斯提到他在做一项关于候鸟迁徙的原因的研究，希望能在那年秋季把论文写好并提交给皇家学会。

班克斯爵士在回信中也对这篇关于候鸟迁徙的论文表示了期待，但那年秋天詹纳没有完成这篇论文。接下来的结婚成家、生儿育女，还有更主要的是关于疫苗的研究和推广，让他对这项研究无暇顾及。等到了生命的晚年，詹纳把它重拾了起来，他要兑现当年对皇家学会的承诺，完成候鸟研究这篇没有写完的论文。

在詹纳一生的事业中，他有两个忠诚的帮手，就是他的两个侄子——亨利和乔治。两人都在詹纳的诊所里当过学徒，后来也都成了医生。他们不仅在詹纳的疫苗研究和推广中起到了重要的作用，在博物学研究上也是詹纳的左膀右臂：亨利帮助詹纳开展了杜鹃的观察，而乔治则在候鸟的研究中贡献良多。当三十多年后詹纳要重拾这项研究的时候，过来帮忙最多的还是已经年过五十的乔治。同样给予了詹纳支持的还有他的两位好友，博物学家史拉普奈尔和巴克兰。

一项研究能在30年后重启，在现在看来几乎是一件不可思议的事情。但在科学还很不发达的18、19世纪，从事科学研究的人很少，鲜有人在同一个方向上竞争。比如詹纳所研究的候鸟迁徙这个主题，虽然的确有一些博物学家关注，但涉及詹纳具体研究的鸟类迁徙的原因这个方向，则鲜有人发表过论文。

在18世纪，博物学界对候鸟是否迁徙还没有一个确定的结论。比如春天到来、秋天飞走的燕子，关于它们是在哪里过冬这一问题，博物学家就有不同的意见。一部分人认为燕子是飞到一个温暖的地方去过冬了，这是迁徙学说；而另一些人认为燕子可能飞不了那么远，更可能是像一些动物一样在一个人看不见的地方冬眠，这是冬眠学说。

在詹纳的这篇关于鸟类迁徙的论文里，他首先要介绍的是一些支持迁徙学说的证据。他举了几个候鸟长距离飞行的直接证据，其中一个就是他的侄子乔治直接观察到的。1789年，詹纳在纽芬兰的朋友克林奇为乔治提供了一个学徒的位置，乔治乘船从英国前往。就在横跨大西洋的途中，乔治看到了一只候鸟在大海上飞行。这样的例子并不是孤例，因为后来他的另一个侄子在从英国去纽芬兰的途中，有着类似的观察：在离任何陆地都很远的海上，候鸟在那里飞行。

当然，候鸟的迁徙学说不是詹纳提出来的，他只是为这个理论提供了一些新的证据。在这项研究里詹纳真正关注的，是候鸟迁徙的原因，即它们为什么要迁徙？

因为候鸟到来的主要任务是在这里繁殖后代，所以詹纳不仅对候鸟的行为进行了细致的观察，而且还对这些鸟类生殖器官的形态变化做了精确的测量。最后的结论就像他在论文里总结的那样：

"我已经陈述了许多事实，我相信这些事实到目前为止还没有被注意到，主要是关于在一年中的某些季节促使候鸟从一个国家迁徙到另一个国家的原因，即雄鸟的睾丸和雌鸟的卵巢增大，因为生殖和孵育幼崽的需要，它们需要去一个更加合适的环境。"

除了研究这些候鸟春季从远方飞来的理由，詹纳也探讨了候鸟秋天从这里离开的原因：

"它们离开这个国家并不是因为空气温度的变化，也不是因为它们的食物出现了问题，而是因为它们孵化和抚养幼鸟的任务完成了，以及睾丸和卵巢退化的结果。"

以上是关于春季飞来、秋季离开的候鸟，对于那些秋季飞来过冬、春季离开的候鸟，詹纳同样进行了调查。这些结果呈现在他论文的第二部分里：

"在本文的第二部分中，我们对冬季过路鸟进行了一些观察。它们在春天离开这个国家，去寻找一个比这里更适合它们的需求的国家。它们离开这个国家的原因和夏季候鸟来到这个国家的原因是一样的，食物的匮乏不可能是诱因。"

也就是说，无论是冬季候鸟还是夏季候鸟，它们迁徙的原因都是一致的，不是食物的匮乏，而是繁殖后代的需要。另外，詹纳也注意到冬季候鸟和夏季候鸟的一些轻微区别，即夏季候鸟的迁徙是彻底的，春季飞来、秋季离开；而冬季候鸟的迁徙则并不彻底，一些冬季候鸟——比如野鸭——有时不仅在这里过冬，还会在这里繁殖。

在这项研究的最后一部分，詹纳还加上了一些和鸟类迁徙无关的调查结果，即关于鸟类歌声的观测。令人痛心的是，写这篇论文的时候，詹纳也走到了生命的尽头，以至于他没有时间进行最后的校正。

1823年1月24日，一个寒冷的冬日，詹纳步行去了位于伯克利小镇南面一千米处的汉姆村。作为当地的治安官，他此行的目的是为穷人分发冬天的燃料，虽然已经74岁，但在冬天里做这样的来回步行还不是问题。从汉姆村回到伯克利后，詹纳去了侄子斯蒂芬的画室，指出了正在唱歌的斯蒂芬的两处不准确的地方，还兴致勃勃地亲自唱了两节。一切都很正常，让人觉察不到丝毫不祥的征兆。

第二天早饭的时候，这位74岁的老人被发现倒在了他的书房里，因为脑血管堵塞，右半身处于瘫痪状态。一天后的1月26日，詹纳离开了这个世界。

1823年底，詹纳关于候鸟迁徙的论文在皇家学会上被宣读，次年被发表在学会的会刊上。在替叔叔詹纳宣读这篇论文的时候，乔治在开场白里这么说道：

　　"长期以来，我已故的叔叔詹纳博士一直打算在皇家学会发表有关鸟类迁徙的观察报告，同时也完成兑现他对学会做出的这个承诺的心愿。但他无法完成，因为他不得不就疫苗的问题与全球几乎每个地方的人士进行广泛的通信，这几乎占据了他的全部时间，使他不能顾及

II. *Some observations on the Migration of Birds. By the late* EDWARD JENNER, *M. D. F. R. S. ; with an Introductory Letter to Sir* HUMPHRY DAVY, *Bart. Pres. R. S. By the Rev. G. C.* JENNER.

Read November 27, 1823.

SIR,

IT had long been the intention of my late revered Uncle, Dr. JENNER, to lay the accompanying observations on the Migration of Birds, before the Royal Society, as well from inclination, as to redeem a pledge he had given some years ago to that learned Body ; but which he was unable to accomplish, in consequence of his extensive correspondence with almost every part of the globe on the interesting subject of Vaccination, which occupied nearly the whole of the time his more immediate professional avocations would allow him to bestow on other objects.

It was my peculiar happiness to accompany Dr. JENNER in most of his investigations of the phenomena of migration ; and the Paper I have now the honour of presenting, was left in my hands at the time of his decease.

Had it pleased Providence to have spared him a little longer, he might, probably, have corrected some inaccuracies in the style and order of his Paper, that may now, perhaps,

论文《鸟类的迁徙》首页截图(图源：Wellcome Collection)

其他的研究。

我很荣幸能陪伴詹纳博士完成他对鸟类迁移现象的大部分研究，而我现在有幸提交的这篇论文，就是他去世前留在我手中的。

如果上帝愿意让他多留一点时间，他可能会对论文的一些不准确之处做一些修改……"

可惜上天没有再给詹纳时间，这位大自然的儿子、疫苗的使者，在完成了将疫苗传播到世界的任务后，就离开了这个世界。

詹纳没有写日记的习惯，但他随身的口袋里有一个笔记本，用来记录一些事情和心得。其中有几本笔记被保留了下来，有一本涵盖了1787年至1806年的记录。这本80页的笔记本上的内容包罗万象，不仅有对杜鹃的观察等博物学实验，有他医学的笔记和思考，有对一些文章精彩之处的摘录，还有一些思考和随笔。这些笔记在纽约由《医学历史年鉴》杂志发表，后来为詹纳写传记的弗雷德里克·德威特博士仔细研究了这个笔记本，并对其中一些有趣的内容进行了摘录：

"世界上伟大的著作是对所有的人开放的，我的愿望是所有人都能够接受教育并有阅读它的机会。穷人不知道他拥有的是一个如何富有的图书馆。"

"蒸汽是杀死红蜘蛛的最佳方法。"

"当一个人成为修士时，他就只是一个吹奏圣歌曲调的管风琴。"

"一群奶牛在草地上安静地觅食时，它们缓慢前行的时候，头部会转向风的方向。这似乎很有启发性，以防止它们的天敌(例如狼)在不知不觉中接近，因为它们(奶牛)能很快通过味道觉察敌人的存在。"

"一个医者，从他从事的事业的本质上来说，就像在黑暗中没有安全灯的矿工一样。"

"假若医生都知道如何治病，就不会有庸医的存在。"

"对于那些粗鄙的人来说，疫苗的不完美之处会被清楚地记住，而它带来的好处却被忘却了。"

"地质学的学生刚入门的时候，就发现自己身处一个迷茫的境地：一边是大量的碎片般的描述，另一边则是矿石展柜中井然有序的大自然杰作的陈列。"

"为了加速对现在的致死性肺病的研究进程，我们应该去调查远古祖先的生活方式和冷空气的暴露情况。"

以上文字体现出了詹纳生活中的另外一面，这些实验和疫苗之外的文字让詹纳的形象变得更加丰满。

詹纳给世人留下的最后的文字，应该是在1823年1月10日给妻子的侄女金斯科特小姐写的一封信，其中谈到他自己的生活状态：

"尽管我看上去几乎忽略了你，你依然在好心地给我写信。毫无疑问，你认为我很懒惰，但如果你知道我必须要做的艰苦工作，你的看法很快就会改变。在我漫长的一生中，我甚至没有一段时间还能更努力工作一些。当然，我提到的不是体力消耗方面，而是令人压抑，是心灵劳苦。我的烦恼和压力超出了你的想象。在这样的困境之中，除了我的两个善良的侄女帮我抄写信件（而且如果可以的话，她们愿意做更多的事情）外，没有一个人可以为我提供帮助。"

詹纳对自己工作状态的描述没有半点的夸张，即使在生命的最后时刻，他依然在不停工作，直到在书房里倒下的那一刻。

这位改变了人类历史的科学巨人，没有像之前的牛顿和之后的达尔文一样被安葬在伦敦威斯敏斯特教堂，而是在自己出生和工作了一辈子的小镇伯克利安息。在他的身旁，就是八年前去世的妻子凯瑟琳。对于这位大自然之子来说，这也是最好的安排。

第八章　疾疬消失安远魂

　　在詹纳死后，格洛斯特郡当地的医生同行进行了一次协商，倡议为詹纳造一座雕像来纪念这位为世界做出了杰出贡献的人物。虽然这个倡议的合理性毋庸置疑，但实施的进程却异常缓慢。战争所带来的穷困持续笼罩着这个国家，想纪念詹纳的人拿不出钱，而那些发了战争财的暴发户又不愿为此捐献。学术机构为此捐赠的也是寥寥无几，只有爱丁堡皇家医师协会捐了50英镑，还有10英镑来自爱丁堡皇家外科医生协会；而詹纳为推广疫苗去过多次的伦敦，则没有为此捐出一个便士。

　　詹纳去世的两年之后，大家才筹集到了足够的费用，由伦敦的雕塑家罗伯特·威廉·西维尔创作了一尊詹纳的雕像。这尊纪念詹纳的大理石雕像，至今依然摆放在格洛斯特大教堂里。

　　詹纳死后的第四年，关于他的第一部传记出版了。为詹纳写传记的是约翰·巴伦博士，他是一位医生，同时还是皇家学会会士。

　　巴伦1786年出生于英国的圣安德鲁斯，他的父亲是圣安德鲁斯大学的教授。虽然詹纳于1792年在圣安德鲁斯大学获得了医学博士学位，但这不是两人相识的原因。巴伦年少聪慧，15岁时去爱丁堡学医，19岁时就获得了医学博士学位。他毕业后去葡萄牙的里斯本游学了两年，1807年回到英国后来到格洛斯特，成为一名执业医生，也因此认识了当时已经名扬天下的詹纳。

1809年，巴伦被指定为詹纳传记的撰写人，他于是有了大量的陪伴詹纳的机会，直到詹纳在1823年去世。近15年的接触让巴伦积累了

格洛斯特大教堂中的詹纳雕像(图源：维基百科)

詹纳传：疫苗的使者

大量关于詹纳的生活信息，再加上詹纳去世后由亲属转交过来的一些资料，这为他创作《爱德华·詹纳的生活》一书提供了坚实的基础。这部600多页的传记有着极为丰富的原始资料，也成了后人研究詹纳的重要文献。

可能是因为被指定为传记撰写人，也可能是因为和詹纳长期接触后成了忘年交的关系，巴伦撰写的这部传记所呈现的几乎都是光辉的一面，对詹纳和他家人所提供的信息也没有做任何批判性的考证。这让巴伦在写作的时候并没有站在一个中立的立场，反而更像是一位詹纳的崇拜者。

虽然巴伦对詹纳人物形象的塑造过于正面，但却基本正确。詹纳发明了天花疫苗，没有像优化了人痘接种的萨顿家族那样去追求商业利益，而是毫无保留地向世界推广，而在天花疫苗的推广过程中，詹纳最为操心的也是如何让疫苗接种顺利地进行，其次才是自己个人的名望。

就在巴伦为詹纳写传记半个多世纪之后的1889年，另一部关于詹纳和疫苗发明的著作引起了世人的关注。和巴伦全面肯定詹纳的写作风格针锋相对，这本书的作者查尔斯·克赖顿采取了对詹纳几乎全面否定的态度。

克赖顿于1847年出生于苏格兰的阿伯丁郡的彼得黑德，大学时就读于阿伯丁大学，后来转向学医，也曾经到维也纳和柏林游学，30岁那年获得了医学博士学位。克赖顿曾经努力想成为一名执业医生，但不幸没有成功。在剑桥大学当了几年讲师之后，他发现了自己的优势：博学和写作。1881年，克赖顿辞去了在剑桥大学的工作返回伦敦，成为一名独立的学者。精通欧洲多国语言的他在大英图书馆里博览群书，然后写出了一系列有关医学史的学术著作。

虽然克赖顿拥有医学博士学位，但他没有临床经验，也没有从事过有关医学的实验研究，同时又不和医学界的同行沟通和交流，长期待在图书馆里的他成了一个独特的存在。一方面，他在医学文献方面的博学无人能及，写出的一些有关医学史上的著作也深受学界的肯定，比如他在1891—1894年写的《英国流行病史》；但另一方面，一旦站到了一个错误的立场的时候，他的博学和精湛的语言能力就会成为谬误的放大镜，对詹纳的批判就是这样的一个例子。

在《詹纳和疫苗：医学史上的奇怪篇章》一书中，克赖顿写的不是詹纳的传记，而是对詹纳的科学贡献和荣誉进行逐点质疑：从杜鹃鸟的观察到疫苗的发明，从詹纳皇家学会的会士头衔到疫苗发明人的身份。克赖顿批判的方法也多种多样，而且完全沉浸在他个人的世界里，全然不顾外界的事实证据。

在质疑詹纳关于杜鹃的观测结果时，尤其是对其中杜鹃幼鸟背部的特殊凹陷结构这一已经被后人证明了的事实，克赖顿凭借的却是想当然的直觉，他在书中说了这么一句话："这样奇异的结构，不用多说，是不存在的……"

对于詹纳为菲普斯开展第一次牛痘接种，克赖顿质疑的则是其中的伦理，认为詹纳为了证明菲普斯对天花有了免疫力而不断地给菲普斯接种人痘，这是不人道的行为。至于詹纳发表的那篇划时代的著作，克赖顿批判的则是詹纳的急功近利和不严谨，在自己只亲自检查了两三个接种了牛痘的人对天花有免疫力之后就匆匆去伦敦把书给印了出来。另外，精通多国语言和善于表达的克赖顿也充分利用了自己的这点天赋，把不善表达的詹纳在语言上的不准确之处当作错误进行批判。

如果这样的批判发生在詹纳发明疫苗的初期，那么其中部分的批评还有一些积极的意义，可能有利于天花疫苗的提高和改善。但在疫苗发明和推广了近一个世纪之后，而且在全世界都证明了它的有效性的时候再提出来，这样的批判就只和作者的立场有关了，而且没有了任何的建设性。克赖顿这位图书馆里的学者，不仅在全力否定詹纳和疫苗，也同样在不遗余力地否定微生物是传染病病原体的学说。

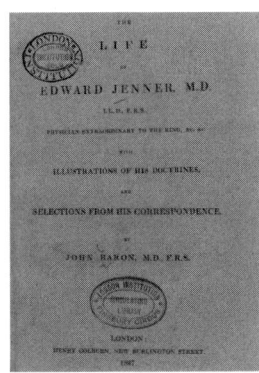

《爱德华·詹纳的生活》首页截图（图源：Wellcome Collection）

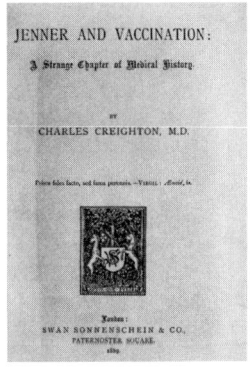

《詹纳和疫苗：医学史上的奇怪篇章》首页截图（图源：Wellcome Collection）

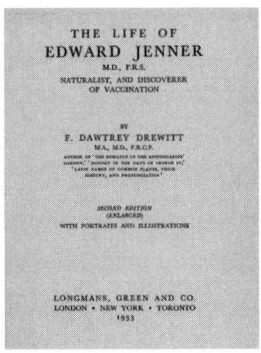

《爱德华·詹纳的生活：博物学家、疫苗的发现者》首页截图（图源：Wellcome Collection）

在克赖顿的书出版后的近半个世纪后，关于詹纳的另一部传记《爱德华·詹纳的生活：博物学家、疫苗的发现者》在伦敦出版，作者是同样有着博物学家和医生双重身份的弗雷德里克·德威特博士。

德威特于1848年出生，1931年写出这部传记的时候已经是80多岁的高龄。在篇幅上，德威特所写的这部传记只有150页，大概是巴伦的版本的四分之一。虽然传记篇幅短小，而且因为时代的局限性而出现了一些错误，但作者德威特站在了一个中立的立场，既没有像巴伦那样吹捧，更没有像克赖顿那样批判。就在这部不到4万个单词的传记里，德威特简要而且公正地叙述了詹纳的一生以及他给后世带来的影响。因为它的相对客观，这本传记被纳入了剑桥大学图书馆的特别收藏，理由是具有持久的学术价值。

后人对詹纳的评价不一，詹纳对自己的身后又有什么期许呢？

就像詹纳在去世前半个月写给侄女的信中描述的那样，他一生都在努力地工作，几乎没有过空闲。即使在死之前倒下的那一刻，也依然是在自己的书房里。詹纳的工作里占用时间最多的，就是关于疫苗的发明和推广。他的心愿也和疫苗有关，从詹纳一直在努力的工作方向上来看，他有两个未竟的心愿。

先说次要的一个，就是詹纳想在利用马的水疵病的脓液接种的问题上证明自己。

在1798年出版的关于天花疫苗的书里，詹纳提出了一个这样的观点：马的水疵病导致脚后跟脓肿，这种病的脓液能够通过挤奶工传给牛，结果是让牛患上牛痘；真牛痘可以预防天花，而马的水疵病预防天花则是有条件的。

在书中，詹纳用了3个病例来说明马的水疵病和天花的关系。在这本小书中所列举的20多个病例里，这3个容易被人忽视，以至于詹纳后来还特别呼吁大家关注这一点。所以在这里把这3个病例的描述摘录如下：

"病例 13

接下来的 3 个都是患有水疱病的马的脓液的影响的例子：第 1 个人的体质受到了影响后，对天花就有了抵抗力；在第 2 个病例里，天花感染后出现的症状也不明显；而第 3 个病例，则阐明了马的脓液对天花抵抗力的效应如何才能完整地存在这一问题。

第 1 个病例，托马斯·皮尔斯是伯克利附近一位铁匠和马医的儿子。他从来没有得过牛痘，但当他还是一个小伙子的时候，由于在他父亲那里给患病的马的脚跟上药，他的手指上长了脓疱疮，而且身体上也出现了严重的不适。6 年后，我为他进行了人痘接种，反复将天花脓液接种到他的手臂上，但除了很快在接种部位出现了轻微的炎症外，他没有表现出任何其他的疾病症状。之后我还让他暴露在有天花感染的环境里，也没有看到什么影响。

病例 14

第 2 个病例，詹姆斯·科尔先生，他是这个教区的一位农民。科尔患上的疾病和上面皮尔斯的有着相同的来源，几年后他被接种了人痘。在接种之后，他的腋窝有点疼痛，身体感到了 3 到 4 个小时的轻微不适，另外就是额头上出了一些皮疹，但也很快就消失了，并没有进一步化脓。

病例 15

尽管在这之前的两个病例里，病人的身体在吸收了从患病的马脚跟产生的疮口脓液后变得对天花有抵抗力，或者接近有抵抗力，但下面这个例子则是毫无疑问地证明了一点：这种抵抗力的获得光靠人直接从马那里得到致病脓液这种方式并不可靠，而需要马把这种病先传到牛的乳头上，然后再通过牛这个中间媒介传给人才行。

亚伯拉罕·里迪福德先生是一位农民，住在这个教区的斯通村。他在为一匹脚跟有疮的母马上药后被感染，双手长了疮，两个腋窝下都出现了肿块，而且身体出现了严重的不适。他附近的一名外科医生去给他看病，因为看到了里迪福德手上的疮与牛痘疮之间有相似之处，并且也了解牛痘对人体质的影响，所以这位医生向里迪福德断言说他以后不需要担心天花的感染。但是这个判断被证明是错误的，因为二十多年后里迪福德受到了天花的感染，并且因此得病，病程和一般天花患者的类似，只是症状温和得多。里迪福德患上天花时身上出现的脓疱和我们通常看到的天花脓疱在外观上不太一样，虽然很难描述，但其中的差异确实可以感觉出来。在这一点上，应我的要求去看过该病人的其他医学从业人员也同意我的观点，尽管这个病毫无疑问就是天花，因为当我把他的脓疱接种到他家的其他成员身上时，结果的确出现了典型的人痘接种的症状。"

就在这本小书发表的四年后，英国下议院就是否为疫苗的发明而奖励詹纳投票。当时伦敦的知名医生皮尔逊站在了詹纳的反对面，他认为詹纳不懂天花疫苗的工作原理。理由有两点：一是詹纳认为马的水疵病也可以预防天花，但很多医生证明了这是错误的；另一个理由是詹纳认为牛痘是从马那里传染过来的，这也是完全的错误。

虽然詹纳最后赢得了下议院的投票，获得了1万英镑的奖励。但皮尔逊的指控就像投来的匕首，在詹纳身上留下了一道无法愈合的伤口。信奉"实践出真知"这一理念的詹纳，一方面无法忽视反对者拿出的证据，另一方面他要用新的试验来证明自己。他不仅自己去做试验，还鼓励自己的朋友也来参与。但试验的结果给他带来的更多是失望，因为很多人的结果都表明马的水疵病很难传给牛并让牛患上牛痘。还有，利用马的水疵病的脓液接种只有在少数情况下能够预防天花。也就是说，这些证据看上去更支持了皮尔逊的观点。

但詹纳不愿放弃，自从观察到上面提到的病例13开始，他就相信马的水疵病可以预防天花，只是前提是符合某种条件才行。因为坚信这一点，在绝大多数医生都只采用牛痘接种的时候，晚年的詹纳依然会用马的水疵病的脓液进行接种，而且在他的精心操作下同样获得了成功。

在詹纳的时代，人们无法回答上面的问题。但随着分子生物学和免疫学的发展，我们知道了其中相关的科学知识：第一，詹纳提到的马的水疵病实际上并不是一种病，而是泛指了多种传染病，其中之一就是马痘；第二，马痘可以用来预防天花，就像牛痘一样；第三，马痘和牛痘是不同的疾病，因为它们分别是由马痘病毒和牛痘病毒所导致的；第四，马痘可以被人为地传给牛，并在牛的身上导致类似牛痘的症状。

根据这些知识，詹纳的困惑就可以得到解释了。

先说詹纳认为牛痘是来自马的水疵病这一观点。一方面，牛痘并不是来源于马的水疵病，这一点詹纳的确是错了；但另一方面，水疵病中的一种——马痘——可以通过人为的方式传给牛，并让牛出现类似牛痘的症状，所以詹纳观察到的现象——有些时候护理过水疵病的工人去给牛挤奶可能把病传给牛——是对的。

詹纳的另一个观点是水疵病可以预防天花，但条件是需要经过牛过渡一下。这个观察至少部分也是对的，因为马痘能够通过挤奶工人从马传给牛，而马痘也可以预防天花。

2017年，《新英格兰医学杂志》发表了一篇论文，来自德国、美国和巴西的科学家分析了一支生产于1902年左右的天花疫苗，结果发现其中的病毒并不是牛痘病毒，而是马痘病毒。这一发现证明了长期以来的一个推测：早期用来接种的天花疫苗并不仅仅是牛痘，很可能还有马痘，而当时人们之所以误将马痘当成牛痘，很有可能就是马痘病毒通过挤奶工传递给了牛，并让牛产生了类似牛痘的症状，然后被用来制备成了天花疫苗。

老年时依然坚持用马的水疵病脓液来接种的詹纳，如果知道200年后的这个发现，该是如何的欣慰。

以上只是詹纳的一个次要心愿，他最大的心愿还是看到天花疫苗的顺利普及和它所带来的天花的灭绝。在詹纳看来，只要天花疫苗能够在全世界普及，那么天花灭绝就有了希望。这一点，他在1801年写的《关于疫苗的发明》一文里就清楚地指了出来：

"在我第一次发表这一令人意外的结果时在医学界引起的猜疑和不信任，现在已经基本上烟消云散。数以百计的医生用他们的试验成功地确认了这一发现：接种牛痘可以预防天花。而且我可以自信地说，牛痘接种已经成为一个巨大的领域，数以千计的医生已经准备好了加入进来。即使是采用最保守的估算，现在也已经有几十万人接受了牛痘的接种。在欧洲以及世界其他地方，不计其数的人因为牛痘接种而获益。而且现在已经清楚得不容置疑的是，天花这个人类历史上最可怕的祸害的灭绝，必将是牛痘接种的最终结果。"

詹纳这种高瞻远瞩的预见，不是他的盲目自信。几乎在同一时代，另一位颇有名望，有着医生和博物学家双重身份的伊拉斯谟斯·达尔文博士也持有类似的观点，在1802年2月24日写给詹纳的信中，他对疫苗的发明给出了这样的评价：

"您通过将疫苗接种所产生的如此温和的疾病引入人体，从而防止天花在人类中造成的可怕破坏，这一发现可能会在一段时间内将天花从所有文明国家根除。"

疫苗导致天花的灭绝也不仅是医学界同行的看法，当时的美国总统杰斐逊评估了美国几年的接种成果后，在亲自给詹纳写的信中，就对疫苗的发明给出了这样的评价：

"您把人类最大的一种苦难从日历上抹去了，人类永远不会忘记您的功绩。未来的人们只能通过历史才会知道天花曾经存在，也因此知道是您的发明导致了天花的灭绝。"

换句话说，就在疫苗发明之后的十年里，人们不仅看到了它的效果，也看到了天花灭绝的希望。在人间流行了几千年的第一瘟疫，就此可能走向末路，这不仅是一个美好的愿望，而且是疫苗发明后所带来的真实的可能性。因为，既然疫苗能防止感染，一旦人们都接种了疫苗，那么天花就再也无处躲藏。而且从现实情况来看，在推广疫苗接种的地方，的确已经多年不见天花的踪影。

但令人失望的是，在疫苗接种推广的几十年后，天花并没有消亡，依然在人间肆虐。不仅贫穷的地方天花泛滥，欧美国家也同样疫情不断。一个代表性的例子就是1870到1871年发生的普法战争。这场发生在法兰西第二帝国和普鲁士王国之间的战争以普鲁士战胜告终，直接导致了德国的统一和欧洲权力结构的改变。在这场为期不到两年的战争里，双方总共投入了100多万军人参战，其中大约10万人在战场阵亡，另外还有近6万军人因为疾病而死亡，其中主要的罪魁祸首就是天花。具体到法国方面，拥有60万士兵的军队中有12万人感染了天花，出现了2.3万例死亡；而在天花疫苗接种做得好一些的普鲁士军队中，因为感染天花而去世的也有几百人。

所以在19世纪下半叶，也就是疫苗发明的半个多世纪后，天花导致大量死亡的悲惨故事依然在世界各地不停地上演。是詹纳发明的疫苗失效了吗？不是的，主要原因是天花疫苗没有得到普及。比如上面提到的普法战争里，大部分法国士兵都没有接种天花疫苗。

在詹纳的疫苗早已被证明有效的情况下，依然有那么多人没有接种，从而让天花还在人间肆虐，这其中的原因很多。对于那些有条件接种的发达国家而言，天花疫苗没有得到普及的最大因素就是反疫苗运动。

任何一个新鲜事物的诞生，都会遇到相应的阻力。通常来说，这种反对的力量会阻碍新技术发展。但从积极的方面来看，这种反对力量能够指出新技术的不足之处以及潜在的风险，从而让一项新的技术能够得到更好的提高和普及。所以，反对力量的作用到底如何，具体取决于它所给出的理由。在天花疫苗的问题上，反疫苗组织给出的理由有很多个，而且随着时间的变化推陈出新。

漫画《牛痘或新接种法的奇妙效果！》(作者：詹姆斯·吉尔雷，图源：维基百科)

　　1802年，伦敦的漫画家詹姆斯·吉尔雷创作了一幅题为《牛痘或新接种法的奇妙效果！》的漫画。漫画上描绘的是詹纳在伦敦的圣潘克拉斯为人接种疫苗的场景：詹纳将牛痘接种到一位女士的手臂上，被接种的女士一脸惊恐；右边那些已经被接种了的人身体上出现了牛的特征，左边在等待接种的人则紧张不已。凭借漫画家的怪诞天赋，吉尔雷将当时部分人对来自动物身上的牛痘的焦虑表现得淋漓尽致。

　　虽然漫画创作者是吉尔雷，但出版方却是反疫苗组织。这幅创作于疫苗发明初期的漫画，也成为反疫苗运动的里程碑，标志着这项运动的开端。在反疫苗运动的早期，参与的人员来自各个阶层，其中一位代表性人物是本杰明·莫里斯。莫里斯也是一位医生，他反对疫苗除了出于对这一新技术的抗拒外，还有一个因素就是牛痘接种触及了他个人的利益。从1799年开始，莫里斯就积极地参与了反对疫苗的运动，并先后在1802年和1808年两次在议会演讲，争取议会反对普及天花疫苗，只是没有取得成功。

　　虽然莫里斯是一名医生，但他所拿出的反对疫苗的理由却并不科学。一方面，莫里斯把牛痘称为"牛梅毒"，同时他认为将动物身上的疾病物质注射到人的身上，也是一个基督徒不可接受的事情；另一方面，莫里斯宣称接种牛痘的人身上会长出牛毛，头部也会变成公牛头的形状，就像在上面漫画中体现出来的那样。

莫里斯其实是在迎合百姓的焦虑，这种焦虑虽然在某种程度上可以理解，但却没有任何科学道理，而且也在天花疫苗的接种实践中不攻自破。接下来反疫苗运动的组织者又推出了他们的第二个武器，即质疑疫苗的有效性。这本来是一个不错的策略，也有一定的建设性，因为能让对方去证明疫苗的有效。但反疫苗组织所采用的具体方法，却再一次在科学面前不值一提。

起因是这样的，多年前詹纳曾经亲自给格罗夫纳伯爵的儿子接种过牛痘。当时接种的时候，因为在场的伯爵夫人非常心疼自己的儿子，要求詹纳只在小孩的一只胳膊上进行接种。通常来说这是不符合接种原则的，依照詹纳在1801年写成的接种指南，必须在两个地方接种才行，为的是确保接种成功。因为伯爵夫人的强烈要求，詹纳同意只在小孩手臂上做了一处接种。当时接种的划痕很浅，而且接种后护士还很快把接种液给抹掉了。几年后当地天花流行，伯爵的儿子被天花感染，而且患上的还是严重的融合型天花。

因为格罗夫纳伯爵的地位，这个詹纳接种失败的例子被广为传播。1811年，反疫苗组织利用这件事组织了反疫苗游行。虽然这样的游行很有号召力，因为接种的失败直接来自于疫苗的发明人，但这个举证在科学上不堪一击，因为个例不能用来说明牛痘无效。在詹纳亲自接种的数以千计的人里，即使出现几个甚至几十个失败的案例也不能说明天花疫苗无效，因为这种接种失败完全有可能是因为其他原因，比如牛痘接种液的质量问题，还有接种方法的不规范等。上面伯爵儿子的例子，就是接种方法出了问题，只在一处进行了接种，而且接种液还很快被抹去了。

这件事刚好发生在詹纳的大儿子去世一年之后，这让原本深受打击的詹纳更加忧虑。他自己清楚地知道问题的原因在哪里，但无法向那些愤怒的反疫苗者解释。在这些人看来，詹纳亲自接种的疫苗在伯爵儿子身上失败了，所以疫苗就是无效。好在这样简单又荒唐的逻辑成不了主流，对疫苗推广的影响不大。

但反疫苗组织还有办法，接下来的理由就真的和科学有关了，即从科学层面去反对疫苗，而且还有学者参与其中。其中最有代表性的人物之一就是前文提到的写出了《詹纳和疫苗：医学史上的奇怪篇章》的克赖顿，那位图书馆里的学者。克赖顿在写下关于詹纳的这本书之前，他为大不列颠百科全书写了两篇分别关于病理学和疫苗的文章。在1885年写成的关于病理学的文章里，他对致病微生物的存在提出了质疑；在1888年写成的关于疫苗的文章里，他又进一步质疑疫苗的有效性，认为疫苗接种不仅无法预防疾病，而且还会污染和毒化血液。

除了克赖顿，另外一位来自学界的疫苗反对者是英国伦敦国王学院的细菌学教授埃德加·克鲁克斯汉克。和整天坐在图书馆里的克赖顿不同，克鲁克斯汉克不仅做过实验，还在伦敦国王学院拥有自己的细菌实验室。1886年，身为伦敦国王学院比较病理学和细菌学教授的克鲁克斯汉克开始研究天花疫情，并因此进一步对詹纳所发明的天花疫苗产生了兴趣。他的研究得出了一个让人惊讶的结论：牛痘和天花是两种完全不同的疾病，所以用牛痘接种来预防天花不会有效。和克赖顿一样，克鲁克斯汉克也发表了这一结果，这就是他在1889年写成的《疫苗病理学的历史》一书。

因为克赖顿和克鲁克斯汉克来自学术界，有着医学博士学位，博学且善于表达，这种"反戈一击"式的对天花疫苗的批判赢得了一些民众的信任。他们的那些论文和书籍被反疫苗组织利用，克赖顿更是成了这个组织里旗帜性的人物。但无论是反对病原微生物的存在，还是反对天花疫苗的功效，在后来都被证明是错误的，也毫不意外地被历史淘汰了。

如果说反疫苗运动所给出的专业层面的理由不堪一击，在科学发展过程中会不攻自破，那么接下来的这个理由则生命力十分顽强，不仅在疫苗义务接种之后就迅速诞生，而且至今依旧存在。这个理由就是接种疫苗侵犯了个人的自由。

因为疫苗接种在预防天花上立竿见影的效果，一些国家和地区很快就出台了强制接种天花疫苗的政策。1807 年 8 月 26 日，巴伐利亚成为世界上第一个引入强制接种疫苗的王国。接下来，1809 年巴登、1815 年普鲁士、1816 年瑞典也都引入了疫苗的强制接种政策。反而是疫苗的故乡英国在这方面进展缓慢，直到 1853 年才颁布《疫苗接种法》，规定对 3 个月以下的婴儿义务接种疫苗，在 1867 年进一步将这一年龄要求延长至 14 岁，并且加重了对拒绝接种天花疫苗者的处罚。

疫苗接种的强制性遭到了公民的直接抵制，他们要求有权控制自己和孩子的身体。原先松散的反疫苗组织因此团结了起来，成立了反疫苗联盟和反强制疫苗接种联盟，而且在日后逐渐壮大。比如 1866 年在伦敦成立了反疫苗接种联盟，到 1870 年的时候就拥有了 100 多个分支机构、1 万名会员和近 20 万名支持者。

这些联盟通过举办大规模的游行来抵制天花疫苗的强制接种，同时也利用报纸和期刊进行大力宣传。19 世纪下半叶，在英国的莱斯特，反疫苗运动游行的参与人数通常能达到几万人甚至更多。那些为了避免自己的子女接种天花疫苗而宁愿坐牢的父母，在这样的运动里受到追捧，享受着英雄般的待遇。

因为接连不断的反疫苗运动，英国政府在 1889 年组织了一个委员会对天花疫苗接种的效果进行评估。七年后，这个委员会的评估报告出炉了，报告的主要内容可以概括成三点：第一，天花疫苗的接种大大降低了天花所带来的伤害；第二，天花疫苗接种人数和天花感染人数之间没有显著的关系；第三，对没有接种天花疫苗的人的惩罚不应该再继续。

这份报告的第一点和第二点看上去有些矛盾，而第二点又是第三点的科学基础，所以需要稍微做一些解读。先说第一点，疫苗的接种降低了天花所带来的伤害，这是毫无疑问的，因为接种疫苗的人不会再感染天花，而没有接种的人就可能会被感染。

再说第二点，天花疫苗接种人数和天花感染人数之间的关系，按照逻辑推断，接种天花疫苗的人数越多，那么感染天花的人数就会越少，两者应该呈负相关才对。但委员会的调查报告却显示，两者并没有显著的相关性，而且疫苗接种率的下降并没有导致天花致死人数的增多。委员会报告里的数据可能是真实的，但他们做了不恰当的分析。一个正确的评估疫苗是否有作用的方法，就是去比较接种了疫苗和没有接种疫苗的人群。但这个委员会第二点结论的基础却是对整体人群进行纵向比较，分析不同时间点的疫苗接种人数与天花感染和死亡人数的关系。因为天花感染和死亡人数不仅仅和疫苗接种相关，也和人们的隔离条件和卫生条件有关，所以如果把十年前70%接种率的人群和十年后60%接种率的人群进行比较，可能在天花所导致的感染和死亡方面就没有显著差异，但这不能用来作为"疫苗接种率下降不会影响天花预防"这一结论的证据。

但不幸的是，这个委员会做出了这样的解读，并给出了没有必要再进行强制接种的建议。因为这个报告，英国的《疫苗接种法》做出了修改，不再对没有进行天花疫苗接种的人进行处罚，父母如果相信天花疫苗无效也可以拒绝给孩子接种。

事实证明这是一个错误的决定，因为伴随着这个决定的是接下来新生婴儿接种率的大大下降，还有1902年发生在英国的天花疫情，光伦敦地区就有近8 000人被感染。这次疫情就像一次无情的评估，将接种天花疫苗的效果充分显现了出来。一个例子就是在一家伦敦社区医院的31名员工里，24名接种了天花疫苗的人无一得病，而另外没有接种疫苗的7名员工则全部感染。

这样的教训来得很快也很深刻。幸运的是，不是所有国家的反疫苗运动都像英国这样强烈。在北欧的丹麦、挪威和瑞典，天花疫苗接种的推广就顺利得多，就在英国于20世纪初陷入天花疫情的时候，北欧的这几个国家宣布了天花的灭绝。

虽然北欧各国都比较小，各自只有几百万的人口，但宣告天花灭绝的意义却很重大。他们的实践证明了詹纳的预言，即天花的灭绝必将是牛痘接种的最终结果。而且，这也给其他有条件开展天花疫苗接种的国家提供了一个榜样。

因为榜样的作用，还有天花疫情所带来的教训，欧美的绝大多数工业化国家都在接下来的时间里加强了天花疫苗的接种工作。1914年，这些国家的天花患者数量也降到了很低的水平。一个例子就是在接下来的第一次世界大战里，近400万军人参与了这场战争，因为他们都接种了天花疫苗，其中只发生了4例天花感染。这和半个世纪前有超过2万士兵死于天花的普法战争相比，有着云泥之别。导致这种本质区别的，就是天花疫苗接种的普及。

虽然20世纪上半叶的两次世界大战极人地加速了人员的流动，但这两次战争都没有像历史上的战争那样导致天花疫情。在欧美的工业化国家，20世纪30年代左右天花基本上被控制。1936年，苏联也宣布了天花在境内被消灭。因为疫苗接种的普及，天花的控制在这些工业化的国家都不再是问题。

在遥远的东方，新中国成立后，因为政府的重视，天花疫苗的接种得以在全国范围内普及。20世纪50年代，中国进行了三次强制性的全民牛痘接种。全民接种的结果，先是天花病例数量的急剧下降，然后是它的彻底消失。1961年，最后一个天花病例痊愈，宣告了天花在中国的消亡。就在中国努力扑灭天花的同时，泛美洲医疗组织也在推行覆盖整个南美洲的天花扑灭行动，为绝大多数美洲国家解除了这一瘟疫的威胁。

在印度次大陆和非洲，天花疫情的控制则落后得多。20世纪50年代末，全球每年依然有近两百万人因为天花而死亡，其中绝大多数来自非洲和印度。帮助这些地区消灭天花成为当务之急。第二次世界大战后成立的世界卫生组织，在这一进程中发挥了重要的作用。1958年，世界卫生组织启动了全球干预天花的行动。1966年，国际天花扑灭小组正式成立。为了更好地执行这一计划，世界卫生组织不仅加大了资金援助额，同时还采用由捷克流行病学家卡雷尔·拉斯卡提倡的疾病监测机制。在疫苗接种和流行病学监测的双重措施下，天花疫情在这些地区很快得到了抑制。1977年10月26日，最后一位自然感染天花病毒的病人在索马里被确诊。随着这位患者的痊愈，天花病毒也在自然界里彻底消亡。

虽然不再在自然界存在，但天花病毒并没有从地球上消失，因为它还被保留在多个地方的实验室里，而世界上最后一次天花疫情，就和实验室里保存的天花病毒有关。这次疫情发生的地方，偏偏又是英国——天花疫苗的故乡。

1978年夏天，保存有天花病毒的英国伯明翰大学医学院发生了实验室感染事故。在这起事故中，有两人被感染，其中一人死亡。因为对该事故的发生深感愧疚，该医学院负责天花研究项目的教授亨利·贝德森选择了自杀。这次实验室事故后，全球所有实验室里的天花病毒样本库存均被销毁或转移至世界卫生组织指定的两个生物安全四级实验室：美国佐治亚州亚特兰大的疾病控制与预防中心及俄罗斯新西伯利亚州科利佐沃的国家病毒学与生物技术研究中心。

1980年5月8日，世界卫生组织通过了天花已经灭绝的决议。决议案的开头部分写道：

"在审议了世界卫生组织于1958年发起并自1967年以来加强的全球根除天花计划的发展和成果后，我们庄严宣布世界及其人民已经赢

1980年全球天花控制委员会宣布天花灭绝(图源：维基百科)

得了摆脱天花的自由。天花是一种极具破坏性的疾病，自古以来以流行病的形式席卷许多国家，造成死亡、失明和毁容，仅十年前它还在非洲、亚洲和南美洲猖獗……"

天花病毒在人群中被消灭，而且动物也不是它的自然宿主，这就意味着这一病毒的灭绝，世界各国也因此相继取消天花疫苗的接种。在中国，1981年3月卫生部正式发出通知，在全国范围内取消牛痘接种。

从詹纳于1796年第一次在菲普斯身上成功接种牛痘开始，到1980年世界卫生组织宣告天花的灭绝，近两百年的时间过去了。从理论上来说，这个时间可以大大地缩短，但因为人类的一些弱点，还有一些客观的因素，这个过程变得漫长。幸运的是，天花病毒发生基因突变的速度很慢，这为人类扑灭天花提供了充足的时间。

长眠在家乡伯克利小镇的詹纳，那位将疫苗带到人间的使者，此刻可以安息了。

附录： 詹纳关于疫苗发明的研究论文

詹纳在天花疫苗这一主题上一共写了以下7篇论文：

1. 一项对天花疫苗的起因和作用的调查，1798。

2. 关于天花疫苗的进一步观点，1799。

3. 关于天花疫苗的事实和观点的延续，1800。

4. 关于疫苗的起源，1801。

5. 天花疫苗接种指南，1801。

6. 关于由皮肤疱疹状态引起的疫苗接种脓疱的变化和修饰，1806。

7. 两例和子宫内感染相关的胎儿天花病例，1809。

其中前三篇和疫苗的发明本身有关。在这三篇论文里，詹纳不仅描述了疫苗发明的相关实验，也解决了其中一些关键和有争议的问题。这三篇论文通常合订成书出版，也是疫苗发明的标志性著作，所以我在这里也将它们翻译成中文。

一项对天花疫苗的起因和作用的调查

大自然为人类提供了生存环境，而人对这种环境的偏离，似乎已经被证明了是多种疾病的根源。因为对华丽的热爱、对享受的放纵还有对娱乐的沉迷，人让大量的动物生活在自己的周围，而这些动物本来不是自然界为他所准备的。

被解除了野性的狼[①]，现在睡在了女士的腿上。猫，我们岛上的小老虎，它原本的家应该是森林，现在也同样被人类驯养。还有牛、猪、羊、马，也都因为各种各样的目的，被带到了人的照料和统治之下。

在驯养状态下的马，经常会得一种疾病，蹄铁匠把它称为"水疵病"。这种病表现为脚跟炎症和肿胀，从中流出的脓液有一种非常特殊的属性，它在经过我将谈到的一种修饰之后能让人的身体患上一种病，这种病与天花非常相似，我认为它很可能就是天花的根源。

在我们这里的乡间饲养了大量的奶牛，而挤奶并不是一项专职工作，农场里的男仆和女佣都可能要做。一位刚刚被指派去给患有"水疵病"的马的脚跟做了护理的男仆，没有对卫生给予足够的重视，病马身上的传染性物质的颗粒还黏附在他的手指上，粗心的他就去给牛挤奶了。在这种情况下，这种病就会传给奶牛，然后再传给挤奶的女佣，最

---

①已故约翰·亨特先生通过实验证明了狗是处于退化状态的狼。

后扩散到整个农场，直到大多数牛和家畜都染上疾病。这种传染病被命名为牛痘，它以不规则脓疱的形式出现在奶牛的乳头上。在这些脓疱初次出现时，它们通常呈浅蓝色，或者是一种接近铁青的颜色，并被丹毒性炎症所包围。这些脓疱如果没有得到及时的治疗②，就经常会变成崩蚀性溃疡，后果极其麻烦。在这种情况下，动物会感到不适，牛奶的分泌也大大减少。同时挤奶工人也会被感染，先是在手的不同部位出现炎性斑点，有时甚至在手腕处也有，如果这些炎症部位一旦出现小囊泡，随后很快就会开始化脓。这些脓疱最常出现在病人的手指关节处及其四肢上，但是无论受累部位是哪里，只要这种情况出现，这些表面的化脓处都呈圆形，边缘比中心高一些，在颜色上有些偏蓝。接下来疾病会进入体内，两个腋窝出现肿块。病人的身体会受到系统性的影响：心跳加快、打冷战，然后开始发烧，腰部和四肢感到疲劳疼痛，接下来还有呕吐。患者也会出现头部疼痛，有时甚至会出现谵妄③。这些全身性症状的严重程度不尽相同，通常会持续一天至三到四天。手部留下的溃疡疮则非常麻烦，因为那是比较敏感的部位，而且它通常愈合得较慢，还经常会变成崩蚀性的状态，就像牛身上的疱疮那样。嘴唇、鼻孔、眼睑和身体的其他部位有时会受到影响而长出疮来，但这些显然是患者无意间用感染的手指摩擦或抓挠的结果。在我检查的所有患者里，发烧症状减轻后都没有出现新的皮疹。只有一个例外，这个患者只在手臂上出现了很少的炎性斑点，而且非常细小，呈鲜红色，还没有进一步发展成脓疱就消失了，因此我也无法确定它们是否与上述症状有关联。

因此我认为，牛痘这个病先是从马传到牛的乳头上，然后再从牛传到人身上。

---

② 那些护理患病牛的人发明了一种迅速的治疗方案，比如使用皓矾或蓝矾溶液，这些溶液可以通过化学的方式作用于致病的物质。

③ 在后面将显示这些症状主要是由疱疮的刺激导致的，而不是针对牛痘成分反应的结果。

在被吸收到人体后，各种各样的致病性物质可能产生一定程度上相似的效果，但让牛痘病毒性物质显得异常独特的是，人在被牛痘感染后会对天花产生永久的抵抗力，无论是在被天花污染的空气里暴露，还是进行天花的皮肤接种，都不能让感染过牛痘的人得病。

为了支持这一非同寻常的事实，我将在这里向读者介绍大量的例子。但首先我们必须注意到这样一个情况：有些脓疱疮经常自发性地出现在牛的乳头上，然后挤奶工因为被感染而手上生疮，甚至出现全身不适，这种情形发生过，虽然比较少见。这样的脓疱在传染病的属性上比那些真牛痘要温和得多。它们不像真牛痘的脓疱一样有引人注目的蓝色或铁青色。这些脓疱的周围没有丹毒性炎症，也缺乏崩蚀性溃疡的属性，它们会很快结痂，并且不会给奶牛造成任何明显的全身性的不适。这种轻微的疾病出现在一年中的各个季节，但最常发生的是春天，也就是喂牛的食物从冬季饲料换成春草的时候，而且更容易在年轻一些的牛身上发生。但这种同样带有脓疱的疾病不应该被认为和我所关注的真牛痘相同，因为它不能在人的机体上引起任何特异的效应。然而，在这里指出这一点非常重要，因为如果不把这种病和真牛痘区分开来，提出牛痘能抵抗天花的观点就可能是一种误导。

病例1

约瑟夫·梅雷特现在是伯克利伯爵的一名园丁，1770年他在附近的一家农场做过仆人，偶尔也帮忙给主人的奶牛挤奶。有一次，农场里有几匹马开始出现脚跟酸痛，梅雷特经常对这几匹马进行护理。很快，农场的牛患上了牛痘，不久梅雷特的手上也长出了几个疮。随后他的两个腋窝出现了肿胀和僵硬，这让他几天都不舒服，以至于无法正常工作。在这些牛患上牛痘之前，农场里没有引进新的牛，农场里的仆人也没有一个人患有牛痘病。

1795年4月，本地开展了常规接种，梅雷特和他的家人一起被接种了人痘。从他那年患上牛痘到这时，时间已经过去了25年。但是，尽管多次反复地将天花脓液注入他的手臂，但我发现依然不能让他感染。在他手臂上因为接种而刺破的地方，只是出现了一些轻微的红斑皮疹，其中心周围呈丹毒性的外观，而他的家人在接种后都出现了人痘接种的症状，其中一个还比较严重，虽然在整个过程中他一直和家人一起待在房子里，但依然没有受到这种传染病的伤害。

在这里有必要提及的是，我们采取了最为严格和缜密的措施，确定没有一个人在这次接种之前得过天花。

如果这些试验是在大城市或人口稠密的社区中进行的，这一结果还可能会引起一些怀疑。但是在伯克利，人口稀少，每一起人患天花的事件在这里都会被如实地记录下来，因此在这一方面不可能出现误差。

病例2

萨拉·波特洛克，来自伯克利本地，她于27年前在附近一个农场当女佣的时候感染过牛痘[④]。

1792年，因为之前得过牛痘这件事，她认为自己对天花有抵抗力，因此当她的一个孩子偶然感染了天花后，她自己照顾了这个孩子，但她自己随后没有感到任何不适。就在她仍待在受到感染的房间的时候，我为她进行人痘接种，将天花脓液接种到她两只手臂的皮肤里，但她和上面的那个病例一样，没有什么反应。

病例3

约翰·菲利普斯是小镇的一个商人，早在9岁时就得过牛痘。在他62岁的时候，我为他进行了人痘接种，并且精心地选择最活跃状态

---

④我特意选择了几例这样的病例，他们在接种天花之前的很多年得过牛痘，以此来证明牛痘成分在人身体里导致的变化不受时间影响。

的脓液。天花脓液是在发烧开始前从一个男孩的手臂上取下来的，并立即用于接种。接种部位很快产生刺痛感，之后出现了红斑，而且在第4天发展到了相当的规模，这时他的肩膀也感觉到一定程度的疼痛和僵硬，但是在第5天，这些症状开始消退，并且在一两天内完全消失，没有任何全身性的不适。

病例4

玛丽·巴格，住在这个教区的伍德福德，她在1791年被接种了人痘。接种处的皮肤上很快出现了淡红色的疹斑，疹斑向周围扩散得很大，但在随后几天内就消失了，而且没有产生任何天花的症状⑤。此后，她被多次雇佣去照顾天花患者，但没有因此而感染天花。这位女士在31年前在这个教区的一家农场工作，那个时候她感染过牛痘。

病例5

H夫人，伯克利本地一位受人尊敬的女士，很小的时候就得过牛痘。她是以一种不太常见的方式感染牛痘的：她家的仆人因为挤奶而患上了牛痘，然后她和仆人共用了一些工具而被感染⑥。她当时先是在手上长了很多痘疮，然后又进一步传到鼻子上，鼻子开始发炎和肿胀。在这个事件发生后不久，她就暴露在了天花感染的环境里，因为她的一位亲戚得了严重的天花并因病去世，而她经常要去照顾这位亲戚。所以假如对天花没有抵抗力的话，她几乎没有不被感染的可能，但她却没有因此而患上天花。

1778年，天花在伯克利大流行。在此期间，虽然H夫人没有感到

---

⑤值得注意的是，和接种后产生天花症状的人相比，那些在接种后不产生天花症状的人接种部位的皮肤炎症反应反而更快一些。实际上，这一现象几乎成为我们判断被接种人是否会发生感染的标准。那种持续一生的针对天花易感性的变化，似乎是通过在皮肤血管里的反应而产生的，而且同样值得注意的是，无论这种变化是因为天花还是牛痘的影响所产生的，在接种天花后皮肤上迅速出现的炎症都比较相似。

⑥当牛痘在奶牛场流行时，牛痘经常会通过奶桶的手柄传给没有挤过奶的人。

不适，但她对自己的抵抗力还是不太满意，于是我给她接种了人痘。就像前面的几个病例一样，H夫人在接种后也只在手臂上出现了红色疹斑，而身体上没有任何其他反应。

病例6

在我们的奶农中，一个众所周知的事实是，那些得过天花的人要么不会得牛痘，要么被牛痘感染后也只会出现轻微的症状。所以当牛痘一旦在奶牛场出现的时候，如果有可能，那些得过天花的人便会被请过来到奶牛场帮工，否则农场的业务就很难继续进行下去。

1796年5月，居住在本地附近的贝克先生的农场里暴发了牛痘。该病是通过在附近集市上购买的一头已经感染有牛痘的奶牛传播的，当时农场里的30头奶牛无一幸免。这个家庭有一个男仆，两个女佣和一个男童工，他们和贝克先生本人一起每天给牛挤两次奶。除了一个叫莎拉·温妮的女佣以外，农场里其他人都在这场牛痘疫情里轻松过关。贝克先生和男童工就没有被感染，那个男仆人和其中一个女佣虽然得了牛痘，但都只是在一根手指上出现了痘疮，身体其他部位则没有任何不适。但是对之前没有得过天花的女佣莎拉·温妮来说，就没有那么简单了。她从奶牛那里感染了牛痘后，身体出现了严重的症状，以至于只能躺在床上休息，好几天无法在农场干活。

1797年3月28日，我给莎拉·温妮接种了人痘，小心地将天花脓液注入到她左臂上的两个小切口里。之后在接种部位的周围出现了一些正常的炎症反应，但是在第五天炎症就完全消失了，没有任何全身性的影响。

病例7

尽管前一个例子清楚地表明，在得过天花后，人的体质就不容易受到牛痘的感染；也尽管正如我所提到的那样，那些得过天花的挤奶工人在被牛痘感染后，一般来说要么不会得病，要么只是在手上出现痘疮而身体其他部位没有任何不适，但是在这里也会发生一些变化，就像下面这个故事里反映的那样。

1796年夏天，牛痘出现在伯克利镇附近的一家大奶牛场里，这家农场属于安德鲁斯先生。和之前的例子一样，牛痘在这家农场暴发也是因为在附近的集市上买进了一头被感染了的奶牛。这个农场家庭的人员包括安德鲁斯先生、他的妻子、两个儿子、一个男仆和一个女佣。除了农场主自己因为担心被感染而没有参与外，其他所有人都承担了部分的挤奶工作。在这些人里，只有那个男仆没有得过天花。但是在这次感染里，所有参与挤牛奶的人都得了牛痘。他们先是手上长了痘疮，然后是腋窝处出现肿块和疼痛，再接下来是一定程度的全身不适。在这几个都患上了牛痘的人里，那个没有得过天花的男仆出现的症状远远比其他几个得过天花的人严重，因为其他人虽然有些不适但都还能勉强工作，只有他不得不躺在床上休息。

1797年2月13日，我利用一个机会给威廉·罗德威——也就是上面提到的那个男仆——接种了人痘。天花脓液被接种到他的两只手臂上，在右侧通过一个很浅的切口进入表皮层，而在左侧则通过穿刺进入了皮下。两个接种的地方都在接种后的第3天出现了炎症。此后，左边穿刺接种处的炎症很快消失了，但右边那个浅切口接种处却出现了丹毒性的炎症，直到第8天才消失，期间他曾经感到过右腋下有大约半个小时的不适。之后炎症迅速消失，没有进一步对身体造成系统性的影响。

病例8

伊丽莎白·怀恩今年57岁，她38年前在附近的一家农场当过女佣。当时她是一个挤奶的女工，有一次牛痘在农场里暴发，她与农场的其他成员一起感染得病。但与其他人相比，她所表现出的症状非常轻微，只是在左手的小指上长了一个很小的痘疮，接下来身体也几乎没有任何不适感。

因为牛痘在伊丽莎白·怀恩身上以一种非常轻微的方式出现，并且还发生在很久以前，我很高兴能有机会看看天花脓液对她的体质的影响。1797年3月28日，我为她接种了人痘，先在她左手臂上做了两个表层切口，然后小心地用天花脓液在上面摩擦。很快，一个小红色疹斑出现了，而且接种部位有刺痛的感觉。在接种后的第3天，这两个症状都开始消退，而且在第五天时就已经很明显，她接下来不会有任何不适反应。

病例9

虽然感染牛痘可以保护人体免受天花的侵害，并且得过天花也被证明可以让个体在将来对牛痘有抵抗力，但似乎人体容易反复受到牛痘的感染，就像下面这个故事显示的那样。

威廉·史密斯住在这个教区的皮尔顿，他在1780年与附近一位农场主住在一起的时候得了牛痘。那时农场中一匹马的脚跟生病，照顾这匹马的工作落在了史密斯身上。通过这种方式，马的病被传给了奶牛，然后从奶牛传给了史密斯。他的一只手上长了几个溃疡性的痘疮，并且他也出现了之前描述的那些牛痘的症状。

1791年，牛痘在另一个农场里暴发，史密斯这时正在这个农场当男仆，他第二次得了牛痘；而在1794年，他又一次非常不幸地被牛痘感染。他第二次和第三次感染牛痘时的症状都和第一次时一样严重⑦。

在1795年的春天，他被接种了两次人痘，但是天花脓液的接种在他身上没有引起疾病的症状。从那以后，他与那些身上的天花处于传

---

⑦通常来说不会这样，一般人在第二次感染时的症状都比较轻微，对于牛来说也是一样。关于这一点，读者将在之后的内容里看到更多信息。

染性最强时期的患者一起待过，也没有因此受到任何影响。

病例10

1782年，西蒙·尼科拉斯是农场主布罗姆奇先生的仆人。布罗姆奇是一位绅士，他居住在位于这个教区的自己的农场里。尼科拉斯当时的工作是给主人的一匹脚跟有病的马上药，同时也协助挤牛奶。结果牛因此得了病，不过是在他开始给马上药的几周后，牛痘才开始出现在乳头上的。他辞掉了在布罗姆奇先生那里的工作，去了另外一个农场，辞职的时候他身上没有出现任何疮痛。但是在新的农场里，他的手上很快就开始有了典型的牛痘症状，而且身体也感到非常不适。尼科拉斯向他的新主人科尔先生隐瞒了自己的病情，并在那里也从事挤奶的工作，于是牛痘被传给了农场里的奶牛。

几年后，尼科拉斯在一个暴发了天花的农场工作，当时我给他和其他几个人接种了人痘。在接种后的整个隔离期间里，他们几个人一直待在一起。接种后尼科拉斯的手臂发炎，但这个炎症以及和其他几人接触都没有对他的身体产生任何影响。

病例11

威廉·史汀科姆和尼科拉斯一样是布罗姆奇先生农场的仆人，当年农场里牛患上牛痘的时候，他不幸地被牛传染了。他的左手上长了好几个严重的侵蚀性的溃疡疮，并且左侧的腋窝中出现了一个相当大的肿块。他的右手上只有一个小肿块，在右侧的腋窝中则没有发现。

1792年，我给史汀科姆接种了人痘，除了在被接种后几天在手臂上出现了一点炎症外，他没有出现其他任何症状。和他同时被接种天花的还有其他几个人，其中一些人在接种后出现了比通常严重的疾病症状。他故意和这些出现了严重症状的人待在一起，但仍然没有被天花感染。

就在他的同伴出现症状的期间，同伴身上严重的症状让史汀科姆不由得想起当初自己患上牛痘时的状态，以至于他非常准确地指出了它们惊人的相似之处。

病例12

1795年，伯克利的外科医生亨利·詹纳先生为该郡的托特沃斯村的贫民做了人痘接种。在这些被接种的人里，有8个人在之前的不同时期里得过牛痘。其中一位叫海丝特·沃克利，1782年她在本村的一个农场当女佣时得过牛痘，当时我给她看过病。但是这个女人，还有其他7个得过牛痘的人，在被接种天花后都没有出现疾病症状，尽管他们在接种后和其他被接种了人痘并且得了病的人在一起生活。拥有这种对天花的抵抗力是幸运的，因为当时许多贫穷的妇女正处于怀孕之中。

病例13

接下来的3个都是患有水疱病的马的脓液的影响的例子：第1个人的体质受到了影响后，对天花就有了抵抗力；在第2个病例里，天花感染后出现的症状也不明显；而第3个病例，则说明了马的脓液对天花抵抗力的效应如何才能完整地存在这一问题。

第1个病例，托马斯·皮尔斯是伯克利附近一位铁匠和马医的儿子。他从来没有得过牛痘，但当他还是一个小伙子的时候，由于在他父亲那里给患病的马的脚跟上药，他的手指上长了脓疱疮，而且身体上也出现了严重的不适。6年后，我为他进行了人痘接种，反复将天花脓液接种到他的手臂上，但除了很快在接种部位出现了轻微的炎症外，他没有表现出任何其他的疾病症状。之后我还让他暴露在有天花感染的环境里，也没有看到什么影响⑧。

病例14

第2个病例，詹姆斯·科尔先生，他是这个教区的一位农民。科尔患上的疾病和上面皮尔斯的有着相同的来源，几年后他被接种了人痘。在接种之后，他的腋窝有点疼痛，身体感到了3到4个小时的轻微不适，另外就是额头上出了一些皮疹，但也很快就消失了，并没有进一步化脓。

病例15

尽管在这之前的两个病例里，病人的身体在吸收了从患病的马脚跟产生的疮口脓液后变得对天花有抵抗力，或者接近有抵抗力，但下面这个例子则是毫无疑问地证明了一点：这种抵抗力的获得光靠人直接从马那里得到致病脓液这种方式并不可靠，而需要马把这种病先传到牛的乳头上，然后再通过牛这个中间媒介传给人才行。

亚伯拉罕·里迪福德先生是一位农民，住在这个教区的斯通村。他在为一匹脚跟有疮的母马上药后被感染，双手长了疮，两个腋窝下都出现了肿块，而且身体出现了严重的不适。他附近的一名外科医生去给他看病，因为看到了里迪福德手上的疮与牛痘疮之间有相似之处，并且也了解牛痘对人体质的影响，所以这位医生向里迪福德断言说他以后不需要担心天花的感染。但是这个判断被证明是错误的，因为二十多年后里迪福德受到了天花的感染，并且因此得病，病程和一般天花患者的类似，只是症状温和得多。里迪福德患上天花时身上出现的脓疱和我们通常看到的天花脓疱在外观上不太一样，虽然很难描述，

---

⑧ 很多人都知道一个比较特别的事实，我们对那些铁匠(在这里的乡下也是马医)进行人痘接种时经常失败。在接种天花后，就像上面的例子那样，这些铁匠通常要么完全没有反应，要么出现了一些异常的症状。我们难道不能对此做出一个合理的解释吗？

但其中的差异确实可以感觉出来。在这一点上，应我的要求去看过该病人的其他医学从业人员也同意我的观点，尽管这个病毫无疑问就是天花，因为当我把他的脓疱接种到他家的其他成员身上时，结果的确出现了典型的人痘接种的症状。

病例16

萨拉·内尔姆斯，本地附近一个农场里的挤奶女工，在1796年5月被她主人的牛传染而得了牛痘。她的手部有一个地方之前轻微地被荆棘刺伤，就在这个受伤的地方受到了牛痘感染，结果产生了一个大脓疮和一些该病常见的症状。这个脓疱充分表现出牛痘的典型特征，就像通常出现在手上的脓疱一样，所以我把它作为一个代表在附上的插图里呈现出来（插图1）[9]。她手腕上的两个小脓疱也是由于病毒进入了表皮的微小擦伤处而引起的，但在我看到病人的时候，疱疮周围没有显出铁青色，如果有的话也不明显。插图上食指上的那个脓疱显示这个病还处于早期阶段，它实际上并没有出现在这个年轻女子的手上，而是来自另一个患者，被拿过来加到插图里来呈现早期牛痘疮的外观。

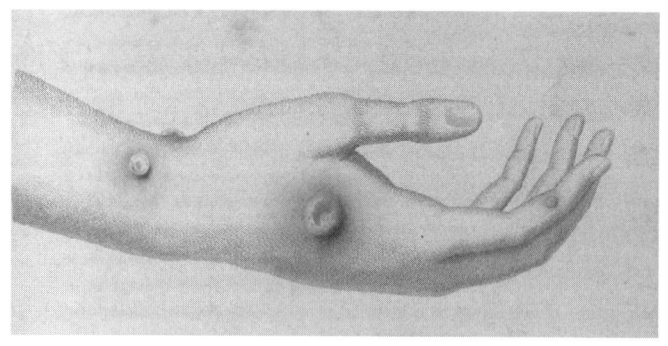

插图1

---

⑨原始图片

　　　　　　　　　　　　　　　詹纳传：疫苗的使者

病例17

为了更准确地观察感染的进展，我选择了一个大约8岁的健康男孩作为对象来进行牛痘接种。牛痘的脓液是从一个挤奶女工手上的痘疮中取出的⑩，她被主人的奶牛感染而得了牛痘。1796年5月14日，我在男孩手臂皮肤的表面划了两个切口，几乎没有刺穿表皮，每个切口长约半英寸，然后将牛痘脓液接种在那里。

接种后的第7天，他抱怨腋窝有些不舒服。到了第9天，他感到有点冷，没有胃口，而且有些头疼；在这一整天中，他明显很不舒服，整晚都在一定程度的躁动不安中度过。但之后的一天他就恢复了健康。

男孩在接种牛痘后，接种部位从开始到出现疱疮这个过程里的外观变化和人痘接种后的非常相似⑪。我感觉到的差异是牛痘接种所产生的疱疮里液体的状态比较透明，不像人痘接种所产生的那样颜色偏暗；还有就是接种部位的红斑，在外观上比人痘接种出现的红斑看上去呈现出更多的丹毒性的外观。但是这些后来都消退了，只在接种部位留下了结痂，没有给我或我的病人带来一点麻烦。

为了检测这个男孩的身体在受到牛痘接种的轻微影响后，是否对天花有了抵抗力，在7月1日我为他进行了人痘接种，用的是刚刚从天花脓疱里提取出来的脓液。我在他手臂的皮肤上做了几个轻微切口和穿刺，小心地接入天花脓液，之后男孩没有得病。他手臂上接种人痘处的外观，看上去就和那些之前得过牛痘或天花的人在接种了人痘后出现的一样。几个月后，我再次为他接种了人痘，但还是没有对他的身体产生可以觉察的影响。

在这之后我的研究就中断了，一直到1798年春天才得以继续进行。

---

⑩ 从莎拉·内尔姆斯手上的疮中取出，请参见前一个病例。

⑪ 这对我来说也是新奇的，我永远都能回忆起它给我带来的愉悦，因为它和人痘接种所产生疱疮的相似性，无可辩驳地说明了两个疾病之间的紧密联系，而且几乎预知了我实验的结果。

因为初春的潮湿，本地区许多农民的马的脚跟都患上了病，因此牛痘也在我们这里的几家奶牛场中暴发了，这使我有机会进一步研究这种令人好奇的疾病。

1798年2月下旬，一个附近教区奶牛场里的一匹母马的脚跟出现了疮痛，农场的三个男仆托马斯·维尔格、威廉·惠勒和威廉·海恩斯给这匹马做清洗，他们也因此而受到了感染，手部出现了疮痛，之后手臂和腋窝淋巴腺发炎，打冷战并随后发烧，疲倦乏力，四肢疼痛。他们的病在发作了一次后就停了下来，全身的不适在24个小时之内都消退了，只有手上留下了疮口。海恩斯和维尔格两人之前曾经被接种过天花，根据他们的描述，这次得病的感觉和当初接种天花时的非常相似。和上面两位不同，惠勒从来没有得过任何形式的天花。海恩斯在农场里每天都要为奶牛挤奶，在他第一次帮助清洗那匹母马的脚跟后约十天，这种疾病就开始在牛群中蔓延。奶牛的乳头以通常的方式出现了疱疮，呈蓝色。但是由于尽早地采取了治疗措施，这些疱疮没有出现一点溃疡。

病例18

约翰·贝克，一个5岁的男孩，1798年3月16日，他被接种了来自托马斯·维尔格手上的脓疱脓液，托马斯·维尔格是被一匹脚跟患病的母马传染的几个仆人之一（参见病例17）。在接种后的第6天，贝克开始生病，表现出的症状与接种牛痘所引起的症状相似。接种后第8天，他恢复了健康。

贝克手臂上脓疱的外观有些不一样（插图2）。尽管它有点像天花脓疱，但没有牛痘接种(无论是直接接种奶牛乳头上的痘疮脓液，还是接种被感染牛痘的人身上的痘疮脓液）所产生的脓疱与天花脓疱的相似性那样明显。

进行这项试验的目的是检测这种病在以这种方式传播后的进展和

后续影响。我们已经看到，当马病毒直接感染人的时候，它不能确保让人获得对天花的抵抗力，但是当这个病毒通过马传给牛之后，在牛的乳头上所产生的脓液却完全可以让人产生对天花的抵抗力。那么马病毒在由马传递给人之后，就像这个试验里的情形那样，是否会有着像由马传递给牛之后一样的效果呢？这尚待证明。这个问题本来现在可以研究了，但这个男孩却不适合再接种天花，因为他在这项试验进行后不久就在工作间里得了传染性热病。

病例19

就在贝克（病例18）被接种的同一天，威廉·萨默斯，一个五岁半的男孩，被接种了上面提到的农场里一头患病牛乳头上的脓液。在接种后的第6天，他的身体开始感到不适，呕吐了一次，这种常见的轻微症状到接种后第8天消失了。在这个病例身上，由病毒感染形成脓疱的进程与病例17非常相似，唯一不同的是，这个病例的脓疱不像之前那个一样呈铁青色。

病例20

3月28日，威廉·萨默斯（病例19）身上的牛痘脓疱被接种到了8岁男孩威廉·皮德的手臂上。接种后的第6天，皮德抱怨腋窝疼痛；第7天，他身上出现了类似人痘接种而导致的常见疾病症状，发作后的第3天才消失。由于这个症状与天花非常地相似，于是我去检查他的皮肤，因为觉得皮肤上可能会有皮疹，但并没有发现。男孩手臂上接种部位的红色疹斑看上去和通常接种人痘之后的一样，所以我把它当成一个代表性的图片放在这里（插图3）。这张图是在脓疱开始消逝并且周围的色素晕圈从中心开始褪去的时候绘制的。

病例21

4月5日，威廉·皮德（病例20）手臂上的疱疮脓液被接种给了几名儿童和成年人。他们大部分在第6天得病，第7天就恢复了。但其中

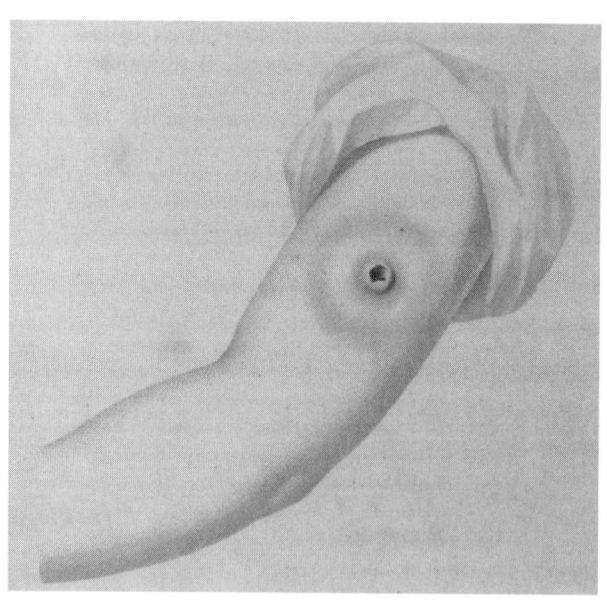

插图3

有3个人还因为在接种部位出现的严重丹毒性炎症引发了继发性的不适，它似乎是由脓疱的状态引起的，脓疱向外扩散并伴有一定程度的疼痛，直径约为6便士硬币的一半大小。其中患者之一是一个半岁的婴儿。通过在发炎的部位涂上药膏[12]，这个症状就慢慢消退了，并没有太多麻烦。

7岁的健康女孩汉娜·埃克塞尔是上面提到的被接种者之一，她手臂上3个不同的地方接受了皮下接种。在接种后的第12天，她手臂上接种部位所产生的脓疱和一般人痘接种所引起的脓疱是如此相似，以至于经验丰富的接种从业人员在那期间也很难发现两者的差异。现在的经验告诉我，两者之间几乎唯一的区别是疱疮里液体的颜色，牛痘接种的一直都比较清亮，而人痘接种的则会慢慢变成脓样（见插图4）。

病例22

4月12日，这个女孩（病例21）手臂上的疱疮脓液被接种到了下面

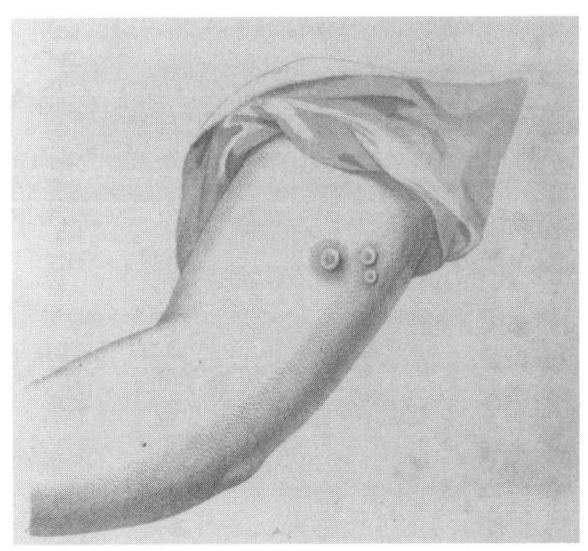

插图4

---

[12] 在人痘接种后产生类似情况下的一种推荐疗法。

几个人的手臂上：

一岁半的约翰·马克洛夫，11个月大的罗伯特·詹纳，5岁的玛丽·皮德以及6岁的玛丽·詹姆斯。

在这些人里，罗伯特·詹纳没有出现任何反应，其他3个人的手臂则出现了炎症，并开始以通常的方式产生了身体不适。但是因为前面病例（病例21）的情况，我有些担心这几个病例也会出现麻烦的丹毒，我决定用试验的方法来切断那种丹毒的来源。因此，在患者感到不适后约12小时，我在其中两个孩子身上由病毒形成的囊泡上涂抹了一种由生石灰和肥皂等份配成的轻度腐蚀剂，并让这种液体在上面保持了6个小时[13]。这似乎给孩子们带来了些许不适，但有效地防止了丹毒的出现。的确，这种预防措施似乎还发挥了更大的作用，因为在使用后的半小时内，两个孩子的身体不适就消失了[14]。不过这些预防措施也许又是不必要的，因为第3个孩子，玛丽·皮德的手臂上一样长了疱疮，但也很快就结痂好了，同样没有出现丹毒[15]。

病例23

这个孩子（病例22）手臂上疱疮的提取物被接种到了一个7岁男孩J.巴格的身上。他在接种后的第8天生病，经历了一般常见的轻微症状，除了接种部位的脓疱周围有常见的红色疹斑外，手臂上没有其他任何炎症，而这种脓疱的外观在人痘接种之后很常见。

在经过许多用天花去感染患过牛痘的人的徒劳的尝试之后，似乎没有必要再给后来所有接种了牛痘的试验对象接种人痘，这对我来说也不方便。然而，我认为还是应该在其中一些人身上看看人痘接种的效果，尤其是威廉·萨默斯，他是首个被从牛身上提取的脓液接种的

---

[13] 也许硝酸银溶液轻轻触碰几次也同样有效。

[14] 人痘接种后类似的治疗会产生什么效果呢？

[15] 在被接种手臂发炎的情况下，本论文的后续部分将充分展示正确的做法。

患者。因此，他被接种了新鲜天花脓疱中的脓液。但是，与前面的情况一样，他的身体没有受到哪怕是最小程度的系统性影响。我也有机会让我的侄子亨利·詹纳先生给这个男孩和威廉·皮德接种人痘，他给了我如下报告："我已经给皮德和巴格，就是您最近为他们接种了牛痘的两个男孩进行了接种。在我为他们接种人痘的第2天，接种处开始发炎，周围有淡淡的炎症斑。第3天，这些外部炎症仍在增加，他们的手臂痒得厉害。第4天，炎症有了明显的消退，而且第6天就几乎看不到炎症了。他们都没有出现任何全身不适的症状。"

为了使自己确信人痘接种所使用的脓液处于一个理想状态，我同时用这个脓液给另外一个从来没有得过牛痘的人进行了接种，这次接种以常规方式产生了症状。

这些试验使我非常满意，它们证明了这样一个事实，即牛痘脓液从一个人到另一个人传递了五代后依然没有失去其原始属性。J. 巴格是第五代被接种者，他成功地从威廉·萨默斯这个直接从奶牛身上获得牛痘脓液的被接种者那里获得了牛痘。

现在我将为这一项调查做一个总结，就这个主题以及与之交织在一起的其他东西发表一些看法。

尽管我认为可能没有必要再去获得进一步的证据来支持我关于"牛痘保护人体免受天花感染"的主张，但是我还是很高兴地说起这一点：农业委员会的主席萨默维尔伯爵在看了由约瑟夫·班克斯爵士寄给他的我这篇论文之后，他通过查询发现我的观点得到了一位住在离伯克利很远的乡间的外科医生多兰德先生提供的证据的确认。关于"感染源是从马那里出现的一种特殊病态物质"这一观点，尽管我还没能以自己的试验去证明这一点，但是我所引用的那些证据却足以让这一观点成立。

那些不习惯做试验的人可能不知道要去给出完美的证明需要多种情形的机缘巧合；也可能不知道那些专心事业的人会多么频繁地受到

干扰，以及这些干扰让他们多么失望。但我认为在牛痘的病源这个问题上不用犹豫不决，我的坚信是源于这个事实：如果奶牛没有被那些同时照看患病马的工人挤过奶的话，这个病就不会出现在它们身上，除非是一只被感染了的牛被引入了牛群，或者是照顾奶牛的仆人被感染了。

1797年春天，我本来打算去完成这项研究，但那个干燥的春天让我没能如愿。通常情况下，当农民的马暴露在春天降下的冷雨中的时候，它们的脚跟就会容易患病，但在那个干燥的春天里，附近没有牛痘出现。

在感染了牛的乳头后，来自马脚跟的病毒活性大大增强，因为患病的马很少会让照料它们的马夫染上疮痛，而挤奶的女仆却极少在给患病牛挤奶后免受感染。这种脓液一般在疾病开始时最有活性，甚至在它出现脓样外观之前也是如此。的确，我不确定这些活性一旦在疱疮液以脓的形式被分泌后会不会完全消失。我想事实是它的活性在这个时候是消失了⑯，而能让奶牛感染得病的是那些从刚得病的马的脚跟上渗出来的稀薄的、看起来有点暗的液体，它看上去和有时会在丹毒性水疱里出现的液体类似。我也不确定牛的乳头是否始终处于容易被感染的状态。在春天和初夏的时候，这种疾病比其他季节更容易自发性地暴发，这使我认为牛需要在这种状态下才能被来自马的病毒感染，从而获得疾病。然而，这需要用试验来验证。但是有一点很明显，一旦牛痘病毒产生了，只要奶牛被感染了病毒的手挤了奶，无论它们的乳头处于什么状态，都再也无法抵抗这种感染的发生。

来自马或者牛的致病物质是否能够感染人完整无损的皮肤？对于这一问题我不能给出一个肯定的答案。有可能不会，除非是在那些表皮非常薄的地方，例如嘴唇。我知道一个这样的例子，一个可怜的女

---

⑯从马蹄后跟的旧疮中获取疱疮液非常容易，我经常将这些脓接种到奶牛乳头周围的人工划痕中，但除了引起简单的发炎，并没有其他作用。

孩嘴唇上产生溃疡，因为她经常将手指放在嘴边吹，想给上面灼热的痘疮降温。因为他们的工作性质，这里农场里仆人的手经常受到一些伤害，比如表皮擦伤、皮肤被刺破等类似的事件，这使他们始终处于一个暴露于传染性物质下的状态。

一个比较特别的发现是，虽然牛痘可以让人的身体产生对天花的抵抗力，但应该没有让人的身体在对牛痘本身的反应上有什么变化。我已经用了一个实例[17]来指出这一点，现在还将用另一个实例来做进一步的证实。

伊丽莎白·怀恩在1759年得过牛痘，她在1797年被接种了人痘，接种后没有表现出疾病的症状。但在1798年，她再次感染了牛痘。当我看到她时，已经是在她感染后的第8天，我发现她全身乏力，打寒战，间歇性地反复发烧，四肢发冷，心跳加速而且没有规律。在这些症状发作之前，她的腋窝出现了疼痛。她的手上有一个大脓疱疮，看上去就和插图1里的那个脓疱差不多[18]。

另外一个令人好奇的发现是，那些在从马通过牛这个媒介传播之前尚未确定其作用的病毒，在转到牛身上后不仅应该变得更有活性，而且应该毫无例外地完全拥有那种特殊的属性，让它们能够在人体中诱发类似于天花的症状，并在其中产生特有的变化从而让人对天花有永久的抵抗力。

我们是否可以这样去合理地推测，天花的病源是一种特殊的致病物质，它由生病的马所产生，而且这种情况可能已经一次又一次地发生，直到病源产生的新变化让它能够对人有传染性为止，这最终导致了能够在人类中产生破坏的这种常见瘟疫。而且，考虑到这种传染性物质在牛身上产生疾病后所发生的巨大变化，我们是否可以这样猜

---

[17] 参见病例9。

[18] 正如我之前所提到的，这些症状可能是由疼痛引起的。

想：我们人类中很多常见的传染病变成现在这个样子，不是因为一个单纯的，而是一个复合的起源？例如，是否可以想象麻疹、猩红热和皮肤有斑点的喉咙痛都是来自同一源头，因为组合性质的差异而出现不同的模样？当我们在考虑那些彼此具有很强相似性的诸多其他传染性疾病的起源时，同样的问题也将适用。

即使不算融合型和散发型这两种常见的天花形态，天花所出现的自然形式也肯定不止一种。大约7年前，一种天花在格洛斯特郡的许多城镇和村庄流行，这种天花的毒性是那样温和，以至于几乎没有人听说过有病死的患者，因此当地底层社会的人对这个病几乎没有什么恐惧，他们毫无顾忌地彼此正常交流，就好像没有传染病在他们中间流行一样。我从未见过或听说过这种天花的融合型的病例。或许我的观点准确来说是这样：如果随机让50个人被这种传染病感染，他们的病情都会比较轻，就好像人在被接种了人痘之后通常出现的症状差不多。这次天花的毒性轻微不是因为季节或天气上的特殊原因，因为我观察了它在一年多来的发展情况，却没有察觉到它表现出任何变化。所以，我认为它是天花多样性里的一种[19]。

我注意到在之前的一些病例里，在将人痘接种到得过牛痘的人的手臂上之前，我们非常注意用于接种的天花脓液的状态。我认为这一点对于这些实验的开展非常重要，假如接种者能一直注意这一点，它可能会避免很多随后的坏处和混乱。鉴于采取预防措施的必要性，我将稍微偏离一下主题，来指出一些我个人观察到的与管理不善有关的令人不快的事实。

一位多年来一直在伯克利附近地区从事接种工作的医学绅士（现在已经不再是了），他经常把要用来接种的天花脓液以液体状态保存在

---

[19] 我的朋友，布里斯托尔的希克斯博士，在这种病流行期间一直居住在格洛斯特，并且他是那里医院的医生（这个病在这里刚出现不久就在这个医院里被发现了），所以他有机会对这个病做了很多观察，就这一问题与公众交流也是他的意愿。

一块纱布或棉花上，然后将其放入带有软木塞的小瓶里，再把小瓶放在温暖的口袋里携带到目的地，这种保存方法肯定会导致一些腐败物质的产生。在这种状态下保存的天花脓液（从脓疱中取出几天后，这种情况并不少见）被注入患者的手臂上，随后引起接种部位的炎症、腋窝肿胀、发烧，有时还会出现皮疹。但这到底算是什么病呢？肯定不是天花，因为腐化会让天花脓液的特性丢失或者发生变化，从而不再能够让人感染得病。以这种方式被接种了人痘的人依然容易受到天花的感染，就好像他们从未被接种过人痘一样。而且不幸的是，他们当中许多人认为自己对天花有了抵抗力而处于完全安全的状态，后来又沦为受害者而感染了疾病。据我所知，这种不幸的无效接种也同样在一些其他接种从业者的指导下发生了，并且可能也是保存方法不当所导致的。在这里我利用这个机会来提出这个我认为非常重要的事情，并且出于警示的目的，我将再次偏离主题来谈谈关于接种这个主题的另一个观点。

接种时注入皮肤中的天花脓液的数量多少是否会导致随后疾病轻重程度上的不同，这一问题我不知道是否已经得到试验的验证。但是我有最强大的理由认为，如果接种时将穿刺或切口做得深入了皮下脂肪层的话，就会大大增加引发重症疾病的风险。我知道一个接种者，他的做法就是切得深到可以见到一点皮下脂肪（用他自己的话），然后在那里进行接种。这种方式的接种所带来的重症（不算手臂上的炎症和脓肿）和死亡，多得难以想象。除了这种替代常规皮肤接种的深切方式，我不能用其他原因来解释这种糟糕的结果。

我还记得另外一个接种从业者，他所使用的接种方法是先捏住病人手臂上的一小部分皮肤，然后用一根针把皮肤刺穿，针头上沾有一根在天花脓液里浸泡过的丝线。就这样 丝线被放进孔内，并因此与皮肤里面接触。这种方法和上面的深切接种法一样失败。尽管现在看来不太可能还会有从业人员故意用这样粗鲁的方式进行接种了，但是当皮肤相对非常薄的婴儿被接种时，从这一发现里得到启迪将有助于确保安全。

我的一个非常受人尊敬的朋友，住在本郡索德布里的哈德维克博士，他在萨顿引入更现代的接种方法之前就已经为大量病人接种过天花，并获得了很大的成功。在他接种的病人里死亡的情况非常少，就像采用了更现代的接种方法后一样。这位医生的做法是在皮肤上切开尽量细微的切口，然后在那放一条浸泡过天花脓液的棉线。当他的病人在接种后生病时，按照当时的习惯，他们被要求上床睡觉并保持适度的温暖。那现代接种实践的成功是否有可能更多地取决于将病毒稳定地沉积在皮肤中或皮肤上的方法，而不是随后对该疾病的治疗呢？

我的意思不是要暗示，当病人发热和口渴的时候，让他们暴露在凉爽的空气中以及喝凉水可能不会缓解症状或减少脓疱数量，但是，再回到我以前的观点，如果不把接种方法的差异算成主要原因，我就无法解释何以一位医生在接种上近乎连续成功，另一个医生接种后病人们却陷入了痛苦状态，而这两位医生在对病人的治疗方面并没有本质的不同。由于接种成功的关键不在于身体吸收了相同的脓液，而是脓液在身体中通过某些特殊过程产生了相同的反应，那么人体不同部位是不是可能对病毒做不同的修饰呢？举个例子，虽然皮肤、脂肪膜和黏膜都能够在最初沉积在其上的毒性颗粒刺激下产生天花病毒，但一些现象让我认为它们当中每一个都能够让病毒在影响身体之前发生一些性质上的变异。除了感染部位的不同，还有其他哪一点能解释通过两种不同方式（自然感染和人为皮肤接种）获得的天花之间的区别呢？

那些具有特异性和传染性的天花微粒到底是否曾经被淋巴管吸收并输送到血管中呢？我想没有，假如真的有的话，那难道不应该在天花的某些阶段中发现病人的血液里有大量的天花微粒，而且把这样的血液注入表皮下或者涂抹在溃疡表面就能传播疾病吗？然而实验已经证明了这些方式并不能传播疾病，而天花脓液在用水进行充分稀释并以通常的方式涂在皮肤上后却会让人得病。但是如果要在这里对这个主题做详细讨论的话，就会显得离题了。

关于牛痘是在什么时候被人注意到的这一问题，并没有记录。我们当地最年长的农民从他们记事起就对牛痘并不陌生，而且这一疾病当时在他们农场里表现出的与现在没有任何的不同。对这些年长的农民来说，牛痘和天花的关系却是一件未知的事情。可能是因为人痘接种的普及，才促成了"牛痘能预防天花"这一发现的诞生。

牛痘出现在这个国家的时间可能并不遥远，因为挤奶这项工作以前可能只是女性在做，到现在有一些国家依然如此，因此，以前奶牛可能不会受到男仆从患病马的脚跟带来的传染性物质的影响[20]。的确，对这附近的大多数农民来说，牛痘的感染源是新的知识，但它最终将产生良好的结果。从现在采取的预防措施来看，牛痘在这个地区可能完全消失，或变得极为罕见。

如果被问及这项研究仅仅是出于好奇，还是带有任何利益的目的，我会这样回答：尽管自从人痘接种被引进这个国家以来，这项技术得到了很大的提高，而且产生了令人满意的效果，但人痘接种所引起的皮肤畸形的事件依然并不罕见，有些时候，即使一切都做到了最好，依然会出现死亡。

无论如何，人痘接种里的这些事故当然会在一定程度上造成令人痛苦的后果。但据我所知，牛痘即使以对人最不利的方式出现，并在手上造成严重炎症和化脓，也不会引起致命的后果。而且很显然，牛痘能够让人体进入一种对天花的感染有完美抵抗力的状态。因此，尤其是针对那些我们可以通过以前的情况推断他们更容易受到天花伤害

---

[20] 一位令人尊敬的权威人士告诉我，在爱尔兰，尽管许多地方都有奶牛场，但当地人完全不知道牛痘这种疾病。原因似乎很明显，那里的奶制品业是只由女性经营的。如果一个男人在那里做的是挤奶的工作，哪怕是地位最为卑微的男性也会感到自己的处境难以忍受。

的家庭，我们可不可以去引入一种比目前采用的人痘接种更好的接种方式呢？对于天花，我们主要恐惧的是脓疱数量过多，但是在牛痘中没有脓疱出现，而且这种传染物质似乎没有可能通过排出的污气传播，也不会通过接触以外的任何其他方式传播，而且可能也不会通过病毒和皮肤角质层间的简单接触来传播。这样一来，一个家庭中的任何一个成员都可以随时接种牛痘，而不用担心因此感染家人或在一个国家传播一种让人恐怖的瘟疫的风险。在我的观察记录里，有几个实例证明了牛痘不能通过排出的污气传播的说法是正确的。在我第一次进行牛痘接种实验期间，被接种牛痘的男孩和另外两个小孩睡在一张床上，这两个孩子之前从未得过牛痘或天花，但他们两个都没有被牛痘感染。

一位患有牛痘而且病情严重的年轻女子，手和手腕上出现了几处已成熟的痘疮，她与从未得过牛痘或天花的挤奶女工同伴睡在同一张床上，但那位同伴接下来没有感到任何身体不适。

另外一个例子发生在一名患有牛痘的年轻女子身上，她的手上长了几个化脓了的大痘疮，那时她是一名婴儿的日常保姆，但没有将这个病传给那个孩子。

另外，从其他一些方面来看，牛痘接种也比之前的人痘接种要更为可取。

在那些易患淋巴结核的人中，人痘接种引起这种让人痛苦的疾病的例子是多么常见！这种情形似乎并不取决于天花的发生方式，因为在那些轻度天花患者中，淋巴结核的发生像在重度天花患者中一样频繁。

由于某些体质上的特殊性，有许多人在人痘接种到皮下后没有出现常见的反应，他们因此担心将来被天花感染，并被这种不安全感困扰一生。现在，消除这种焦虑的办法已经显而易见。正如我们已经看到的那样，牛痘在任何时候都可以使人的身体感觉到发热。在许多慢性疾病中，是否也可以根据众所周知的生理学原理来引入牛痘，从而提供缓解疾病的可能性呢？

尽管我说通常情况下人的身体系统都可以感受到牛痘带来的发热，但我面前就有一个牛痘只作用于皮肤局部的例子，而这个人绝对不可能对牛痘和天花有抵抗力。

伊丽莎白·萨弗奈特是这个教区纽帕克一个农场的女佣。农场里所有的奶牛和挤奶的工人都感染了牛痘，但是这个女人尽管手指上也长了几处疮，但腋下没有肿块，身体也没有任何不适。之后她又受到了天花病毒的感染，但她身上的天花病症很轻。汉娜·皮克，农场里的另外一位挤奶工，她在那次牛痘暴发期间和萨弗奈特是同伴，也受到了感染。但是这个年轻的女人不仅手上长了痘疮，而且感到自己身体有一两天很不舒服。在那之后，我几次尝试给她接种天花，但事实证明这些接种都没有什么效果。从前一个病例来看，机体整体在对两个疾病的反应上遵循了同样的规律。

最近发生的以下情况说明，极有可能不仅是马的脚跟，还有该动物身体的其他部位也都能够产生让奶牛患上牛痘的病毒。

伯克利附近村庄罗克汉普顿的农场主米勒先生有一匹小马驹，它的大腿上部出现了不明原因的丹毒性大面积炎症。炎症持续了数周时间，最后形成了三四个小脓肿。当时给小马驹上药的是同时给奶牛挤奶的一个工人。被挤奶的母牛总共有24头，全部都患上了牛痘。挤奶的人，包括农场主的妻子、一个男仆和一个女佣，都被牛感染了。那个男仆以前已经得过天花，只出现了一点牛痘感染的症状。那个女仆几年前已经感染过牛痘，她这次也得病了，只是比较轻。但是那个农场主的妻子，她之前从未得过牛痘或天花，这次出现了严重的症状。

那些牛身上出现的疾病是由挤奶的人从小马驹那里带过来的是真实无误的，而且牛患上的还不是伪牛痘[21]，这几乎没有什么可怀疑的余

---

[21] 参见第8页。

地。但是，假如能确定人痘接种对那个农场主妻子的影响，那将是更加令人满意的结果，但是由于她的处境特殊，我无法去进行这项试验。

到目前为止，我已经进行了一个建立在试验基础上（这也是必须的）的研究，但是，其中偶尔也加入了一些猜想的成分，目的是向参与讨论的人做更好的展示。同时，在"将对人类有益"这一希望的鼓舞下，我本人将把这一研究继续进行下去。

关于天花疫苗的进一步观点

　　虽然我无力将天花疫苗的起因和效果的调查在它原本的基础上做很大的延伸，但因为感觉到它正开始激发出人们的研究热情，我认为刻不容缓地去做下面这些事显得非常重要：一是告知自上一篇论文发表以来所发生的情况；二是指出那些表面看上去很像牛痘的疾病可能的来源，以防止被接种者因此而产生了伪牛痘；三是加强前一篇论文中所建议的预防措施，即一旦接种的脓疱对体质产生了足够的影响后，就应立即对它进行控制。一些缺乏经验的实验人员，由于缺乏对这种疾病的真伪（无论是在动物或人中）情况的判断能力，也不知道哪个疾病阶段的脓疱可以引起机体整体的变化从而让人对天花的感染有抵抗力，他们的实验可能带来令人不愉快的后果，而且他们也猜不到问题的来源。

　　在上一篇论文里，我列举了大量由我自己检查的病例，也加入了一些推测性观点。在那以后，乔治·皮尔逊博士开展了一项研究来验证我的主要主张，他的结果不能不让我感到受宠若惊。在皮尔逊博士的研究里，没有一个例子反对我所坚信的事实，即牛痘可以保护人体免受天花感染。此外，我本人还收到了一些其他的确认，这些也将被添加到这篇论文里。最近，我也收到一位尊敬的绅士因根豪斯博士的来信，信中说他就这一主题在对威尔特郡进行调查时发现：卡恩附近的一位农民患上了天花，而他之前已经得过牛痘，而且两种疾病的特征都非常明显、无可争议。从该博士提供的信息来看，牛痘似乎是那位农民的母牛在乳房发出恶臭味的时候传给他的。

类似的例子还有几个，病人之前得过从症状上看很明显像牛痘的病，但后来病人又患上了天花。对这几个病例，我现在不发表任何评论，但希望我接下来要给出的一般性意见能够提供足够的证据支持这样一个观点：它们是真牛痘的说法非常可疑，更可能是伪牛痘。

在我继续下文之前，请允许我先声明这一点：在这一研究以及其他所有我努力进行的生理学调查中，真理一直是我追求的目标；而且，就目前这项研究而言，如果我被证明是错误的，尽管我把这项研究当作自己的孩子一样看待，我也宁愿看到它马上消失，而不是继续存在而让公众受到伤害。

我接下来将列举伪牛痘的来源，或者是在我看来类似来源的东西。

第一，来源于牛的乳头或乳房上的脓疱，但那些脓疱不含特定的病毒。

第二，来源于本来含有特定病毒的脓液，但它因为腐化或者其他不明原因被分解了。

第三，来源于从真牛痘的晚期溃疡中提取出的脓液。

第四，来源于人的皮肤在接触了马产生的某些特殊病态物质后所产生的脓液。

关于这几点，我将给出一些进一步的评述：

第一点，虽然我无法确定母牛的乳房和乳头脓疱性疾病的持续时间，但是可以肯定的是动物的这些部位会患上多种具有类似性质的疾病，而且由于这些疾病中许多（可能是全部）都有传染性并让人得病，因此对于从事这项研究调查的人员来说，在他们可以完全确定什么是以及什么不是真牛痘之前，难道不应该慎重地把争议搁置起来吗？

举一个例子：一位农民不熟悉上述任何疾病，但可能听说过广义上的牛痘，他可能会告诉附近的外科医生牛痘这种疾病出现在他的农场里，而渴望进行牛痘试验的外科医生就会从那个农民的奶牛身上取走脓液，用它进行接种，让被接种者皮肤上产生痛疮，腋窝中出现酸痛，甚至全身都出现某种影响。在这种情况下，接种者和被接种者的脑海中都会产生一种虚假的安全感，而且因为这种无效的接种，天花会很容易传播开来。

正如我所说的，这项工作的首要目标之一，应该是学习如何准确地区分真牛痘和伪牛痘的脓疱。在能凭经验做到这一点之前，我们面对研究目标的时候就像雾里看花。例如，让我们假设天花和水痘同时传播到一个国家的居民那里，而这里之前从未遭受过这两种疾病的困扰，也对它们毫无了解。那么什么让人容易混淆的事情会出现呢？这两种疾病在发烧症状与脓疱外观上都有着非常惊人的相似之处，以至于得过水痘的患者和得过天花的病人同等程度地觉得自己有了对天花的抵抗力。但在未来疫情的考验里，以上两者的界限将泾渭分明。

我认为这将与牛痘一起共存，直到它被普遍地了解为止。因此，基于"一些人说他们之前得过牛痘然后又得了天花"这样简单的报道基础上的反对意见，都应该被搁置起来。为了说明这一点，我谨在此讲出下面这个故事：

本郡伊斯廷顿教区的莎拉·梅林，她大约在13或14岁时是农场主克拉克的女佣，克拉克的奶牛场位于附近的一个名叫斯通豪斯的村庄，里面饲养着约18头奶牛。其中3头母牛得了病，乳头和乳房上出现了很多白色的水疱。这个女孩每天都给这几头患病的牛挤奶，同时她也帮助另外两个女佣一起给其他牛挤奶。很快牛的这种疾病就传染给了这个女孩。但其余的奶牛都没有被感染，虽然它们在上述3头奶牛的乳头和乳房上出现病症之后，甚至在那个女孩的手出现了痛疮之后的几天都被挤了奶。而且，另外两名挤奶的女佣也随机地给所有的牛挤过奶，但她们都没有得病。在这个女孩每只手的手指上，都出现了几个大的白色水疱（她估计每个手指上大约有三四个），手和手臂都有发红肿胀，但随后没有身体不适。在涂抹了一些家用药膏后，痛疮没有出现溃疡就恢复了。

由于这种疾病被称为"牛痘"，并被记在了病人的心里，因此这个女孩对天花并不在意。但是，几年之后当她暴露在天花的环境里时，她被感染了，而且得了严重的疾病。

现在，任何一个了解这种疾病特性的人听到这个故事的时候，他们都会毫不犹豫地断言这是一个伪牛痘，因为女孩手上出现的大量水疱和牛痘有些不同，它们直到结束也没有出现溃疡，而且事实证明它在农场的奶牛和挤奶的女工中都没有显出很强的传染性，同时患者没有出现全身性的不适，尽管出现了大量的皮肤水疱。

在能从奶牛传给人的诸多疾病里，这可能是最具欺骗性的一种，一定需要注意加以区分。最好的区分标准，应该就是那些照顾奶牛的人所采用的判断方法。他们说："和真牛痘里那些淡蓝色的痘疮不同，奶牛乳头上的这些白色水疱只会影响皮肤，永远不会侵入肉质部位，水疱很快会结痂愈合，并且几乎没有什么传染性。"

就像我在以前的论文中指出的那样，伪牛痘暴发的原因之一是奶牛在春季从营养不良到饮食富有营养的转换，以及奶牛的乳房因为产奶的需要变得越来越血管化。炎症和脓疱的来源还有另外一种，我认为这在英格兰西部乡村的奶牛场里并不罕见。一头打算被出售的奶牛，如果它的乳房长得本来很小，那么在上市之前的一两天就不会被人工挤奶，也不会让小牛去吃它的奶，因此牛奶就会自然地积聚，从而导致乳房和乳头都会涨得很大，而这样做的后果往往是导致炎症和脓疱的产生。

通过这种方式产生的疾病是否有能力以任何特别的方式影响人的身体，我不能给予一个肯定的判断。有人推测这是造成真牛痘的原因，但我的调查无法让我认同这种假设。恰恰相反，我知道那些受到这种病感染的挤奶工，她们的身体依然像得病之前一样容易被天花感染。

第二点，也是我认为非常重要的，我希望那些可能会对我的观点仓促地做出判断的人能深深地记住这一点，无论他们是否通过做实验的方式来开展自己的调查。为了尽量清楚地说明这一点（由于天花和牛痘脓液两者作用的相似性非常明显），我们有必要关注一下当那些有缺陷的天花脓液被用来接种的时候，有时会发生的情况。关于这个主题，我之前在本地区做的一些观察①不过是对一个已知事实的进一步佐证，因为根据伦敦医学会报告里的文献，之前查尔斯·凯特先生对此做了详细的记录说明②。作为对这些丰富的证据的补充，我必须再加上本郡弗兰普顿河畔塞弗恩的外科医生厄尔先生的来信，这是我认为更有价值的信息，他也爽快地同意我把信中的内容公开：

"先生，

我很高兴地阅读了您最近发表的有关天花疫苗的论文，在一些奇怪的情况下，处于特定状态下的天花脓液的无效性这个问题常常让我百思不得其解，我认为应该向您介绍我知道的以下事实，它们肯定会强化您在论文第56和57页中提出的观点。

1784年3月，在该郡的阿灵厄姆进行了常规接种。我给几个人接种了人痘，所有的人在接种后都以比较理想的方式出现了一些症状，但等天花脓液都用完，而且也找不到我想要的那种状态正好的脓液的时候，我不得不从一些晚期的脓疱中提取脓液来进行接种，而那次的经验证明那些脓疱已经过于成熟，以至于无法满足我的目的。在接受了那个晚期脓疱的脓液接种的5个人里，有4人在接种后以自然方式感染并患上了天花，其中1人死亡，3人康复；另一人在我的告诫下尽可能地去避免被天花感染，并且因此终生都没有患上天花。大约两年前，

---

① 参见《一项对天花疫苗的起因和作用的调查》。

② 参见格雷夫森德的外科医生查尔斯·凯特《关于接种天花后出现的一些异常现象》的记录，伦敦医学会报告，第四卷114页。

他死于另一种疾病。

虽然其中一个接种案例以不幸告终，但我不认为任何医生会觉得我粗心或者对病人疏于管理，因为我想这些接种后出现的表象可能让任何人都会以为被接种者在将来的天花感染里是完全安全的。接种后的每个人手臂上都出现了炎症，而且还有伴随着相当程度的腋窝疼痛的发烧。和那些在使用好的天花脓液接种后通常出现的情况相比，这些人当中的某些手臂上炎症和化脓显得更为剧烈。在其中一个人身上，有一个溃疡导致了几块大的腐肉的脱落。大约在接种后的第9天，病人身上出现了皮疹，比那些普通人痘接种的皮疹出现得要早一些，而且这些人身上的皮疹没有成熟化脓就消退了。在这样的情况下，我想应该没有医生会对这些人接种上的是真正的天花这个事情有丝毫怀疑。但我必须承认，皮疹迅速消失这一现象使我产生了一点疑虑。为了尽我所能地去确定他们的安全性，我让其中一个被接种者去见了一个比我年长得多的医生。这位绅士在听完这个病例的情况后，断言这个病人完全可以免受将来的天花感染。

以下事实也是您对这个问题的观点正确性的惊人证明：

1789年，我给本郡赫斯特农场科伊先生的3个孩子接种了人痘。他们的手臂正常发炎，发烧和腋窝疼痛与以前的病例完全相同，皮疹在接种后第10天时出现，并在2天后消失。我必须提到一点，这次接种所使用的天花脓液是由一位朋友为我采集的。但毫无疑问，这些天花脓液是处于一个不好的状态，因为这次接种的情况与5年前在阿灵厄姆发生的那次非常相似，我对他们的安全性有些担心，提出希望再次对他们进行接种并得到了允许，为此我特别小心地取到了处于最好状态的天花脓液。所有的孩子在第二次接种后都出现了人痘接种的典型症状。我认为这些事实毫无疑问地证实了您关于脓液状态的观点，因为在我以上提到的这两种情况里，它都能产生与真实人痘接种非常相似的东西，尽管后来证明并非如此。

由于我认为通报这些病例是我对公众的责任，因此您可以自由地使用此信。

谨上

约翰·厄尔

弗兰普顿·塞文，格洛斯特郡，1798 年 11 月 10 日

又记：我认为有必要说明一下，我可以完全肯定地说那次在阿灵厄姆接种所用的脓液是取自真正的天花脓疱，那是我亲自从一个症状完全的天花患者身上取来的。"

那么可以肯定的是，天花脓液可能会因为腐化以及一些潜在和未知的自然反应而发生某种变化，这种变化让这样的人痘接种无法去保护人的机体在将来免受感染，尽管我们同时看到这样的接种所激起的疾病和天花非常相似，包括在接种处产生炎症和脓液（实际上，它比有效的人痘接种所产生的更严重）、腋窝肿胀、全身不适和皮疹。我在上一篇论文的第51页中提到过，一位绅士强烈地认为自己通过对天花脓液的处理能够让被接种者产生轻微的天花症状，而且他说这是一个非常有用的发明，直到后来出现了致命的后果他才认识到自己的错误。

在对这一点有了了解之后，当发现那些生活在奶牛场里的大量的人里，有一些偶然被有着像上面描述的天花一样状态的牛痘病毒感染，他们就可能会以一种不完整的方式得病，以至于不能让他们的身体免受后来的天花感染的时候，我们还应该有半点惊讶吗？当脓液从奶牛乳头上的脓疱里迸裂出来后，因为离开了原来的所在并暴露在炎症表面的温热里，同时还偶尔会被牛奶润湿，这让脓液可能处在一种有利于腐化的状态。因此，在经过了一些腐化性的修饰之后，这些脓液在一些时候肯定会有机会到达挤奶者的手上并且导致感染。假如我们没有其他方法，只能从那些挤奶工人的皮肤上获取牛痘脓液去进行接种，而这些挤奶工人又是从病症看上去令人作呕的患病晚期的奶牛身上感染了牛痘，对这样的接种所可能产生的结果，我们应该会感到什么样

的困惑啊！必须说明的是，人类中的每个牛痘病例，无论是通过有计划地接种还是以其他方式患上的，都应视为一例牛痘接种。在这里，我可以就因根豪斯博士告诉我的有关一位农民的情况进行评论。这个农民很可能暴露在一些已经发生了腐化的牛痘脓液里，因为因根豪斯博士说农场里生病奶牛的乳房散发出了恶臭的味道。但是这里我必须指出，当患上牛痘以后，奶牛的病症严重到了让旁边的人可以闻出味道的程度是不太正常的。我就经常站在一群患上牛痘的动物中间，却从没有觉察到任何异味的存在。在本地，奶牛通常在早期会接受一些腐蚀性的药物，目的是控制牛蚂蟥。这曾经被认为是一种无须接触的传染方式，但是这个观点站不住脚，因为一个牧场上的牛不会感染另一个牧场上的牛（尽管两个牧场间除了篱笆之外别无他物），除非它们被那些携带有感染性脓液的工人照料或挤奶，而同时毫无疑问，即使是将可以想象的最小的疾病粒子放到易受其影响的部位时，就可能会导致疾病。现在看来已经很清楚，牛痘这种病在人类中只是通过接触而传播。迄今为止，我试图通过排出的污气来传播牛痘的种种尝试都被证明是无效的。

在天花脓液从能够对人体产生完整和具有决定性效应的状态到完全丧失该特性的状态的完全变化之外，我们可以合理地认为它在这一变化过程里经历了多种中间步骤。下面这个由格洛斯特医院的资深外科医生特里先生特意告诉我的10个接种病例中的奇怪现象，似乎表明天花脓液在出于接种目的从患者那里取出之前，就已经开始在一些方面偏离了它的原始特性，或者换句话说，它已经部分地分解了。

特里先生说：

"我给10个孩子接种了一次从同一个患者身上取出的天花脓液。在接种疫苗之前，我没有在他们当中发现有任何异常，直到接种所激起的疾病消退之后，他们的手臂也没有出现任何特别之处。两名3个月大的婴儿接种处出现了丹毒性炎症，其中一个从肩膀延伸到手指末端。另一名婴儿在接种处附近出现了脓肿，其余的人里有5到6个有腋窝脓肿。这次接种的脓液是从一位晚期天花病人身上取出的，当时有些脓疱已经有点干。我将脓液放在玻璃上，在火上慢慢干燥。所有的孩子在接种后都出现了成熟的脓疱，所以我认为他们在将来可以免受天花感染，至少，和我接种过的其他被接种者一样安全。我的接种从未给人带来过痛苦。"

关于我以前对天花脓液的不当和危险的保存方式的看法，我应该在这里指出它似乎没有被清楚地理解。因为我发现人们已经把它和合适的保存方式混淆了起来，所以我将做出进一步的解释。当脓液是从合适的脓疱中取出并妥善制备好进行保存时，它可以在保存很长一段时间后依然不丢失其特性。例如，事先将其放在一个固体的东西（比如一支羽管或一片玻璃）上在室外晾干，然后放到一个密封的小瓶里③。但是，如果将其在潮湿状态下保存几天，并在此期间保持温热，我认为它不能引发完整的疾病，尽管，正如我之前所说的，由有缺陷的脓液作用所引起的症状进展与完整的天花非常相似。

第三点，最初形成的病毒，或构成真牛痘脓疱的东西，都保持有我认为它具备的力量，即在某种特定疾病上影响人体质的能力，这是一个我从来没有怀疑过的事实。但是，由于我现在正在竭尽全力保护公众免受错误结论的影响，我要说当脓疱恶化成了溃疡（除非及时护理，它通常会进入溃疡的状态）时，我觉得那些具有异常属性的脓液迟早都会产生。而且，尽管它已经过了那个阶段，此时所分泌的脓液不再具有那种特性，但是涂抹到受伤处（以偶然的方式）时，它可能会使伤口溃烂，并且也可能会因为它的刺激而受到全身性影响。因此，通过显露其最强的一些特征，它能模仿真正的牛痘。

我认为，根据之前观察到的天花脓液分解的这一现象，我们必须

---

③如此制备的牛痘病毒在三个月后被发现依然充满活性，并具有其所有的特性。

承认现在描述状态下的牛痘脓液可能会导致某种疾病，局部或者全身性的，但这种情况下诱导出来的疾病可能无法有效地保护被接种者在将来免受天花的感染。从上面提到的凯特先生的记录里一个名叫玛丽·米勒的病人的情况来看，她的手臂在被接种处出现了比一般情况下还要严重的炎症和脓肿，虽然她的身体系统并未发生那种由病毒作用而导致的特别变化，因为这位病人在牛痘接种的第7周以自然的方式感染了天花，就像在没有被接种过天花的情况下一样。厄尔先生告知我的一些病例也进一步证实了这一点，因为接种的脓液很明显地在接种部位产生了不小的溃疡。

第四点，牛痘是在牛身上自发性地发生，还是因为被其他动物（我认为是马）的脓液传染？尽管我现在不打算去对这个问题做全面的论述，但是我将尽我所能地给出一些进一步的看法，并大体上陈述我为什么持有这个让一些人觉得怪诞的观点的理由。虽然我的这些理由加在一起还不能成为确认的证据，但作为推定依据则非常有说服力，以至于我想其他任何不带成见的人都会对此产生和我一样的印象。

理由一：我认为这是疾病的来源，因为注意到本地那些出现牛痘的奶牛场（除非可以清楚地查到是患病的奶牛或工人所引起的）在之前都出现了患病的马（所得的病就像之前描述的那样），而且这些患病的马得到了一些挤奶工的护理。

理由二：因为这是在这个奶牛大国里非常流行的观点，也因为这种观点被那些护理患病牛的人深信不疑。

理由三：因为在爱尔兰和苏格兰完全没有牛痘发生，而那里的男仆从来不给奶牛挤奶④。

理由四：那些马身上所产生的致病物质经常会在不经意间传给人，让人患上一种非常类似牛痘的病，在很多情况下，很难把这两种疾

---

④这些信息是我从一线的主管部门那里得到的。

病区分开来⑤。

理由五：因为一些来自试验的证据让我认为，那些被患病的马传染而得病的人里有一部分对天花有抵抗力。

理由六：因为我所接种的一个男孩手臂上脓疮的形成过程和外观，还有接下来出现的全身性症状和牛痘都非常相似，而在接种时我用的是从一个被马感染了的男人手上取出的脓液⑥。

我担心引用我们农民的证词来支持这种学术观点会显得有些不妥，但我谨在此介绍一下本郡查尔福德·希尔的牧师穆尔先生就该主题写的一封信的摘要：

"1797 年 11 月，我的马的脚跟得了病，肯定就是那个被称为'水疱病'的疾患。就在那之后很短的时间内，我的奶牛也患上了被一个附近农民（他对牛的常见病非常熟悉）判定为牛痘的疾病，他同时断言我的仆人也将会被这种病感染，而且他的断言被证明是对的，因为我的仆人在手上、面部还有身上许多其他部位出现了皮疹，他身上的脓疮看上去很大，并不太像天花，因为他在一年半前曾经被接种过天花，而且接种后出现了比较重的病。他脸上的脓疮可能是因为和手接触的结果，因为他有一个喜欢用手摩擦前额的习惯，而他前额正是疱疮最大最密的部位。

在患病期间，这个男仆与农民的几个儿子有交往，农民的儿子之前都没有得过天花，但他们没有感觉到任何的病痛。这个男仆也没有感到非常不适，因为疾病并没有阻碍他进行日常工作。除了上面提到的那个男仆以外，没有其他人来照看马或给牛挤奶。我坚信这个观

---

⑤健康完整的皮肤看起来对这种病毒并不易感，但如果皮肤上有伤口的话，这种病毒的作用就会非常明显。

⑥这个病例（我在我的上一篇论文中并没有引用它作为推理性证据而加以强调）似乎被那些评论过这个问题的人误解或忽略了——请看上一篇论文的病例18。不幸的是，在我有机会察看天花对他产生什么样的影响之前，这个男孩在一个教区的救济院里因为发烧死了。虽然曼彻斯特的西蒙斯先生和其他人发表的关于这个问题的试验不支持这个理论，但似乎他们这些试验的结果无足轻重，因为即使是牛痘病毒本身，如果通过柳叶刀反复将其引到健康无损的奶牛的乳头上，也不会产生什么效果。

点：马后脚跟上那个有毒性物质的水疱病，就是仆人和母牛所患疾病的根源。”

还是回到这一主题更直接的目标上来。

由于牛痘与马的致病脓液所引起的疾病在症状（无论是在局部还是全身性的）上的相似性，本地区的普通百姓在得了马所传染的这种疾病时，经常会犯奇怪的名词错误，把它称为牛痘。那么，让我们假设，在农场的一些仆人中间出现了这样的疾病，同时牛痘也在牛群中暴发；让我们也假设，其中有些仆人是通过“马传人”这种方式感染的，而另一些是从牛身上感染的。那么在农场的记录里，也在农场的仆人（无论他们后来去了哪里）的记忆里，他们得的病都是牛痘。但是很明显，一个这样被马感染的人既不能确保自己在未来天花感染里的安全，也不能确保给接种了他身上产生的病毒的人提供安全。他仍然有被天花感染的危险。然而，这不正是在公众更成熟地考虑牛痘的自然属性之前所发生的吗？我的有关这个问题的证据可能被不公正地贬低了。有关直接从马那里感染所导致疾病的自然属性的具体示例，请参见《一项对天花疫苗的起因和作用的调查》里的病例13、14、15和18。为了再举一个例子，我谨附上本郡桑伯里的外科医生弗斯特提供的以下信息，这位绅士对牛痘在人身上的情形非常了解：

“威廉·莫里斯，现年32岁，是本郡阿尔蒙德斯伯里考克斯先生的仆人，他于1798年4月2日到我这里来看病。他告诉我，4天前，他发现自己双手僵硬和肿胀，痛苦得让他难以继续工作，还有他的头部、背上的一小部分以及四肢也都出现了疼痛，同时经常出现寒战和随后的发热。在检查中，我发现他仍然受到这些症状的影响，而且身体乏力。他手心的许多部位都已经裂开，在右手大拇指的中关节处有一个小的崩蚀性溃疡，大小和大豌豆差不多，正流出一些脓样的液体。在同一只手的中指上还有另一个类似的溃疡。这些疤疮都是圆形的，病人说它们初次出现时有点像由烧伤引起的水泡。他自己感到过度的疼痛，从手臂一直延伸到腋窝。这些症状以及疱疮的外观都与牛痘非常像，所以我判断他是因为给奶牛挤奶而得了这个病。他向我保证自己已经半年多都没有给奶牛挤奶了，而且他主人的奶牛也没有得病。然后我问他的主人是否有得了水疱病的马，他给了肯定的回复，并进一步告诉我，在过去的3个星期或更长时间里，他每天给病了的马进行两次上药和包扎，同时也说他的手的气味很像那匹马脚跟的味道。4月5日，我再次见到他，他仍然抱怨双手疼痛，发热症状也没有缓解。那个溃疡现在已经扩散到了一个7先令金币的大小，另一个之前我没有注意到的溃疡出现在他左手食指的第一关节上，与右手上的那个同样疼痛。我叫他在温暖的麸皮和水中洗手，然后将结痂药涂在溃疡处，最后给他的手涂上巴布剂（一种治疗皮肤炎症的药膏）并包扎好。第二天，他的病情有所缓和，并在两周多的时间内恢复了健康。他的患有溃疡的拇指和另一个手指的指甲，也因此失去了。"

这个病例在使用了结痂药之后症状突然消失，这一现象值得研究。这似乎说明那些症状是由溃疡激发的结果。

我所见过的很多病例让我相信这一点：当牛痘以自然的方式传染的时候，那些我已经描述过的牛痘的一般症状都是准确的。但因为接种牛痘的病人一般随后只出现非常轻微的全身不适，这些病人的脓疱在对身体产生影响之后很快就会自然结痂，或者因使用某种适当的药物后被人为地抑制，这让我相信症状的严重性可能归因于溃疡的炎症和刺激（当溃疡在任何程度上发生时，就像在非自然感染的牛痘里那样），还有当疱疮只有脓疱的特性（没有溃疡）的时候，全身性症状就只能在非常微不足道的程度上被感觉到。这种轻微的全身性影响，对于那些被牛感染而患上牛痘的病人来说，一般只发生在局部症状轻微的人身上，而据我所见，这些轻微的全身性影响在那些接种牛痘的人中却普遍发生，接种后只有脓疱，没有发生严重的炎症或任何程度的溃疡。以下病例将强化这一观点。

在本郡的一次牛痘疫情里，该病首先出现在斯通豪斯村的一个农场，最后发生在迈克尔马斯附近，以一头牛传给另一头的方式一直持续到那年11月底。11月26日，一些脓水被从一头奶牛身上取了出来，并放在羽管上晾干。12月2日，其中的一些被接种到一个7岁孩子苏珊·菲普斯的手臂上，用来接种的划痕刻得很浅，以至于没有血迹出现。接种的结果是，接种处出现了常见的炎性外观，炎症持续了5天后已经消退了很多，所以我想接下来不会再有什么事情发生。

第6天：外观上没有什么变化。

第7天：炎症开始恶化。

第8天：边缘出现了一个囊泡，形成了与中间有凹痕的小麦粒一样的外观，就像在接种天花时发生的一样。

第9天：腋窝出现疼痛。

第10天：有一点头痛，心跳每分钟110次；舌头没有失色，脸色也正常。

第11、12天：没有明显的疾病，心跳每分钟100次。

第13天：脓疱周围的皮肤出现了红色疹斑，其中散布着一些融合在一起的细小脓疱，长约1英寸。其中一些小脓疱在增大和成熟。在这一阶段，手臂的外观与接种天花的手臂外观十分相似，以至于附近的外科医生D先生（他从那里取走了一些脓液，并且他之前从未见过牛痘）宣称他没能觉察到任何差异⑦。这个孩子的手臂现在开始有了结痂的倾向，随后两三天没有什么变化，之后却进入了溃疡状态，开始发热，伴随腋窝肿块的增大。溃疡持续蔓延了近一周，其大小增加到差不多一枚先令一样大，在此期间这个孩子也持续生病。之后脓疱开始

---

⑦牛痘可以保护人类的身体免受天花的感染，这是过去长时间以来的普遍想法。但是如果不是牛痘接种提供了一种新的更强的考虑问题的角度，我们就不可能如此精确地观察到牛痘和天花这两种疾病对人的身体影响的相似性。牛痘接种也向我们展示了（之前所不知道的）由于接种病毒而出现的脓疱的形成和进展，这些脓疱即使在最亮的光线下与接种天花而形成的脓疱也非常相似。

排出脓液，喷出颗粒状组织，然后愈合。这个孩子以前体质很差，但是现在身体健康。

12岁的玛丽·赫恩接种了来自苏珊·菲普斯手臂上的脓液。

第6天：一个脓疱出现了，腋窝也有轻微的疼痛。

第7天：一个明显的囊泡形成了。

第8天：那个囊泡变大；边缘很红；这个时候的外观和接种天花的情况没有不同。

第9天：没有出现身体不适，脓疱还在进展。

第10天：病人在这天晚上出现了低烧。

第11天：没有不适。

第12、13天：没有什么变化。

第14天：出现了淡红色的疹斑，在手臂周围延伸了几英寸。脓疱开始呈现出散发的趋势，脓疱上被涂上硝酸汞止痛软蜡膏。在红色疹斑部位用的则是加强汞软膏。6个小时后再检查时发现红色疹斑已经完全消失了。

在使用硝酸汞止痛软蜡膏的3天期间，脓疱状态基本上没有变化，然后就换成了硝酸汞软膏。这种软膏似乎比前者更有效，在简单上药后的两三天内，病毒似乎被抑制了。但随后伤口又有了发炎的迹象，于是再使用了硝酸汞软膏，并很快有效地达到了预期的目的。在接种后的第10天，就像之前说过的，女孩得了轻微的疾病，表现出了些许身体不适的症状。此后，她接受了天花脓液的接种，并对此表现出了完全的抵抗力。和玛丽·赫恩类似，苏珊·菲普斯也同样对人痘接种没有反应。因为认为这些病例很重要，所以我对她们做了详细的介绍：一方面是想鼓励采取一些能防止脓疱进展的措施；另一方面，想指出（似乎是事实）身体上的不适，或者至少是那些最明显能感觉到的不适，并非主要是病毒对身体的直接作用导致的，而通常是在脓疱作用下而产生的一种继发性疾病。这使我猜测，也必须最终用实验去证明，那些患有天花的人此后对牛痘病毒的直接作用并不易感。因为我观察到，当病毒本身没有穿过囊泡的边界时，只能在身体里引起微小的动荡；在以自然方式感染的牛痘里，病毒导致的轻微疾病就不会很快消失，反而进展如此之快，而且常常还那样严重，难道不可能就是因为腐蚀性溃疡的存在而引起的吗？出于这种考虑，我想我以前在这个问题上的看法可能被误解了。

在这一点上，还有一些其他方面，我们可以把牛痘和天花做一个比较。在感染天花时，病人首先感觉到的影响是由"病毒性物质"所导致的。当下一波攻击开始的时候，之前提到的首先出现的症状通常会基本消失，而这一波攻击和之前刚开始出现的不同，它导致的疾病的进程基本上和脓疱的进展（包括脓疱发育的不同阶段以及溃疡等）保持一致。

在上面我提到的玛丽·赫恩这个病例里，尽管使用药物被证明足以控制溃疡的进展并预防任何继发性症状的发生，但是在确定脓疱已经发挥了作用之后，我首选的是快速、有效地去破坏脓疱，而不是其他方案。在娇嫩的皮肤上使用腐蚀剂（我想没有人会比忧心忡忡的托儿所监护人员对这项调查更感兴趣）听起来很刺耳而且令人不悦，但是当人们理解到那些状态正好的脓疱其实相当浅而且不会占据一个便士大小的空间后，对这个问题的顾虑就会荡然无存[8]。

为了证明这种做法的有效性，甚至在病毒对病人的身体完全发挥作用之前就有效，我要向读者讲述下面这个故事：

"参照那篇关于天花疫苗的论文，我们可以看到，在1798年4月，4个孩子被接种了牛痘，其中2个孩子手臂上的病毒在产生了能感觉到的疾病之后马上就被破坏了。7岁的玛丽·詹姆斯是其中一个孩子，在12月被接种了新鲜的天花脓液，同时也暴露在一个天花病人排出的

---

[8]我提到了结痂药可以阻止脓疱的进展，是因为我了解它们的功效；可能其他一些更简单的方法也可以很好地做到这一点，比如在矿物质和植物里发现的一些收敛剂。

污气里。从各个方面来看，她被接种的手臂外观和进展都与我们通常看到的那些以前从未患过牛痘或天花的人在被接种天花脓液后的情况相似。接种后第8天，因为考虑到她住的地方有天花感染发生，她被带离了有天花患者的居所。从女孩手臂的状态来看，我想她这次会生病，那时我正焦急地等待结果。在第2天晚上（接种后第9天）我去探望她时，从看护她的那个女人处得知女孩在晚上比平时更热一些，但并没有不安的表现，还有那天早晨她的手腕上出现了一点红色皮疹，但在几个小时后就消失了，晚上去看她的时候我已经完全感觉不到了。她的皮肤被仔细检查了多次，没有任何一次发现有皮疹。接下来被接种的手臂继续正常进展，经历了炎症、化脓和结痂等所有阶段。

在接种后第8天，从女孩（玛丽·詹姆斯）手臂上取出来的脓液被接种到了她母亲和弟弟身上，前者差不多50岁，后者6岁。

在被接种脓液后的第8天，男孩感到了不适，连续不舒服了2天，手和手腕处出现了麻疹样皮疹，手臂上也散落地长了一些。接下来的一天他的身体躯干上也长出了类似的皮疹，但他没有呻吟，也没有表现出不适。这时候几个脓疱出现了，但其中大部分没有成熟化脓就消失了。

在被接种脓液后的第9天，女孩的母亲开始呻吟。她有一点发冷，还头痛了2天，但皮肤上没有出现脓疱，也没有出现皮疹。

照顾这个家庭的是一位年老的女护士，她在婴儿期曾暴露于天花感染之下，但当时抵抗住了天花。这名妇女现在被感染了，但病情非常轻微，只出了很少的几个皮疹，其中只有两三个进一步变成了化脓的脓疱。"

从玛丽·詹姆斯这个例子来看，在牛痘病毒的影响被如此迅速地阻止后，她的体质似乎仍然已经有对天花病毒的抵抗力。因为这是一个孤例，我们尚不能确切地得出一个肯定的结论。接下来的其他3个被感染者的故事也不能给出一个肯定的结论，但是，尽管如此，这些事实还是很有意思。

我之前已经清楚地说了曾经出现过一种温和的天花⑨，通过现在提到的方法我们或许有能力根据自己的意愿来生产另一种类似的温和的疾病。

当玛丽·詹姆斯手臂上的脓疱被破坏的时候，我被告知她已经病了大约12个小时，但是现在和她在一起的人向我保证说那个时间的间隔实际上要少得多。即便如此，关于牛痘接种，我不建议采用任何措施来抑制脓疱的作用，除非在有令人信服的证据表明患者有至少12个小时感觉到了脓疱对身体的影响的情况下。哪怕是采取抑制脓疱作用的措施之前的时间更长一些，也的确不会造成任何伤害。简而言之，我们应该让接种牛痘处的脓疱充分发挥其作用。

随着接种病例的增加，我越来越相信仅由病毒对体质的直接作用而引起的症状极其温和，而那些影响病人的严重症状（如自然感染而获得的牛痘里的症状）则完全是继发性的，是由炎症和溃疡的刺激而引发的结果。而且在我看来，这种非凡的病毒具有一种特别的刺激性，但因为单个牛痘脓疱就足以让天花病毒感染无效，而且我们拥有缓解刺激的手段，即使有什么症状出现，它产生的后果也将非常轻微或者没有。

从目前牛痘接种的进展情况来看，我们可以做出一个这样的推断：牛痘接种导致严重的疾病似乎只是偶然情况，而且幸运的是这种性质的情况是几乎每个人都有能力去避免的。我谈起的这种情况就是从牛那里获得这种疾病。在这种情况下，如果挤奶者的手受到任何程度的轻微创伤，那么每个伤口都会成为感染发生地并因此受到病毒的影响，而全身性症状的严重程度将与这些局部感染的数量和状态成正比。因此，当一个人无论是意外还是人为地受伤后，伤口在接触了病

---

⑨ 参见《一项对天花疫苗的起因和作用的调查》。

毒后就可能会被病毒占据，接下来身体可能在压力下被击垮。

因为我们拥有让那些疱疮（有机会就可能导致严重后果的东西）的影响变得温和的手段，还因为这些疱疮类似于天花（特别是融合型天花），难道我们不应该去鼓励人们通过在皮肤上使用那些手段来抵抗这种疾病的致命性（当这种疾病以这种可怕的形式出现时）吗？至于在疾病的哪个阶段或哪些阶段去采取这些措施最有可能取得成功，我现在无法确定。我只是把这个想法提出来，作为进一步推理和试验的基础。

在试图通过接种而传播牛痘的诸多努力里，我经常遇到失败。通过划痕和穿刺接种有时候能带来炎症，但炎症在几天后就消失了，没有产生任何进一步的影响。有时，它甚至会产生一些脓水样的液体，但人的身体系统不会受到影响[10]。我们知道，天花病毒的接种也发生了同样的事情。

去年夏天，在本地附近的一个农场里，有四五名仆人被接种了从一头被感染的奶牛身上采集的脓液。他们的手臂上出现了一点炎症，但没有产生脓疱就消退了，而所有这些仆人在接种后的一个月内都因为给患病的牛挤奶而感染了这种疾病，其中一些人病情还很严重。目前，除了人痘接种所通常使用的方法，没有其他方式用于接种牛痘，但在这个方法上做一些变通可能会有更好的效果。首先，我们应该去模拟牛痘自然感染的情形，通过在皮肤上进行微小的浅表切口或穿刺，让它产生一点结痂，然后将其去除，并让擦破皮的部分与病毒接触。将一小段浸泡有病毒的棉线（就像以前的人痘接种方法一样）置于略微切开的皮肤上，这可能会被证明是一种成功的诱导疾病的方法；或者用起泡膏敷在皮肤上的一个微小的地方让表皮起泡，然后让病毒与之接触。在刚才提到的我没有能成功地让他们的身体得病的那几个病例里，接种所使用的脓液是从奶牛乳头上处于化脓

---

[10] 在这个调查进行的时候，我还没有发现接种脓疱中新形成的病毒的重要性。读者将在继续阅读时找到解释。

状态下的脓疱中取出的[11]。

那些在天花脓疱里的脓，是否能够让人得上完整的天花呢？我怀疑它不能。让我们这样考虑一下，脓出现之前总会先有清亮的液体，而这些清亮的液体对于那些天花易感的体质来说总是具有传染性的，虽然脓疱被打开时，其内容物可能看起来完全是脓样的，但其中同时可能混有一定量的清亮的液体，尽管这很难被我们唯一用来检验它的感官（眼睛）所分辨出来。因此，这种清亮的液体的存在，或其往脓里的机械扩散，可能始终让看似很纯的脓变得有活性，而清亮的液体的完全缺失（比如在陈腐的脓疱里），则可能导致我们所看到的不完整的接种效果。

在这里去深入讨论分泌学说可能让主题变得过于宽泛，但由于这的确又和主题有些关系，所以这里我只简要地说我把脓疱里的脓和清亮的液体都视为分泌物，但是由自然形成的负责分泌这两种液体的器官在它们的结构上有本质的不同。除了腺体的组织差异之外，还有什么能导致分泌液的性质上的差异呢？由于结构的某些特殊变化，或者换句话说由于自然作用发生某些偏离，一个本来是分泌温和、无毒液体的腺体可能会产生最致命的毒药。举个例子：一个在其正常状态下分泌纯净唾液的腺体，它可能因为疾病的作用而产生最具破坏性的毒物。在人体的血管部分，形成微小的腺体并不比形成血管更难，在炎症被激起的情况下，无数这样的微小腺体就会出现[12]。

在目前这项调查的早期阶段（必须及早考虑），关于脓疱形成时具有的清亮状态的液体结束后牛痘病毒会在多长时间内改变它的特性这一问题，在我们完全确定地知道答案之前，对于那些已经接种了脓样的牛痘病毒的人来说，为了慎重起见可以再进行一次接种。由此不会

---

[11]自从撰写本文以来，我几乎从未发现过那些从清澈透明状态下的脓疱里取出并立即用来接种的脓液无法导致感染的例子。

[12]霍姆先生在关于脓液和黏液的出色论文中证明了这一主张。

造成伤害或不便，而且同样的方法在那些接种了一次天花后的任何时间里感到不满意的人身上进行过。我在此给出一个警示并建议第二次接种处于最完整状态的牛痘脓液，似乎并不是多此一举。

出于辩论的目的（不是为了归罪于谁），让我做一个假设，假如100个接种了牛痘的人中有一个人被发现依然对天花易感，这会说明牛痘接种无效吗？先不说其他的，人痘接种，尽管大体上来说可能被认为是无害的，但在无数情况下都被证明对人体有一定的不利性，这一点谁会否认呢？

在一些有着脆弱体质的人里，人痘接种有时候会导致淋巴结核，这是一个需要承认的事实，因为这在一般的观察中显而易见。考虑到这一点很重要。

因为进行调查的人将以最严苛的眼光来察看接种天花对那些感染了牛痘的人的影响，因此可能让他们回顾一下有关天花的一些事实比较合适，我认为这些需要被给予考虑，但是迄今为止它们似乎还没有引起应有的重视。

应该牢记的是，身体不会因为先前的感染而变得对天花完全不易感，无论是之前以自然方式感染的还是人为的人痘接种，也无论它导致的病症是轻还是重，都无法完全地消灭对天花的易感性。我们知道，当天花毒液被注入的时候，皮肤就总会出现一些反应，虽然通常程度有限；还有，在那些经常接触天花的护士中，我们可以看到皮疹以及有时在其后可以感知的疾病的发生是多么频繁！但是，在将天花脓液接种到之前得过牛痘的人身上后，这些人身上出现了任何皮疹吗，或者出现了轻微身体不适吗？我关于这种疾病特殊性的主张可能被不公正地抹黑了。

我认识的一位绅士，他很多年前曾被接种过人痘，但当时没有出现脓疱，也几乎没有任何可以察觉的身体不适，对此他感到不满意，并在此后被反复地接种。结果，之后的接种总是在手臂上产生一个囊泡，并伴有腋窝肿胀和轻微的身体不适。这绝不是罕见的个例，这样接种在皮肤上激发出的液体可能总能产生天花。

我曾经给一个很多年之前已经得过牛痘的人接种天花脓液，并且病人的手臂上产生了一个小水疱，之后我用其中少量的液体接种了一个年轻的妇女，结果她得了温和但非常有效的天花，虽然那个病人本身并没有产生全身性的症状。弗斯特先生的以下来信更清楚地阐明了这一情形：

"1797年4月3日，我给14个月大的H姓小主人接种了人痘。就像一般的接种一样，他生病了，出了很多皮疹（尤其是在脸上），然后恢复了健康。负责照看他的是一位24岁的育婴女佣，她在很多年前以自然感染的方式得过天花，这从她皮肤上的麻点就可以明显地看出来。她习惯将这个男孩放在她的左臂上睡觉，用左脸颊与他的脸接触，在男孩接种疫苗期间他大部分时间都以这种方式睡觉。就在男孩康复后大约一个星期，她（育婴女佣）要我看看她的脸，她说那里很痛。她的左脸颊出现大量的皮疹，但身体其他部位则没有，这些皮疹后来也出现了化脓。

经询问，我发现在皮疹出现前3天，她有轻微的寒战、头和四肢疼痛以及发烧。当皮疹出现时，这些疼痛都已经消失了，而现在，也就是皮疹出现的第2天，她抱怨喉咙有点痛。以上症状是天花还是她最近感冒的结果，这一点我不知道。在皮疹出现后的第5天，我用柳叶刀从她的两个脓疱中取出脓液，并在第2天接种给了两个孩子，一个是2岁，另一个是4个月大。同时，我用从H姓小主人那里取出的天花脓液给他的母亲和大姐进行了接种。在接种的第5天，他们的手臂都发炎了；被接种了从育婴女佣那里取出的天花脓液的两个孩子，大一些的在第8天病了，小的在第11天病了。他们两个身上都出现了大量的皮疹和脓疱，我从中取出了一些脓液又接种了其他几个人，他们也都如期地得了病。H姓小主人的母亲和另一个孩子大约在同一时间生病，并同样出了大量的皮疹。

此后不久，该村的一名男子患了天花，而且是那种融合型的。为了确信那些接种的孩子们已经有效地被接种，我将他们带到那个男子的家中，并用从他身上取出脓液接种到这几个孩子的手臂上，但没有出现人痘接种的常见症状。"

我提出这些，并不是把他们当成罕见的事件，而是作为人的身体系统对天花易感性的举例，尽管以前人们已经意识到它的作用。

对于人类来说，高兴的是当天花再次出现在同一个人身上，只有在极少数的情况下会导致超出轻微程度的症状，以至于这被视作是一种现象！的确，自从赫伯登博士发表关于天花(或水痘)的论文以来(赫伯登于1768年在《医师学会会刊》上发表了关于水痘的论文)，为了尊重权威，这种现象的存在已经被大众不情愿地无视了。但我认为这是没有正当理由的，因为当我们看到一个非常有说服力的病例(众多病例里的一个)的时候，我想没有人会再次怀疑这一事实。伯克郡纽伯里的外科医生爱德华·威瑟斯先生在《伦敦医学会报告》第四卷中就记录有这样的一个病例，我从中摘录如下：

"理查德·兰福德先生是本郡（伯克郡）西谢福德的农民，年龄约50岁，他还是大约一个月大的时候得了天花，那时他家庭中的其他三个人患上了相同的疾病，其中一个仆人还死了。兰福德先生的容貌强烈地表明了这种天花的毒性，他坑坑洼洼的麻脸能够吸引所有见过他的人的注意力，因此没有人会对他铁定得过天花这件事有半点的怀疑。"

威瑟斯先生接着说，兰福德先生第二次被天花感染了，患上的是严重的融合性天花，并在感染后的第21天死亡；兰福德先生家庭的四个人，还有他一个姐姐(因为她儿子拜访了舅舅)，都患上了天花，该病的性质完全符合天花，这一点毫无疑问。兰福德先生的姐姐也死了。

这个病例被认为是那样地格外特殊，以至于让教区负责人在教区记事簿中做了详细的记录。

奇特的是，在这种情形里，大多数情况下这种疾病第一次出现时是融合型的，因此，皮肤上的溃疡程度（像在牛痘里一样）在自然属性上不能为人的身体提供安全保障。

由于天花这一主题与我当前关注的更直接的主题是如此交织，因此请原谅我要反复地介绍它。目前，我们必须将其视为尚未被充分了解的疾病。我对牛痘的属性所进行的调查可能会促进对天花进行更好的研究。

皮尔逊博士对牛痘历史进行的调查获得了许多证据，可以用来支持我的关于牛痘可以保护人体免受天花感染的主张。我并没有刻意去寻求更多的证据，但是由于我的一些朋友非常友善地为我提供了下面这些信息，我将对此进行总结并添加到这里。

这是本郡斯特劳德的外科医生德雷克先生（后来成为北格洛斯特民兵团的外科医生）的一封信的摘录：

"1796年春天，我给大约70个人接种了人痘，包括男人、女人和儿童。许多男人没有出现感染的症状，尽管他们至少被接种了3次，并在整个过程里一直与那些出现了疾病症状的人待在同一个房间里。由于急切希望他们在将来对天花有抵抗力，因此在调查中我特意去了解他们以前是否曾经得过天花，或者任何时候在天花患者身边待过。但是，我所能获得的唯一令人满意的信息是他们曾经得过牛痘。那时我不知道这种疾病会影响人类，所以我自以为是地想他们认为的牛痘实际上就是轻微程度的天花。一次，我在一个多个军官在场的场合提到了这种情况，那时我表达出它到底是不是天花的怀疑，但上校的话让我感到有些意外，他告诉我他经常听到您提到牛痘在格洛斯特郡是一种地方性的疾病，而且如果有人曾得过牛痘的话，您认为他以后就可以抵抗天花的感染。这激起了我的好奇心，当我访问格洛斯特郡时，我对这个问题非常感兴趣，而且从我收到的信息（您发表的论文以及与严谨的医务人员的交流）来看，我完全相信上面提到的几个男人实际上的确是得过牛痘，而且我可以断定他们有效地抵抗了天花的感染。"

弗莱先生，本郡达斯利的一位外科医生，惠赠给我了以下信息：

"1797年春季，我给1 475人进行了人痘接种，他们年龄不同，从2周大到70岁不等。其中一些人曾得过牛痘，我无法说出确切的数字，但是如果我说有将近30，那肯定在这个数字之内。在被接种了人痘之后，这些得过牛痘的人里没有一个产生全身性的影响，也没有人手臂上接种处局部炎症的程度比那些得过天花的人更严重，尽管为了让他们安心，我给他们分别接种了四五次，甚至六次。在人痘接种大规模普及之前，几乎每年我都遇到过一两个感染过牛痘的人，他们能够抵抗天花的感染。我可以公平地说，我以前见过那些得过牛痘然后被接种天花的人数不少于40，但他们当中没有一个人在接种后出现天花症状，尽管在整个过程中他们总是和其他接种得病的病人在一起，而且其中一些人还故意让自己暴露在自然的天花感染之下。从那时起，我完全相信，曾经得过牛痘的人不再能够对天花脓液起反应。

我还接种了不少得过被普通百姓称为"猪痘"的病人，这是几年前在附近流行过的疾病，其中没有一个人出现了天花的症状[13]。

大约有6个这样的病例，他们从未得过牛痘或猪痘，但在人痘接种后没有出现疾病症状，身体没有出现一点紊乱，手臂也没有发炎，尽管他们被反复接种了人痘，而且与患上天花的人一起相处，他们当中有一个是蹄铁匠的儿子。"

蒂尔尼先生，南格洛斯特民兵团助理外科医生，向我提供了以下信息：

"1798年的夏天，他给该民兵团的许多人接种了人痘，在这些人当中，他发现有11个人因为曾经在奶牛场里生活而感染过牛痘。这些人

---

[13]这就是我在上一篇关于牛痘的论文中我提到的轻度型天花。

对接种的人痘都有抵抗力，只有一个人例外，但是根据对格洛斯特郡的那个农场（也就是那个人说他患上牛痘时居住的地方）以及农场的人（那些他说和他同时期在农场生活的人，尤其是一个住在那个教区的而且给他包扎过手指的人）进行了最严格、最仔细的调查，很明显他患上牛痘这件事是他自己故意强加给自己的，实际上他从未得过牛痘。"⑭

蒂尔尼先生还指出，那些得过牛痘的人在接种人痘后非常迅速地出现了炎症，而且炎症部位形成了一些小的脓水样的液体。

去年7月，克莱因先生非常随和地答应了我关于检测牛痘病毒效果的请求，之后他很友好地给我写信告知了这个试验的结果，其中摘录如下：

"亲爱的先生，

牛痘试验取得了极大的成功。被接种了牛痘的孩子在第7天病了，出现了中度的发烧，然后在第11天退烧。由牛痘病毒接种所引起的炎症扩大到了直径约4英寸的大小，然后逐渐消退，并没有疼痛或其他麻烦，没有出现皮疹。

此后，我在三个地方给他接种了人痘，接种处在第3天出现了轻微的炎症，然后就消退了。

利斯特博士曾经是天花医院的医生，他与我一起查看了这个孩子，他坚信不可能让这个小孩再感染上天花。我认为用牛痘病毒代替人痘有望成为医学上最大的进步之一，而且随着对这个问题的思考越多，我对它的重要性的印象就越深。

怀着崇高的敬意

谨上

亨利·克莱因

1798年8月2日"

在通信来往中，皮尔逊博士给了我很大的帮助，不时向我报告他个

---

⑭公众对这里描述的这种人的尊重不能过多。

人在伦敦进行的关于牛痘苗的试验的结果；我也要向伍德维尔博士对我的帮助表示感谢，他在天花医院进行了大量的牛痘病毒接种，结果表明许多患者在接种后出现了皮疹反应，而且皮疹变成脓疱的过程与天花中发生的非常相似。他们起初用来接种的脓液取自一头来自伦敦一家大型奶牛场的奶牛。在我个人的实践中，从未见过患上牛痘的人（无论是通过自然的感染，还是通过人为接种）身上出现那样成熟的脓疱，所以我很想看看那些在伦敦产生的脓液对乡下居民的影响。一根浸润过脓液的棉线被寄到了我这里，我把它接种到了两个孩子身上，下面是我从笔记中抄录的关于这些孩子的情况。

"斯蒂芬·詹纳，三岁半。

接种后第3天：手臂出现应有的、明确的炎症。

第6天：产生了一个囊泡。

第7天：脓疱呈现出樱桃色。

第8天：脓疱的高度升高。现在，两个手臂肱二头肌下肌腱附近的接种处都出现一些丘疹，很小，呈鲜红色。小孩脉搏自然，舌头的颜色也正常；没有食欲不振或任何不适症状。

第9天：当天晚上手臂上的接种脓疱开始发炎，这给孩子带来不安，他指着脓疱部位哭，此后立即出现了发热症状。症状发作2个小时后，加强汞软膏被涂到了脓疱处，并且很快就见到了效果，因为在10分钟内他就恢复了平时俏皮的样子。涂抹药膏约3小时后，对他的手臂进行了检查，发现药膏在减轻炎症方面的作用非常明显。

第10天：手臂上的丘疹消失了，但是脸上又出现了3个。

第11天：脸上的2个丘疹没了，另一个也几乎觉察不到。

第13天：此时孩子手臂上的脓疱就和在《一项对天花疫苗的起因和作用的调查》论文里的第二个插图中的脓疱很像。

第14天：脸上出现2个新的丘疹。手臂上的脓疱已经结痂。里面如果有任何液体残留，它应该是清澈的。

4岁的詹姆斯·希尔在同一天被接种，所接种的脓液也和斯蒂芬·詹纳一样。直到接种后第5天，詹姆斯·希尔才开始出现反应。

第7天：出现了可察觉的囊泡。当天晚上病人感到有点冷，在腋窝下没有出现疼痛或肿块。

第8天：状态非常好。

第9天：没有变化。

第10天：囊泡比我以前通常所见的要高得多，猜想它在这个阶段比一般的牛痘接种有更完整的属性。

第11天：接种处周围有发炎的红肿，大约有1先令的大小，其中散布着微小的囊泡。脓疱里的液体直到第14天都是清澈的，然后以常规方式开始结痂。但是这种结痂在无意中被蹭掉了，之后缓慢愈合。

这两个孩子后来完全暴露在天花感染里，但都没有得病。"

应我的朋友(住在本郡伊斯廷顿的亨利·希克斯先生)的要求，我给他的两个孩子接种了牛痘，与此同时也给他的一些仆人和工厂的工作人员做了接种，接种所用的脓液就是取自那个男孩(詹姆斯·希尔)的手臂。这一次接种总人数为18人。他们都出现了症状，并且在之后第5或第6天，在接种的部位出现了一个可以看到的囊泡。他们中有些人在第8天开始感到一些身体不适，但在第9天感到不适的人就更多。就像之前提到的病例一样，他们的病情持续时间比较短，不足以妨碍孩子们的玩耍，也不足以中断仆人和工人的日常工作，只有很短的一小段时间例外。

在接种后的第11天或第12天，在工厂里从事某种程度的辛苦工作的3个小孩手臂上出现了超出常见大小的炎症，这时候以前几乎消失的发烧症状再次发作，并伴有腋窝肿块的增大。在这些情况下(明显感觉到症状是由手臂的状态控制的)，我用一小撮事先在醋酸铅溶液[15]里

---

[15] 古拉尔氏(Goulard)洗液。

浸泡过的皮棉涂抹接种处的脓疱，并在1小时内重复了三四次，然后用蘸有冷水的布将红肿的炎症处盖住。

第2天，我发现这种简单的治疗方法非常成功。炎症几乎已经消失，而由它产生的症状也随之消退。

此后，其中一些病人被接种了人痘，除接种部位出现了少许炎症外，没有其他任何影响。

为什么在乡下接种了牛痘的人的手臂比在伦敦接种了的那些人的更容易发炎，这可能很难确定。通过将我自己的病例与皮尔逊博士和伍德维尔博士转交给我的病例进行比较，这似乎是事实。令我印象更为深刻的是，那些在伦敦被接种牛痘的人身上出现了更多发展成脓疱的皮疹。在我提到的两种情况（一种来自牛痘接种，另一种来自牛痘的自然感染）里，病人一般只出现红色丘疹，而且在没有进展成为脓疱时就很快消失。的确，牧师穆尔先生的仆人这个病例看来与本郡的普遍情况有所不同，但是除了不能通过排出的污气传染之外，这些皮疹的性质并不能确定。也许我们所感觉到的差异可能是由于病毒作用方式的不同所导致的，病毒在呼吸伦敦空气的人和居住在乡下的人的皮肤上可能产生不同的作用。丹毒的形态在伦敦和在乡下有所不同，这是一个公认的事实。我把由牛痘病毒引起的炎症定性为丹毒性的炎症，也许可能不是非常准确，但确实已经近似了。现在，由于疾病从感染病毒的局部开始向全身进展的时候，可能会因为病人身体的各自特性而呈现出一些变化，这难道不能用来解释我们所观察到的疾病表现的差异吗？

对此，有人可能会有一些异议，因为在伦敦接种后出现脓疱的病人有一些是最近从乡下来的人，但我认为，通过肺部作用而在人体内造成的变化可以非常迅速。但终究来说，在伦敦用乡下产生的疫苗病毒进行进一步的接种试验，必将最终阐明这个目前还显得晦涩而神秘的问题。

与在乡下生产的牛痘病毒相比，我能感觉到在伦敦生产的牛痘病毒在作用上具有更确定的传染性，并且在手臂会导致较轻的炎症。还有，它所产生的脓疱在和周围皮肤位置的相对高度上也要高得多。在我以前的病例中，由牛痘病毒接种而产生的脓疱看上去更像那种恶性融合型天花在身体上密集地布满全身的脓疱里的其中一个，而这则更像是散发型天花的脓疱，只是我看不到里面有脓形成，直到结痂为止，脓疱里的液体依然清亮。

由于希望看到这种疾病对新生婴儿的影响，我的侄子亨利·詹纳先生应我的要求将牛痘病毒接种到一个大约出生20小时的孩子的手臂上。他给我的报告是，孩子经历了这种疾病但没有出现明显的病症。随后我给这个婴儿接种了人痘，发现疫苗的接种已经有效地让婴儿的身体对天花有了抵抗力。

我曾有机会在一个男孩身上去测试牛痘接种的效果，这个男孩在接种的前一天得了麻疹。接种后第3天，麻疹开始暴发并扩散到全身，同时伴有咳嗽、一点胸痛以及一些伴随该病的常见症状。麻疹的发病过程没有偏离它常规的模式。尽管如此，牛痘病毒还是在手臂上和身体上激发出了常见的疾病表现，而没有受到任何明显的干扰。在接种后第6天出现了一个囊泡。

第8天：腋窝疼痛，发冷，伴随有头痛。

第9天：快好了。

第12天：脓疱扩散到一个大豌豆的大小，但周围没有红色疹斑。此后不久，脓疱结痂了，男孩迅速恢复了健康。但是应该被提及的是，在结痂之前，那些暂时没有出现的红色疹斑已经出现并照常进展。

在这里，我们发现了牛痘与天花在性质上不同的一点，因为人们已经注意到麻疹的存在会延缓天花脓液的作用。但是，红色疹斑的延迟出现也是值得注意的事情。

现在关于牛痘的研究主要是通过接种进行的（我再次重申一个表

心的希望，即接种能够被冷静和温和地进行，就像进行哲学研究时经常有的那样），这些正在普遍进行的研究必将很快把牛痘摆到一个公正的位置上去。我对人体进行的所有病毒试验的结果都是一致的。对每一个病人来说，只要感受到了所接种病毒的作用，就会完全丧失对天花的易感性，而且随着这样的病人数量的增加，结合本文前半部分的观察结果，我认为这些病例充分地使我不必去与那些散播不利于我观点的报道的人进行争论，那些报道只是胡乱收集了一些证据而已。

关于天花疫苗的事实和观点的延续

自从我发表关于疫苗接种的论文以来，我很满意地看到它得到了广泛传播。疫苗接种这个主题不仅在本国得到了非常热忱的关注，而且通过我与欧洲大陆上许多令人尊敬的医学绅士（其中有维也纳的德卡罗博士和汉诺威的鲍尔霍恩博士）的通信往来，我发现它在国外也受到了广泛的采用。我也很高兴地看到，反对牛痘接种的极少数人的虚弱努力正淹没在越来越多的支持牛痘的证据里。

现在，已经有6 000多人接种了牛痘，其中很大一部分在其后又接种了人痘，并且以各种合理的方式暴露于天花病毒的感染下，但都没有得上天花。

对如此类似于天花的疾病进行深入研究，如果没有引起伦敦天花医院医生的注意的话，是一件很不可能的事情。

正是这样，在伦敦天花医院备受尊敬的伍德维尔博士之前对牛痘的属性进行了调查。这项调查工作是从年初开始的，今年5月伍德维尔博士发表了这一结果，他的结果在非常重要的一点上和我的很不相同。在他的实验结果里，五分之三的病人在接种牛痘后出现了多个疱疮，其中大部分与人痘接种非常相似，以至于无法与人痘接种区分开。关于这个问题，我必须做一些评论。

当我想到那些我时不时地看到的以自然方式从牛身上感染牛痘的

病例（大量这样的病例里的一部分），以及在本地区附近其他医务人员告诉我的一些类似病例的时候，还有当我想到我在1797、1798和1799年所进行的牛痘接种所用的脓液是取自不同的奶牛，而且在以上任何情况下都没有出现像天花脓疱之类的东西的时候，我无法想象类似伍德维尔博士所描述的脓疱是由没有被污染的牛痘病毒所引起的。恰恰相反，我认为伍德维尔博士所说的那些脓疱就是混杂在牛痘里的天花脓液的作用所导致的。我推测事情是这样发生的，在被接种牛痘后（有些是在第3天，有些是在第5天）很多病人又被接种了人痘，并且值得注意的一点是，在那些以前似乎并不了解牛痘特性的医学绅士手中，这些接种的天花脓液会成为新的牛痘接种所用疫苗的来源，从而在被接种的人群里扩散。

在我看来，另一个强烈支持这种推测的事实如下：在我们的奶牛场中，人们很早以前就知道牛痘，假如从奶牛传给挤奶工的牛痘脓疱真的像天花一样，难道我们的农场不会知道和记录这样的事实？然而，我们的农民和附近的医务人员都没有注意到过这种情况。

我有时看到过一些散发的丘疹，尽管很少见，它们当中大部分通常会很快消失，但是有些丘疹的停留时间足够长，以至于它们的顶点出现了化脓。局部表皮的炎症，无论是自发地发生还是由于使用刺激性物质（例如斑蝥、白树脂、酒石酸锑钾等）引起的，都会让皮肤受到影响，不仅在发炎部位附近，也会波及它的边界之外，这是一个众所周知的事实。毫无疑问，根据这一原理，牛痘接种的脓疱及伴随着它的皮肤红斑可能会在体质非常脆弱的人身上产生这种影响。我提到的皮疹通常在接种后第3周的某个时候出现，但是这种表象太细微了，引起不了人们的一丝关注。

那些天花医院里疫苗接种过程中外观上的变化，也应该如此考虑。

尽管在起初的实验里有近五分之三的被接种者出现了类似天花脓疱的症状，但在伍德维尔博士于6月发表的最新报告中，他写道：

"自从我发表关于牛痘的接种报告以来，我已经护理了300多个牛痘接种病例，其中只有39个出现了脓疱化脓：在前100例中，有19个有；在第2个100例中，有13个；在最近110例中，只有7个有脓疱化脓。因此，看来该疾病已变得轻了很多。我倾向把这归功于对用来作为传染媒介的脓液的谨慎选择，因为，最近那些被用来接种的脓液都是从那些患上了温和而且特征明显的牛痘的人身上采集的。"①

我从这些前提里所做出的推论是非常不同的。我认为，这些脓疱的减少以及最终几乎完全灭绝，很可能要归因于牛痘病毒对天花的同化作用②，前者可能是原始的形态，而后者则是同一疾病经历了一种特殊的、目前还不为人所知的修饰。

我曾经有机会启动一个旨在阐明目前所讨论的这个问题的实验。假设位于格洛斯特谷地肥沃的草地上的奶牛可能会产生某种病毒，它的性质在某些方面与都市里人工饲养的奶牛所产生的病毒有所不同。在那里居住的某个春天，我从伦敦一家奶牛场的一头奶牛那里获得了一些牛痘病毒③。它立即被运送到格洛斯特郡的马歇尔博士那里，然后马歇尔博士做了大量的牛痘接种实验，这些实验的结果，尤其是接种那个特定的牛痘脓液的实验结果，将在下面马歇尔博士的来信里呈现给读者：

"亲爱的先生，

我的邻居希克斯先生提到您希望了解牛痘在这里接种的进展情况，并且他还不辞劳苦地将我所护理的病例的记录转告给您，现在我要向您说明我在这个问题上的一些看法，希望您能原谅我对您的进一

---

① 在牛痘接种被引入天花医院后的几周里，我被惠赠了一些病毒的原种。在第一批原种里，它用于接种产生了一些不成熟的脓疱；但是随后的几批则没有出现脓疱的情况。——爱德华·詹纳

② 在我关于该主题所发表的第一篇论文中，我提出了天花和牛痘是经过不同修饰的相同疾病的观点。伍德维尔博士对这一观点也表示赞同。不朽的亨特的至理名言——"两种疾病不能同时在同一部分发生作用"——不会因接受这一理论而受到伤害。

③ 当时是兽医学院学生的坦纳先生从肯特镇克拉克农场的一头母牛身上取下来的。

步打扰。因为有两个孩子没有得过天花，所以当我第一次听到接种牛痘的事情时，我就决定，一旦能够幸运地获得适合用来接种的牛痘的时候，我就要给孩子接种牛痘。因此，当得知我可以从您那里获得一些牛痘脓液时，我感到特别高兴。最初，我的意思是只在我的家庭里进行牛痘接种。但是，牛痘抵抗天花的功效已经得到普通大众的认同，这种广泛的影响力让我改变了想法。通过本函随附的这些继续进行的接种病例④，您会看得出来，从3月22日起我已经接种了107人，考虑到我已经处于退休状态，这是一个很大的数字。除了抵抗天花的这个作用外，牛痘接种的其他一些方面也比较重要，包括非常轻的病症、已知的安全性以及在任何情况下都不会影响被接种者进行日常工作。在我所护理的所有病例里，仅有两三个病例需要给予治疗，因为手臂上出现了丹毒性炎症，这些炎症在治疗后也很快好转。在其余的病例里，全身性的疾病症状都比较轻微但又足够明显，比我以前观察到的相当数量的人痘接种所导致的疾病要少得多。仅有一两个病例在接种处及其附近以外的地方出现了皮疹。牛痘似乎也不是诱发其他任何疾病的原因，而这在人痘接种中很常见，在牛痘接种的症状终止后，人的身体仍然保持健康和活力，就像接种前一样。另一个重要的考虑似乎是牛痘不会传染，除非通过脓疱的直接接触来传播，因此，如果一个家庭希望只同时接种一两个人，家庭里的其他成员依然完全安全。

　　总之，在我看来，如果以最谨慎和被认可的方式进行，与人痘接种相比，牛痘接种导致的是一种更舒适、更短并且更安全的疾病，无论是接种部位的局部影响，还是身体整体的疾病都没有那么剧烈。在我有机会观察牛痘对各种不同体质（从3个月大到60岁）的影响后，我在谈论这一问题时充满信心，并且我对这一主题也特别关心。通过在这里提到的病例，您会发现，即使在切断了它最初的来源后，牛痘的性质

---

④马歇尔博士非常详细地介绍了这些病例，但是现在把这些信息放在论文里是多余的。——爱德华·詹纳

或外在表现不会发生变化，而且它可以通过一个人传给另一个人的方式（如果能够小心地在合适的时候获取脓液）无限期地进行下去（我猜想的），而不必重复地从奶牛那里去获取原始的脓液。

如果我的任何努力可以进一步帮助阐明这个主题，我将感到愉快；如果还能给您发送我可能提出的任何进一步的意见，我也将对此感到非常满意。

谨上

约瑟夫·马歇尔

伊斯丁顿，格洛斯特郡，1799年4月26日"

惠赠给我上面的记录的绅士继续为他的调查付出了不懈的努力，并在另一封信中告知了我这一结果，应他的要求，我把他的信全文公布。

马歇尔博士的第二封信：

"亲爱的先生，

自上一封信发出之日以来，我一直在继续接种牛痘病毒，包括之前列举的病例在内，现在的接种总数达到了423例。详细列举每个人的疾病进展不仅乏味而且没有必要，我想声明'我发现这些新的接种病例与我以前提到的在任何方面都没有偏差'就足够了。接种后手臂上的常见外观与您发表的第一篇论文中所描述的完全吻合。当他们因丹毒性炎症而出现麻烦时，用等量的醋和水的混合物涂抹总是可以达到预期的目的。我必须告诉您，当疾病的确影响了身体时，我经常使用医用硫酸。用探测器或任何方便的器具头部滴一滴硫酸在脓疱上，让滴液在脓疱上停留约40秒，然后用海绵和水进行冲洗，这种处理方法总能成功地阻止疾病的进程，而且也能加速结痂的形成。

我已经给我病人中的211人接种了人痘，而每个人都对它有抵抗力。

来自我的实验（在采取了必要的谨慎措施下进行的）的结果使我完

全相信，真正的牛痘对天花是一种安全且可靠的预防手段，在任何情况下，我都没有发现过任何可以称得上是麻烦的事情，而能称得上危险之类的东西就更不用说了，因为在任何情况下，被接种的人都能继续他们的日常工作。

在伍德维尔博士所发表的关于牛痘的论文里，我注意到了一个非同寻常的事实。他说他所接种的病人普遍产生了多个脓疱，而在我所有的病例中，都只产生了一个脓疱，它出现在病人被接种那只手臂的肘部，刚好出现在接种的部位，而且都会成熟化脓，这似乎是非常的不寻常。

我所有的观察结果都建立在广泛的经验基础之上，它使我得出了这些显而易见的结论。那些已经或可能被引用来反对牛痘对天花的预防能力的例子不可能是真牛痘，因为假如牛痘预防天花的能力真的不存在的话，那我在那么多的接种病例里毫无例外的成功是绝对不可能的。牛痘接种将迅速取代人痘接种，我对这没有半点怀疑。如果适当考虑到牛痘这项新的实践所必将带来的许多重大好处，我们就可以合理地做这样的推断：公众利益(对这项新发现的真正检验标准)将使牛痘接种获得广泛的应用。

先生，作为这种高度有益的方法的发明者，您把最高的恩惠带给了整个人类。我作为个人，和普通大众有相同的感觉，而更特别的是，您为我提供了一个让我观察这种奇特疾病的效果的机会，并可以看到这项生理学历史记录中最奇特的实验的进展。

谨上

约瑟夫·H.马歇尔

又及：

我应该还提到一点，在我接种并列举在信中的病例中，有127个是用您从伦敦奶牛身上获得并寄给我的脓液接种的。我发现，这些病例出现的症状与我在这里乡下获得的牛痘脓液所接种的病例的症状没有不同之处。除了一两个人之外，被接种的人都没有出现多个脓疱，只在接种的手臂上出现了一个。接种部位的局部炎症也无明显差异。接种没有导致劳动者日常工作的终止，也不需要使用任何药物。

我经常给一个家庭中的一到两个人先接种疫苗，几周后再接种家庭里的其他成员。那些没有被接种的人在整个过程中都与被接种的人一起睡觉，但都没有被感染。因此我完全相信，除非真正接触了脓液，否则人们不可能得上这种病。

最近，我观察到了一个奇怪的现象，希望请您对此发表评论。

我曾经拜访过一位患有融合型天花的患者，并用手术刀从他身上取了一些脓液。2天后，我要给一名妇女和四个孩子接种牛痘，无意间在取牛痘脓液的时候用了同一把手术刀，就是之前用来取天花脓液的那把。3天后，我发现了这个错误，并十分肯定地预测我的五个病人会被天花感染，但我很惊讶同时又欣喜地发现他们得的是真正的牛痘，这种疾病和我之前接种的牛痘病例在进展上没有任何差异。之后，我给这几个病人接种了人痘，而所有人都抵抗了它的作用。

我忘了提到我发现的关于牛痘接种的另一个伟大的优点，我的意思是牛痘的安全性让孕妇也可以接受接种。我已经接种了不少处于怀孕状态的女性，但从未发现她们与我接种的其他病人有任何不同。的确，这种疾病是如此温和，以至于似乎可以随时以最安全的方式进行传播。"

在此，我将借此机会感谢马歇尔博士以及其他热情地向我介绍他们的牛痘接种工作的绅士们。但是，由于他们都赞成上面通信里提到的一点，即牛痘接种可以让人获得对天花的抵抗力，我想，他们细心的研究不会让尚未得到充分满足的我们满意。理所当然，我将就一些特殊情形做一些详细介绍。一些和我通信的接种从业人员提到，在他们开始接种的最初阶段出现了类似天花的脓疱，但是在这些病例里，用于接种的脓液都是源自天花医院的脓液原种。

我本人用马歇尔博士的病人所产生的脓液做了大量接种，这些脓液都起源于伦敦的那头奶牛，没有观察到任何形式的脓疱产生，并且已将其分发给了其他接种者，他们的接种也产生了类似的效果。亨利·詹纳先生告诉我他用这个来源的脓液接种了一百多个病人，没有观察到类似天花疱疹的产生。在切断它的原始来源后，病毒的性质是否会在人传人的传播方式里随着时间而发生任何变化呢，这是可以检测的问题。我现在用来接种的病毒已经使用了近8个月，其作用方式（无论是对局部还是全身）都没有发生一点可以觉察的改变。因此，我们有充分的理由期望其效果不会改变，并且我们也不必从奶牛身上寻求新鲜的疫苗种源。

　　以下观察是由南格洛斯特民兵团的助理外科医生蒂尔尼先生热心地提供给我的，在我上一篇关于牛痘的论文里他也提供了帮助，我在此对他一同表示感激。

　　"从4月11日至4月下旬，我用牛痘脓液接种了25个人，其中包括妇女和儿童。在11日一些人被接种了施奈普奈尔先生（该团的外科医生）从您那里得到的脓液，而其他人则被接种了从这些人身上获取的脓液。我仔细地观察了牛痘接种的进展情况，其外观与天花似乎有所不同，接种部位的炎症在最初的几天（从第3天到第7天）显得要少一些。但是此后，炎症加剧了，到了第10天或第11天，炎症延伸到了距其中心约1英寸半的圆圈大小，让非常疼痛的手臂濒临危险状态。但是我很高兴地说这种危险没有发生，因为，每天重复多次在发炎的部位涂上含汞的软膏，直到炎症消失为止，手臂在没有接受其他治疗的情况下就恢复健康，没有出现进一步的麻烦。在接种后第8天或第9天出现的全身性症状几乎算不上是病，因为它们非常轻微以至于几乎无法察觉，除了轻微的头痛、疲倦以及腋窝下的僵硬和一些痛苦的感觉外。后一种症状最明显，持续了12到48个小时。在任何情况下，除了接种了病毒的部位外，我都没有观察到一个哪怕最小的脓疱，甚至像初期的脓疱那样的皮肤变色都没有发生。

在所有这些症状消失并且手臂恢复健康之后，我给其中四个人接种了从另一个兵团的一名天花患者那里取来的脓液。每个人都被皮下接种了几次，轻微的炎症在接种后的第 2 或第 3 天出现，并在第 5 或第 6 天之前消失，只有一个人例外。这个人在加入我们之前曾经在格洛斯特郡得过牛痘，他这次也被接种了牛痘。这个男人在人痘接种处出现了炎症，而且他的手臂比接种牛痘病毒时还难受得多，但他腋窝没有出现疼痛，也没有发现任何身体上的影响。

我还需要补充的是，我现在对牛痘在预防天花感染方面的功效感到完全满意，而且认为它是人痘接种的极为美好和有益的替代品。

谨上

M. J. 蒂尔尼"

虽然对得过天花的人来说，他们对牛痘病毒的敏感性已大部分丧失，但在一些人里，它只是部分地被破坏，而在另一些人的身体中，它似乎也并没有降到最低的程度。

到目前为止，很多得过天花的人对牛痘接种有完全的抵抗力，但是我发现有些得过天花的人手臂上的接种脓疱已完全形成，但周围却没有常见的红色疹斑，也没有任何全身性疾病，而其他没有得过天花的人则以最完整的方式得了牛痘。桑伯里的外科医生弗斯特先生曾向我介绍一个属于后一类型的病例，我将其添加到这里：

"三个孩子被接种了您惠赠给我的牛痘。在接种后第 3 天被叫去看他们的手臂的时候，我被告知约翰·霍奇斯（三个小孩里的一个）在 1 岁时已经接种过天花，并且那次他得了完整的疾病，在脸上留下了很多痕迹，这一点是我以前不知道的情况。接种后第 6 天，这个男孩的手臂看起来好像接种了人痘一样，但脓疱显得更高一些。接种后第 9 天，他抱怨头部和背部有剧烈的疼痛，同时伴有呕吐和高烧。1 天后他身体变得很好，而且照常工作。在他手臂上接种处的周围产生了很大的色素晕环。

由于这与《医学与物理杂志》第8期所做出的论断背道而驰，因此我认为向您提供这个信息是正确的。

谨上

约翰·弗斯特"

因此，看来机体整体对牛痘病毒和天花病毒的反应遵循了同样的规律，在感受到了一种病毒的影响之后，就可以对这两种疾病进行比较。

温切斯特的外科医生莱福德和我的侄子乔治·詹纳牧师给我提供了一些惊人的例子，证明即使病人在接种前几天就暴露在了天花的自然感染里，牛痘接种依然能够抑制天花的进展。莱福德先生在介绍了他在汉普郡疫苗接种方面广泛的成功实践后，写下了如下文字：

"不久前我这里发生了一个这样的病例，也许值得您注意。我被叫去看一个患有天花的病人，经询问发现病人在我见到他的5天前就开始有了皮疹。在整个这段时间里，病人的两个之前没有得过天花的孩子总是和他一起待在房间里，经常和他一起睡觉。孩子的母亲询问我如何给孩子接种疫苗，但不同意我从他们的父亲那里提取脓液，因为他正处于丹毒的困扰中。我建议她无论如何都应在那个时候给孩子们接种，因为我无法在其他地方获得天花脓液，就给他们接种了牛痘。但我不能自夸地说这样的接种一定会成功，因为他们已经在天花环境里暴露了那么长时间，而且这种暴露还在继续。尽管如此，我很惊讶地发现，接种的牛痘有了进展并经历了它常规的过程。它还将继续前进，直到天花完全被消灭(如果我被允许这样说的话)。"

詹纳先生的病例同样令人满意。他写道：

"伯克利附近伍德福德的托马斯·史汀科姆的儿子在布里斯托尔以自然的方式感染了天花，然后回到了父亲的小屋。在男孩皮疹发作的4天后，这个家庭的其他成员包括父亲、母亲和五个孩子(其中没有一个人之前得过天花）被接种了牛痘病毒。在母亲的手臂上，接种没有产生一点影响，当然，之后她患上了天花[5]，但其他家庭成员却以通常的方式感染了牛痘，并且没有患上天花，尽管他们待在同一个房间里，孩子们和患上天花的哥哥一起睡在同一张床上，然后又和他们的母亲待在一起。

我和我的兄弟一起护理了这一家人。"

下面这个病例的性质太少见，以至于还没有引起人们的注意。

R小姐是一个5岁的小孩，在被接种牛痘病毒后的第8天晚上，她突然表现出了高热的症状，她的喉咙也有点酸，而且脖子上的肌肉有些不舒服。接下来的第2天，她的脸和脖子上出现了可以觉察到的红色皮疹，这与血管性猩红热的红斑非常相似，所以我问R小姐是否曾被该病传染。她肯定的回复，还有红斑在皮肤上的迅速蔓延，立刻解除了我对这种疾病性质的忧虑。牛痘以常规的方式进展，但并非没有出现让我自己和莱福德先生（与我一起护理病人的同事）吃惊的症状。总体来看，脓疱进展到成熟状态没有明显的偏离常规的过程，但它的周围一直没有弥散色素晕环或变色红斑，直到猩红热从身体上消退为止。一旦患者摆脱猩红热这种病后，这种脓疱的外观就又以通常的方式进展[6]。

H小姐的病例与其姐姐（上面的R小姐）的一样有趣。她在同一时间暴露在猩红热的感染中，并且几乎在同一时刻生病。疾病的症状在接下来12个小时持续变得严重，红斑性皮疹微弱地出现在脸上，部分也出现在颈部。这些在停留了两三个小时后突然消失了，她也没有了任何的症状。这种从严重疾病到健康的突然大幅度转变令我惊讶，但当我观察到接种的脓疱在其周围出现常见的红斑皮疹外观，并且接近

---

[5]在类似情况下，我建议最好每个手臂都进行接种，这样更有可能确保操作的成功。——爱德华·詹纳

[6]我在麻疹病例中也看到了类似的情况。当麻疹还在病人身体里的同时，牛痘病毒脓疱发育成熟，但直到麻疹消失之前，脓疱周围都没有出现红斑。

中心的部位几乎处于丹毒性状态时，这种惊讶中止了。但这个故事里最引人注目的部分是，在此后的第4天，一旦红斑皮疹开始在手臂上消失并且脓疱变干，猩红热就再次出现了，她的嗓子变得酸痛，红色皮疹在全身扩散。她经历了这种疾病所有常见的症状。

这两个病例确实是猩红热，因为该家庭中的两名仆人也患上了这一疾病，他们和两位年轻的女孩同时被感染。

有些人认为通过牛痘获得的天花的安全性只是暂时的。这种想法不仅有悖于这两个疾病在自然属性上的相似性，也在大量与之相反而且无可辩驳的事实面前不堪一击。在我第一篇论文的前一部分所引用的一些病例的基础上，如果有必要的话我还可以再引用更多病例；而在我提到的病例中，人们将会发现有这样一个人，他在被测试对天花反应的53年前得过牛痘。由于他对天花有完全的抵抗力，所以我设想这个时间间隔（从患牛痘到人痘接种）能够让任何有理性头脑的人感到满意。如果还有必要提供进一步的证据的话，我要说在弗莱先生、达克先生、蒂尔尼先生、亨利·詹纳先生以及其他接种从业人员的病例里，有很多人在接种天花脓液实验的很多年前得过牛痘，而且他们对人痘接种没有反应。

有人曾做过这样的猜想：在没有皮肤接种的情况下，牛痘能够通过排出的污气从一个人传播到另一个人。我专门设计了一些实验来检验这一点，所有这些实验都倾向于支持我原来的立场，即除了接触之外牛痘不会通过其他方式传染。我从来没有犹豫过，让那些手臂上有正在排出污气的牛痘脓疱的病人与那些从未得过牛痘或天花的人交往，甚至一起睡觉。而且，在儿童中间，我让那些没有感染的人在整个接种过程中去对着接种牛痘的脓疱呼吸，但这些实验却没有产生一点效果。然而，为了对这个如此重要的问题进行严格检验，我希望亨利·詹纳先生开展进一步的实验，以使他最有可能验证或驳斥之前在这个问题上的观点。之后他告诉我，他给孩子们的胸部接种了疫苗，而这些孩子的母亲之前既没有得过天花也没有得过牛痘；他也接种了一些哺乳期的母亲，她们的正吮吸母乳的婴儿也从未得过这两种疾病。在这两种情况下，接种脓疱在成熟的过程中所排出的污气每天都在被吸入，而这些暴露并没有导致一点疾病。在一个妇女分娩前的一个星期，他为她接种了牛痘，这样她的婴儿可能更充分、更方便地暴露在脓疱所排出的污气里。但是，与以前的情况一样，感染并没有发生，尽管这个孩子经常睡在母亲的手臂上，鼻孔和嘴巴暴露在处于充分成熟状态的脓疱面前。简而言之，对于仅仅能够通过接触脓疱才能致病的牛痘而言，难道还可能通过排泄的污气来传播？

在最近的接种过程中，我发现了一个可能与此相关的现象。一个男孩被接种了新鲜清亮的病毒液，在接种后第6天，他手臂上的接种部分没有形成通常在这个时期出现的初级囊泡，而是被一层凹凸不平的琥珀色疮痂包裹住。疮痂持续扩散并增厚了几天，当疮痂的边缘出现了小囊泡组成的环的时候，这个病再经历了常规的过程，男孩的腋窝出现了酸痛，并且身体有些不适。从他手臂上取出的脓液被接种到了五个人身上。在一个人身上，接种没有产生任何作用；在另一个人身上，它产生了完整的脓疱，且与普通牛痘脓疱的外观没有任何偏差；但是在其他三个人身上，炎症的进展与提供接种所用病毒的人的情况完全相似：脓疱上有一个有点松动的疮痂，随后在其边缘形成了清亮的液体。由于这些人都从事艰苦的体力劳动，因此这些异常的外观可能是由衣服在刚发炎的手臂上摩擦引起的。到目前为止，我还没有机会将他们暴露于天花的感染里进行测试。

在这项调查的早期，我比现在更担心被接种手臂上的炎症情况。然而，炎症会发展到比预期更大的程度，这是有时可以预见的情况。由于炎症可以通过非常简单的方法进行控制甚至完全消除，因此我看不到任何让患者感到不安的理由，因为上药可能并非绝对必要。大约在接种后第10天或第11天，如果脓疱正常进行，手臂的外观几乎可以肯定地预示是否会产生脓疱。如果发生了这种情况，只需要在脓疱上滴一滴乙酸铅溶液⑦，让它在上面停留两三分钟，然后用在古拉尔氏洗液⑧里浸过的亚麻布覆盖脓疱周围的红斑皮疹即可。前者可能在一天中重复两三次，后者使用的频率达到让病人感到满意的程度就行。

如果疮痂被过早地擦掉（在儿童和劳动者中这种情况并不罕见），则可以用少量的乙酸铅溶液让表面立即凝结，并防止疮口溃疡。

我曾经在以前关于这个问题的论文中指出，人类体质在先前受到天花的影响之后，还经常会保持其对天花感染（通过排出的污气和接触）的易感性。许多通信者告知我的很多事实可以为这一声明提供进一步证据。我选择其中之一呈现在这里：

"亲爱的先生，

我认为，因为您的关于天花疫苗的性质和效果的研究和观点，整个社会都应该对您感激不尽。由于我认为现在要和您交流的内容有些重要，我想这对您来说不可能是无趣的，尤其是它可以用来证实您的一个关于天花易感性的主张，即尽管人体以前已经感受到了它的作用但依然可能对天花易感。1793年11月，我被要求为一个人接种天花。我从一个以自然方式感染而正患病的孩子那里取出了天花脓液，他身上有大量的散发型脓疱。这个孩子的母亲渴望看到我是如何通过接种来传播疾病的。在打开一个脓疱后，我以通常的方式用柳叶刀的尖端把脓液接种到自己的手背上，之后我就没有再想这件事，直到3天后我有了一种让我想起在那里发生了什么的感觉为止。第4天，那里有了人痘接种的所有常见表现，我一点也不感到惊讶，等到发现第6天和第7天炎症持续加重，并伴有少量液体出现的时候，我也没有感到不安。反复的试验告诉我，患过这种疾病的人可能会发生这种情况，但他们

---

⑦ 古拉尔（Goulard）萃取物。

⑧ 古拉尔氏（Goulard）洗液，更多信息请参见第一篇关于天花疫苗的论文，以及马歇尔博士的来信等。

不会有任何全身性症状。但是我不是那样幸运，因为在第8天，我突然出现了发疹和发热等症状，不过比我之前被接种天花时的程度要严重得多，那是大约18年前的事情，那时我长了大量脓疱。我必须承认，我那时开始紧张了，尽管我在天花这一领域做了大量的工作，在不同时间里接种了不少于2 000人。我确信我目前的疾病是源于天花脓液的接入，因此急切地盼望着皮疹的出现。第10天，我在靠近耳朵的两边脸上感觉到一种不同寻常的不适感：安静和发热，然后发烧开始减轻。脸上的症状在出现了三四个伴有炎症的脓疱后就很快终止了，但这些脓疱没有成熟化脓，而我随即也好了。

谨上

托马斯·艾利斯"

现在，这项调查还只是处于起步阶段，以至于我无法比以前更积极地谈论与天花有关的淋巴结核的重要性问题。

每一位进行了大量人痘接种的医学从业者，或护理过许多以自然方式感染了天花的病人的人，都应该承认自己经常见到受累于某种淋巴结核的情况，有时这在患者天花症状康复后很快就表现出来。我认为这个事实需要被承认，至少必须被认真关注过这一主题的人承认，所以我不能不问，难道将天花普遍引入欧洲不正是激活这个可怕的健康之敌最有效的手段之一吗？在认真观察了牛痘在这方面的作用后，我很高兴地宣布牛痘似乎并没有一点产生这种破坏性疾病的倾向。

当我对牛痘这一重要主题的观点首次发表时，所出现的怀疑（甚至在最开明的医务人员中也存在）是值得称道的。当一个学说如此新颖、又如此不同于任何以往在医学史上出现过的事物，在没有经过最严格检验的情况下，接受这样的学说就难免显得鲁莽。但是现在，这种检验不仅已经在我们内部进行，也在欧洲一线的医学专业人士中进行了，并且在如此广泛的实践里有了一致的发现，即人的身体一旦感受到了真牛痘的影响（就像之前描述的那样）后，在之后其存在的任何时期都绝不会被天花感染。我是否可以完全自信地祝贺我的国家和整个社会，在他们的注目下，温和的牛痘，作为一种解毒剂，它能够消灭一种在地球上每小时都在吞噬其受害者的疾病，一种曾经被认为是人类最严重的祸害的疾病！

主要人名翻译及人物关系图

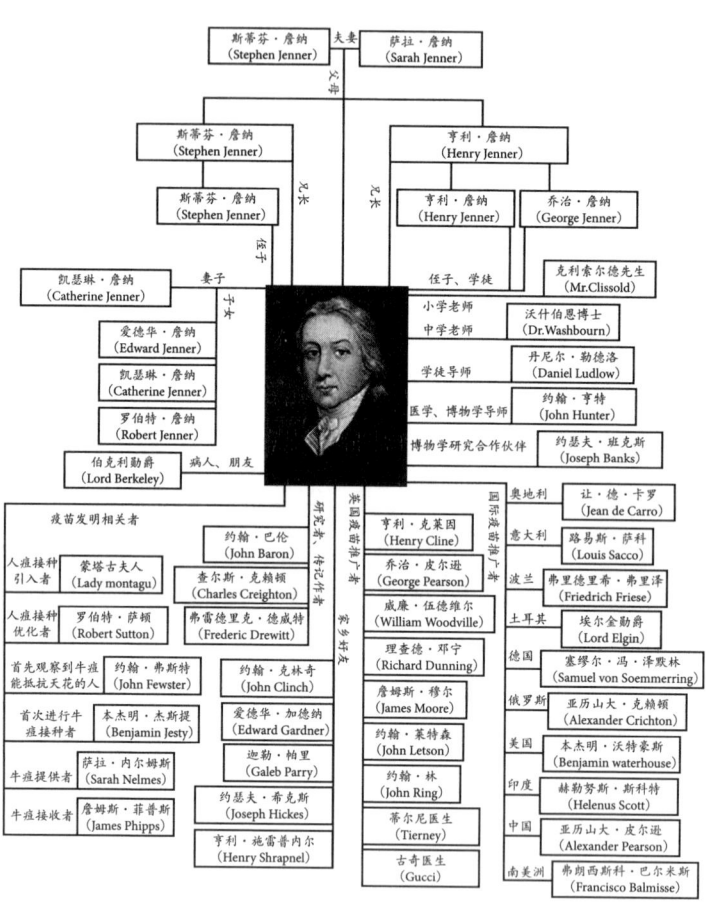

斯蒂芬·詹纳
(Stephen Jenner)　—— 夫妻 ——　萨拉·詹纳
(Sarah Jenner)

父亲

斯蒂芬·詹纳
(Stephen Jenner)　兄长

亨利·詹纳
(Henry Jenner)　兄长

斯蒂芬·詹纳
(Stephen Jenner)　侄子

亨利·詹纳
(Henry Jenner)

乔治·詹纳
(George Jenner)

凯瑟琳·詹纳
(Catherine Jenner)　妻子

克利索尔德先生
(Mr.Clissold)　任子、学徒

小学老师

中学老师　沃什伯恩博士
(Dr.Washbourn)

爱德华·詹纳
(Edward Jenner)　子女

凯瑟琳·詹纳
(Catherine Jenner)

罗伯特·詹纳
(Robert Jenner)

学徒导师　丹尼尔·勒德洛
(Daniel Ludlow)

医学、博物学导师　约翰·亨特
(John Hunter)

博物学研究合作伙伴　约瑟夫·班克斯
(Joseph Banks)

伯克利勋爵
(Lord Berkeley)　病人、朋友

疫苗发明相关者

人痘接种引入者　蒙塔古夫人
(Lady montagu)

人痘接种优化者　罗伯特·萨顿
(Robert Sutton)

首先观察到牛痘能抵抗天花的人　约翰·弗斯特
(John Fewster)

首次进行牛痘接种者　本杰明·杰斯提
(Benjamin Jesty)

牛痘提供者　萨拉·内尔姆斯
(Sarah Nelmes)

牛痘接收者　詹姆斯·菲普斯
(James Phipps)

约翰·巴伦
(John Baron)

查尔斯·克赖顿
(Charles Creighton)

弗雷德里克·德威特
(Frederic Drewitt)

约翰·克林奇
(John Clinch)

爱德华·加德纳
(Edward Gardner)

迦勒·帕里
(Galeb Parry)

约瑟夫·希克斯
(Joseph Hickes)

亨利·施雷普内尔
(Henry Shrapnel)

研究者、传记作者

亨利·克莱因
(Henry Cline)

乔治·皮尔逊
(George Pearson)

威廉·伍德维尔
(William Woodville)

理查德·邓宁
(Richard Dunning)

詹姆斯·穆尔
(James Moore)

约翰·莱特森
(John Letson)

约翰·林
(John Ring)

蒂尔尼医生
(Tierney)

古奇医生
(Gucci)

列为好友

国际疫苗推广者

奥地利　让·德·卡罗
(Jean de Carro)

意大利　路易斯·萨科
(Louis Sacco)

波兰　弗里德里希·弗里泽
(Friedrich Friese)

土耳其　埃尔金勋爵
(Lord Elgin)

德国　塞缪尔·冯·泽默林
(Samuel von Soemmerring)

俄罗斯　亚历山大·克赖顿
(Alexander Crichton)

美国　本杰明·沃特豪斯
(Benjamin waterhouse)

印度　赫勒努斯·斯科特
(Helenus Scott)

中国　亚历山大·皮尔逊
(Alexander Pearson)

南美洲　弗朗西斯科·巴尔米斯
(Francisco Balmisse)

主要地名翻译及詹纳人生轨迹图

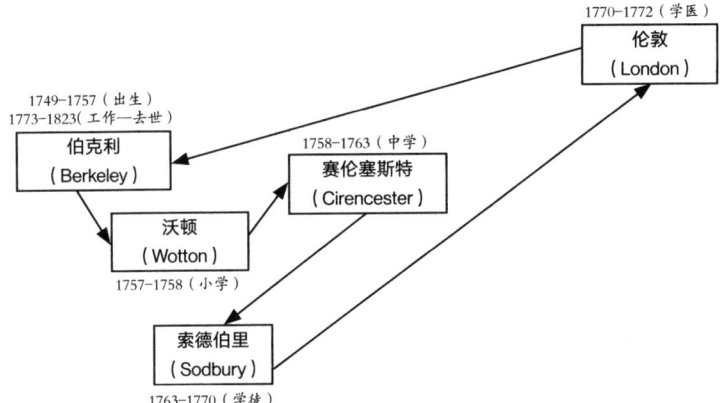

参考文献

Baron J. The life of Edeard Jenner. London: Henry Colburn, New Burlington Street, 1827.

Baxby D. Edward Jenner, William Woodville, and the origins of vaccinia virus. J Hist Med Allied Sci. 1979; 34:134-162.

Behbehani AM. The Smallpox Story: Life and Death of an Old Disease. Microbiological Review, 1983, 47: 455-509.

Bennett MJ. Smallpox and Cowpox under the Southern Cross: The Smallpox Epidemic of 1789 and the Advent of Vaccination in Colonial Australia. Bulletin of the History of Medicine, 2009; 83:37-62.

Boylston A. Daniel Sutton, a forgotten 18th century clinician scientist. J R Soc Med 2012; 105: 85-87.

Boylston A. The origins of vaccination: no inoculation, no vaccination. J R Soc Med. 2013; 106: 395-398.

Cameron GR. Edward Jenner, F.R.S. 1749-1823. Notes and Records of the Royal Society of London. 1949; 7:43-53.

Creighton C. Jenner and Vaccination: A Strange Chapter of medical History. London: Swan Sonnenschein & CO. 1889.

Dawtry-Drewitt F. The Life of Edward Jenner: Naturalist, and

Discoverer of Vaccination. 1933; Longmans, Green and Co.

Fenner F. Smallpox: Emergence, Global Spread, and Eradication. History and Philosophy of the Life Sciences, 1993; 15: 397-420.

Great Britain. Parliament. House of Commons. Report from the Committee on Dr. Jenner's Petition, Respecting His Discovery of Vaccine Inoculation. Reports from Committees of the House of Commons; Vol. XIV, 1802.

Jenner E. Observations on the Natural History of the Cuckoo, Philosophical Transactions of the Royal Society. London 1788,78:219-237

Jenner E. An Inquiry into the Causes and Effects of the Variolæ Vaccinæ, or Cow Pox. London: Sampson Low, 1798.

Jenner E. History of the Inoculation of the Cow-Pox: Further Observations on the Variolæ Vaccinæ, or Cow-Pox. Med Phys J. 1799; 1:313-318.

Jenner E. A Continuation of Facts and Observations Relative to the Variolæ Vaccinæ, or Cow Pox. London: Sampson Low, 1800.

Jenner E. The Origin of the Vaccine Inoculation. London: D.N. Shury. 1801.

Jenner E. Instructions for vaccine inoculation. London: D.N. Shury. 1801.

Jenner E. and Jenner GC. Some Observations on the Migration of Birds. Philosophical Transactions of the Royal Society of London, 1824; 114:11-44.

Kirkup J. Illustrations from the Wellcome Institute Library: Edward Jenner's 1794 accompt-book for the pocket or desk. Medical History, 1996; 40:487-498

Pearson G. An inquiry concerning the history of the cowpox :

principally with a view to supersede and extinguish the smallpox. London: Printed for J. Johnson, 1798.

Riedel S. Edward Jenner and the History of Smallpox and Vaccination. BUMC Proceedings 2005; 18:21-25.

Smith KA. Edward Jenner and the small pox vaccine. Front Immunol. 2011; 2: 21.

Schrick L., S.H. Tausch SH.and Wojciech-Dabrowski P. An Early American Smallpox Vaccine Based on Horsepox. N Engl J Med 2017; 377:1491-1492..

Thurston L. and Williams G. An Examination of John Fewster's Role in the Discovery of Smallpox Vaccination. J R Coll Physicians Edinb 2015; 45: 173-179.

van Zwanenberg D. The Suttons and the Business of inoculation. Medical History, 1978; 22: 71-82.

黄启臣. 人痘西传与牛痘东渐——丝绸之路的文化效应之一. 行政, 1999, 12: 861—868.

邱禧. 引痘略. 同治庚午重刻版本.

后记

　　2020 年春天，因为新冠肺炎感染，德国开启了近两个多月的封城模式，就在这段居家的日子里，我突然有了兴趣详细了解疫苗发明的故事。于是我找到了詹纳在 1798 年发表的《一项对天花疫苗的起因和作用的调查》，这是一本只有 70 页的小册子，记录了疫苗的诞生过程。在读完这本小书后，我再接着读了詹纳分别在 1799 年和 1800 年写下的《关于天花疫苗的进一步观点》以及《关于天花疫苗的事实和观点的延续》。以上三篇论文通常也被合订成一本书，在过去的两百多年里以多种语言一版再版。

　　人类历史上的科学书籍浩如繁星，但能够被称为划时代著作的却屈指可数。在生命科学领域，如果要在达尔文的《物种起源》外再挑出一部伟大的书来，詹纳的这部著作应该是候选之一。但令人遗憾的是，这份人类历史上珍贵的科学文献，目前还没有中文版本。作为一名免疫学学者，我觉得有义务将它介绍到中文世界。当我将它翻译成中文提交给出版社后，得到了这样的反馈：这本书很有意义，但很难有学术界以外的读者，如果要更好地向大众读者介绍疫苗的发明，需要写一部雅俗共赏的关于詹纳的传记，然后把这些论文的内容以附录形式发表。这个反馈让我有了一个这样的联想：要卖一颗珠宝，需要做一个精美的盒子。好在这颗珠宝实在是价值非凡，做这个盒子也就有了意义。

于是接下来我就去了解目前已经出版的詹纳传记。虽然詹纳对人类的贡献巨大，但有关他的传记却只有两部。第一部发表于1827年，也就是詹纳去世的4年之后，作者是约翰·巴伦。巴伦在1809年被指定为詹纳传记的撰写人，从此他和詹纳有了十几年的交往。在600多页的《爱德华·詹纳的生活》一书里，巴伦提供了大量的有关詹纳的一手资料，成为后人研究詹纳的重要参考文献。但令人诟病的是，巴伦在写传记的时候没有秉持一个中立的立场，而是站在了詹纳崇拜者的角度。在巴伦出版这部传记的一百多年后，英国医生和博物学家弗雷德里克·德威特博士出版《爱德华·詹纳的生活：博物学家、疫苗的发现者》一书，这也是关于詹纳的第二部传记。在这本只有150页的小书里，德威特客观地介绍了詹纳的一生以及他对后世的影响，但这部传记也有着它的时代局限性：因为当时对病原微生物和免疫学的认知不足，德威特撰写的这部传记出现了一些知识性的错误。比如书中谈到牛痘和天花的关系时，德威特认为牛痘就是人的天花病毒由挤奶工人传染到牛身上后的疾病，也就是说他认为牛痘和天花的病原体是同一病毒。

除了上面提到的两部传记各自的局限性，我决定为詹纳写传记还有一个重要的理由，就是人类在1980年正式宣告了天花的灭绝。自从发明疫苗的那一刻起，詹纳就坚信天花疫苗的普及将导致天花的消失，并期待着这一天的到来。而之前关于詹纳的传记，因为出版时间较早，没能提及这一点。所以，将天花灭绝写进詹纳的传记，应该是一个完美的句号。另外需要特别说明的是，虽然上面提到的两本书都有着各自的不足，但它们依然是我撰写这部新传记的基石。除了这两部传记，维基百科和韦尔科姆收藏馆（Wellcome Collection）网站也是这部新传记的部分信息和主要图片的来源。

我要对在这本书成书过程中为我提供帮助的人表示感谢：《知识分子》前主编陈晓雪的支持让我开始了这本书的翻译和写作；赛先生阅读的编辑郝莹对此书的策划，让它的出版成为可能；成稿后韩启德教授为这部传记作序，也让我非常感激；我的儿子余杭之和我的学生黄巧娘、王晓庆在翻译过程中提供了帮助，在此一并感谢；最后还要感谢家人的支持，让我能够在业余时间里静下心来写作。因为个人水平有限以及时间的相对仓促，本书中难免有一些错误和不足之处，还望读者批评指正。

商周

2023年2月于德国